河南省金融科技、生态文明与农业高质量发展研究

吴新静　樊　玲 著

湘潭大学出版社

版权所有 侵权必究

图书在版编目（CIP）数据

河南省金融科技、生态文明与农业高质量发展研究 / 吴新静，樊玲著. -- 湘潭：湘潭大学出版社，2022.7
ISBN 978-7-5687-0815-9

Ⅰ. ①河… Ⅱ. ①吴… ②樊… Ⅲ. ①地方金融－科技发展－研究－河南②生态环境建设－研究－河南③农业发展－研究－河南 Ⅳ. ①F832.761 ②X321.261 ③F327.61

中国版本图书馆 CIP 数据核字（2022）第 119032 号

河南省金融科技、生态文明与农业高质量发展研究

HENANSHENG JINRONG KEJI SHENGTAIWENMING YU NONGYE GAOZHILIANG FAZHAN YANJIU

吴新静 樊玲 著

责任编辑：夏 露 王亚兰
封面设计：夏茜旸
出版发行：湘潭大学出版社
社　　址：湖南省湘潭大学工程训练大楼
电　　话：0731-58298960 0731-58298966（传真）
邮　　编：411105
网　　址：http://press.xtu.edu.cn/
印　　刷：广东虎彩云印刷有限公司
经　　销：湖南省新华书店
开　　本：710 mm×1000 mm 1/16
印　　张：17.25
字　　数：320 千字
版　　次：2022 年 7 月第 1 版
印　　次：2022 年 7 月第 1 次印刷
书　　号：ISBN 978-7-5687-0815-9
定　　价：58.00 元

前　言

农业是经济发展、社会安定、国家自立的基础。随着我国经济由高速增长阶段转向高质量发展阶段，农村高质量发展要求坚持走农业高质量发展和生态环境高水平保护协同推进的道路。一方面，必须保障国家粮食安全和重要农产品有效供给，提高农业质量和竞争力，加快补齐农村基础设施和公共服务短板；另一方面，必须加快农业发展绿色低碳转型，推进乡村振兴，提升农业农村生态环境治理体系和治理能力现代化水平。近年来，以大数据、区块链、人工智能等为代表的金融科技在我国获得了迅猛发展，持续改变、重塑传统金融业的运营模式和业态产品，金融科技赋能已成为农村金融业高质量发展的重要驱动力。

河南省作为传统农业大省和人口大省，在农业发展方面要创造更多的物质和精神财富，以满足人民日益增长的美好生活需要。在当前农业生态环境面临严峻形势的背景下，农业经济发展如何保持资源消耗、生态保护的统筹协调，即如何在坚持保护生态中现实农业的高质量发展是一个必须深思的问题。

本文通过对相关文献的梳理与研究，发现国内外对金融科技、生态文明建设及农业高质量发展的研究自成体系，研究成果丰富，但是鲜有将三者结合起来的研究。金融科技如何赋能农村金融高质量发展，进而推进农业高质量发展？农业高质量发展和生态环境高水平保护协同推进面临的挑战又是什么？本书试图回答这些问题，采用宏观分析与微观分析相结合、实证分析和理论分析相结合、定量分析和定性分析项结合的研究方法，对河南省的金融科技、生态文明与农业高质量发展及三者之间的关系进行了探讨。

本书是集体智慧的结晶，全书主要由吴新静和樊玲老师提出总体研究思路，组织了整个研究工作，并负责全书的定稿。信阳学院商学院学生徐佳慧、纪林萍、何玉龙、罗娜、王义赛、柴暖昕、吴秋楠、王倩、张钰钧、王清雅和邓明明等在数据的收集和处理，以及中间成果的写作中做出了非常重要的贡献。此外，在成书过程中，信阳学院商学院的领导及同事给予了很多关心和帮助，在此深表感谢。

此书的研究工作获得了河南省软科学研究计划项目（202400410121、212400410072）和河南省高校人文社会科学研究项目（2020-ZZJH-418、2021-ZZJH-339）的资助，在此一并感谢。

限于作者水平，加上时间仓促，书中的错误疏漏在所难免，不当之处请同行或读者多多批评指正。

吴新静

2022年春于信阳市

目　录

第一篇　基础篇

第二篇　河南省金融与科技创新研究

第一篇　基础篇

第1章　导　论

1.1　研究背景与研究意义

1.1.1　研究背景

近年来中国面临着复杂的国际经济贸易环境，虽然中国是2020年全球主要经济体中唯一保持经济正增长的国家，但新冠肺炎疫情影响了世界各国经济的正常发展，也波及我国的外贸出口，“十四五”规划和2035年远景目标纲要指出，坚持把发展经济着力点放在实体经济上，推进产业基础高级化、产业链现代化，保持制造业比重基本稳定，改造提升传统产业，发展壮大战略性新兴产业。由此可见，通过坚持科技驱动和创新驱动能促进经济的高质量发展。

金融科技是在科技驱动下的金融创新，是金融与大数据、区块链、人工智能、云计算、移动互联、5G、物联网、安全技术、分布式技术等信息技术的深度融合，带来了微服务、云原生、数据中台、RPA、知识图谱、深度学习、隐私计算等金融科技创新趋势，进而衍生出零接触服务、智能投顾、开放银行、加密数字货币、智能风控、保险科技、大数据信贷等一系列新型的金融业态。金融产品、交易方式、金融体制等创新成为各行各业实现跨越式发展的重要驱动力，也在慢慢地向农业渗透。欧洲发达的农业部分得益于农业科技的充分运用，大多数欧美国家已经实现了农业信息的多元共享，进入到大规模农场主机械化经营阶段。而智慧农业是农业现代化的重要表现，金融科技赋能农业生产，就是推动我国农村经济快速发展和改善农民收入的重要措施。

农业是人类赖以生存的物质基础，是人类一切生产活动的重要来源，在我国国民经济中占据十分重要的地位。河南省是农业大省和粮食大省，2020 年河南收获 1 365.16 亿斤的粮食总产量，占全国粮食总产量的 10.19%，比 2019 年增产 1.95%，创历史新高。近年来，河南省委、省政府已经把推进河南省农业高质量发展作为建设现代农业强省的一项重大举措。

伴随着农业的发展和粮食产量的提高，化学肥料、农用药物和农用薄膜等化学生产资料在农业生产过程中迅速增加，碳排放严重的问题也随之而来，温室气体在农业生产过程中被大量释放，全球气候变暖的状况日趋严重，破坏了人们赖以生存的自然生态环境，全球温室效应改变了农作物种植规律，从而影响了农作物的产量。2014 年 IPCC 第五次评估报告中明确指出，全球大气中二氧化碳、甲烷和一氧化二氮的排放浓度已经迅速上升到有史以来的最高浓度水平，二氧化碳的浓度更是较工业革命前的最高浓度水平上升了 40%，农业生产和经济活动中所产生的二氧化碳排放量上仅次于工业化石和燃料燃烧的排放量。

1992 年，在里约热内卢召开的以“环境与发展”为主题的国际性会议中，世界各国共同讨论了在未来如何保持可持续发展能力和维持健康的环境并发表了《关于环境与发展的里约热内卢宣言》。近年来，在世界各国的发展过程中，农业的健康可持续发展已经成为了全民关注的焦点。十八大明确指出，在注重经济效益的同时，推进生态文明建设，用最大努力扭转当前的生态环境恶化趋势，加大对自然生态环境的保护力度。2017 年，根据十九大要求，在维持现有的自然环境不恶化的同时，国家和地方需要加快对生态文明体制的改革，构建美丽中国。2019 年两会期间，习近平总书记提出，在未来的发展过程中需要注重对生态文明的构建，寻求以生态和绿色发展为首要条件的高品质发展新路径，保持生态的健康稳定，以保障我国农业的稳定发展和促进农民的生产积极性。因此，维护生态文明建设，保障生态健康的稳定，已经成为我国发展追求的基本目标，农业的高质量发展与生态系统的健康可持续密切相关。

1.1.2　研究意义

科技是第一生产力，服务农村经济离不开金融科技的支撑和引领，金融科技是技术要素催生的新兴金融形式，可以有效解决农业分散经营、风险大、社会资本不愿进入的问题，深入运用人工智能、大数据、云计算、物联网等技术降低融资成本，加快金融产品、服务模式、运营管理、风险控制、生态建设全面数字化进程，通过金融科技赋能农业高质量发展。通过探究金融科技服务实体经济的作用机理，分析金融科技在节能减排中的作用，降低为保持经济快速发展的生态环境消耗，使政策制定者认识到金融科技对实体经济及农业经济的重要促进作用，有助于政策制定者结合现实需要，有针对性地出台措施，激活金融科技的潜力、扫清发展障碍、实现社会经济发展目标。

实现农业可持续发展，要对生态容量和生态消耗有准确的认知，把握生态承载力情况，动态评估不同阶段社会经济发展对生态资源的需求及其与生态系统供给之间的差距，形成生态环境的良性循环。通过研究河南省农业高质量发展程度、空间分布状态及存在的问题，明确河南省农业高质量发展的重点任务和实现途径，有利于推进河南省质量兴农、绿色兴农战略，为民众提供更多更好的优质农产品及其服务，提升民众“舌尖上”的安全感；有利于深化农业供给侧结构性改革，走好可持续发展的生态之路，保障人民群众美好生活需要；加速河南省现代农业的转型升级，倒逼农业改革以往拼资源、拼消耗的老路，走向现代高效的农业发展模式，提高农民生活质量，实现发展成果共享。根据地域的优劣势，结合政府和市场的“双引擎”，从顶层设计出发，因地制宜地制定促进农业高质量发展的政策，形成创新、协调、绿色、开放、共享的新发展理念，加快河南省农业强省和经济强省的建设。

1.2 研究目的与研究内容

1.2.1 研究目的

第一，通过金融科技的创新情形对实体经济影响的分析，构成金融科技服务实体经济的机理，为进一步探索金融科技影响经济活动和农业高质量发展理论的研究提供支撑，深化对金融创新与经济发展关系的理解。

第二，鉴于河南省的生态环境现状及我国生态文明建设、可持续发展战略的实施，通过生态效率测算模型、生态足迹模型定量测度河南省生态效率、生态足迹、生态承载力的状况，分析生态文明与产业结构升级关系，为生态足迹理论、生态承载力研究提供新的视角。

第三，科学构建农业高质量发展评价指标体系，测度河南省农业高质量发展水平，展示其时序变化特征和空间格局演化特征，从自然、社会经济方面分析河南省农业高质量发展区域差异特征及其影响因素，并提出有效的实施路径和推进策略。

第四，通过测度河南省金融集聚水平、农业高质量发展水平及生态效率水平，分析金融集聚、科技创新、生态文明和农业高质量发展的耦合协调发展关系，研究其空间格局演变，对其他地区农业高质量发展、生态文明建设具有一定的指导价值。

1.2.2　研究内容

第 1 章　导论。首先对选题背景、选题意义、研究内容、研究目的、研究方法及创新点进行简要阐述。

第 2 章　文献综述。分别从金融科技、科技创新、生态文明、生态效率、农业高质量发展等角度梳理国内外相关文献，了解研究现状，梳理分析方法，为后文的研究做铺垫。

第 3 章　金融科技、生态效率与农业高质量发展关系的理论阐释。总结相关理论，梳理金融科技与农业高质量发展的关系机理、生态文明与农业高质量发展的作用机理，分析金融科技、生态效率与农业高质量发展的关系逻辑。

第 4 章　河南省科技创新对区域竞争力的空间溢出效应研究。首先，通过主成分分析法对科技创新及区域竞争力进行综合成分分析，测度河南省及各地市科技创新、区域竞争力的总体水平；其次，设定空间权重，通过 SDM 模型进行参数估计，结合固定效应进行科技创新对区域竞争力的溢出效应分析；最后，根据研究结果提出有针对性的建议。

第 5 章　河南省科技创新发展能力评价研究。首先，通过构建指标体系，计算河南省 18 个地级市经济创新发展度、耦合度和协调度；其次，通过莫兰指数对河南省经济创新发展度、经济创新耦合协调度及经济创新发展度进行空间自相关分析，了解河南省科技创新发展能力的空间分布特征；最后，通过熵值法测算河南省科技创新政策的实施效果，并根据分析结果提出建议。

第 6 章　河南省金融科技发展水平的测度。首先通过搜集数据，分析河南省金融科技投入及产出现状；其次构建指标体系，通过熵权法对河南省金融科技发展水平进行测度；最后结合河南省实际，提出针对性建议。

第 7 章　基于郑洛新自创区视角的河南省金融科技融合发展的路径探析。首先，总结三次互联网发展浪潮中金融行业的变革发展，诠释金融与科技的交互作用；其次，从经济基础状况、创业主体的数量、发明专利数量、创新机构分布状况、科技与金融融合情况等角度对郑洛新自创区实施金融科技融合的可行性进行分析；最后，通过对郑洛新自创区金融与科技融合存在的问题进行剖析，尝试构建基于政策链、资本链、技术链、人才链、产业链“五链融合”的郑洛新自创区金融与科技内涵式融合路径。

第 8 章　河南省农业生态承载力与农业生态效率分析。首先，建立农业生态效率测算模型，采用非期望产出 SBM 模型测算低碳视角下河南省农业生态效率，绘制河南省农业生态效率的空间分布情况；其次，利用生态足迹模型对河南省生态足迹和生态承载力进行分析；最后，提出推动河南省农业高质量发展的建议。

第 9 章　河南省生态文明建设对产业结构升级的影响。首先，明确生态文明建设与产业结构升级的逻辑关系，建立衡量生态文明及产业结构升级的指标体系，运用熵值法测算出相应的指数得分；其次，建立模型进行实证分析，研究生态文明建设对产业结构升级的影响；最后，提出促进河南省产业结构升级的建议。

第 10 章　河南省农业高质量发展水平测度。首先，通过搜集数据，对河南省农业经济增长的现状进行分析；其次，从农业经济增长、农业经济结构、农村社会发展水平和农村可持续发展四个不同的维度构建农业经济增长质量综合评价指标体系，分析河南省农业经济增长质量的总体趋势；再次，从时序特征差异和空间特征差异两方面来探索河南省农业经济增长质量变动的轨迹；最后，提出促进河南省经济高质量发展的建议。

第 11 章　河南省农一二三产业融合发展分析。首先，简要分析农村一二三产业融合发展的理论基础，构建指标体系对河南省及 18 个地级市的融合发展水平进行测度；其次，结合 Stata 软件分析河南省各地市的空间相关关系，反映河南省农村一二三产业融合发展的空间发展状况；最后，通过建立耦合协调模型研究河南省农村三产融合行为及绩效之间的耦合协调关系。

第 12 章　河南省农业科技进步对农业产业结构升级的影响研究。首先，用索洛余值法测算河南省农业科技进步；其次，用泰勒指数测算河南省农业产业结构升级状况；最后，建立模型进行实证分析河南省农业科技进步对农业产业结构升级的影响，提出促进农业产业结构升级的建议。

第 13 章　河南省农业生产要素错配与循环农业发展分析。首先，通过对河南省农业及其生产要素配置的现状进行分析，发现其区域差异较大，进而建立模型测度农业生产要素错配情况，并对生产要素错配的影响因素进行实证分析。其次，对河南省循环农业现状进行分析，指出河南省循环农业存在的问题，依据发展循环农业先进地区的经验，提出解决河南省循环农业中存在问题的措施。

第14章 河南省生态文明建设与金融集聚耦合协调发展分析。首先，进行河南省生态文明建设和金融集聚现状分析；其次，根据影响生态文明建设和金融集聚的因素，构建指标体系，分析生态文明与金融集聚的耦合协调度；最后，通过 Moran's *I* 指数构建空间分析研究其协调关系，并提出促进协调发展的建议。

第15章 河南省金融集聚—科技创新—生态效率的空间耦合协调发展研究。首先，利用区位熵和熵权法计算金融集聚和生态效率水平，测算河南省的金融集聚—科技创新—生态效率耦合度与耦合协调度；其次，探究河南省的系统协调发展情况，揭示金融集聚—科技创新—生态效率系统的发展模式与空间格局演变过程，做出三者耦合协调度的趋势预测；最后，根据研究结果提出有针对性的政策建议。

1.3 研究方法与主要创新点

1.3.1 研究方法

1. 文献研究法

通过整理、分析和吸收国内外的相关研究成果，掌握新进展，寻求新的切入点，借鉴方法，启迪思路。

2. 理论分析法

理论分析金融科技、生态文明、生态效率、农业高质量发展等内涵、特征及其必要性、重要性、紧迫性。

3. 统计分析法

在对河南省金融科技发展水平、生态效率、金融集聚、农业高质量发展等内容进行测度时，采用组合评价方法，对常用的主成分分析法、层次分析法、TOPSIS 法和熵值法等进行各种组合，采用 Kendall 等级相关系数对各组合进行事前检验，然后用平均值法构建组合评价模型，并根据 Spearman 等级相关系数对组合评价模型的可行性进行事后检验。

4. 实证分析法

探索性空间数据分析方法（ESDA），使用非期望产出的 SBM 模型综合测算河南省农业生态效率；利用主成分分析法分析从时序特征差异和空间特征差异两方面来探索农业经济增长质量变动的轨迹；通过耦合模型分析河南省生态文明建设与金融集聚之间的发展状况和关系。使用全局 Moran's *I* 指数对河南省农业高质量发展阶段的空间依赖性与异质性进行可视化地图分析，探讨样本期间内各地区农业高质量发展水平空间变化情况。通过 Stata 及全局 Moran's *I* 指数对河南省金融集聚—科技创新—生态效率局部空间自相关分析；并通过灰色预测模型对河南省 18 个市的河南省金融集聚—科技创新—生态效率耦合协调度趋势进行预测。

1.3.2 创新之处

1. 学术思想方面的特色和创新

当前河南正处于攻坚转型的关键时期，经济运行面临的矛盾更为复杂，亟须构建新的增长动力。通过研究金融与科技的融合方式，明晰基于政策链、资本链、技术链、人才链、产业链五链融合的内涵式融合路径，有利于促进河南省产业结构优化升级、转换发展动能，带动经济发展方式的转变，有利于推动郑洛新自创区实施创新驱动发展战略，为实现金融科技创新发展提供参考。

2. 学术观点方面的特色和创新

要统筹谋划农业高质量发展，就必须明晰农业高质量发展的内涵和特点，透视河南省农业高质量发展的优势、劣势、典型做法，科学设计评判农业高质量发展的指标体系，通过模型和计量分析，对农业高质量发展水平进行精准测度，并把握其时空分布特征。明确包括基本思路、经营内容、目标取向等在内的构思、取向；明确包括重点任务、实现途径等在内的任务、途径；推进河南省农业高质量发展，还必须多措并举、多策并用地采取对策和建议。

3. 研究方法方面的特色和创新

探索性地采用如下两种计量分析方法：一是组合评价法。在测度农业高质量发展的过程中，将对常用的主成分分析法、层次分析法、Topsis 法和熵值法等进行各种组合，采用 Kendall 等级相关系数对各组合进行事前检验，根据 Spearman 等级相关系数对组合评价模型的可行性进行事后检验。使用这种方法能够克服采用单一方法的缺点，还能有效地保留各种单一方法的优点，更为严谨和系统。二是空间数据分析法（ESDA）。使用全局 Moran's *I* 指数和 Getis-Ord 冷热点指数对河南省农业高质量发展阶段的空间依赖性与异质性进行可视化地图分析。

第 2 章　文献综述

2.1　金融科技的研究

2.1.1　金融科技内涵的研究

金融科技可追溯到 20 世纪 90 年代，花旗银行董事长在“金融服务技术联盟”项目中首次提到“Financial Technology”。金融科技是金融和科技相结合应用的代名词，Fintech 是由 Financial 和 Technology 两个单词组成。金融科技指通过利用各种科技手段创新传统金融行业所提供的产品和服务，提升效率并有效降低运营成本。2017 年金融稳定理事会发布《金融科技对金融稳定影响》，指出“金融科技”的发展会对传统金融服务业及经济领域的创新技术产生巨大的影响。金融科技是指在技术创新的带动下，金融业在运行模式、产品、业务流程等方面的创新，以推进金融机构如银行科技、证券科技、保险科技等业务走向成熟。巴塞尔委员会吸收了 FSB 对金融科技的定义，结合其业务类型分为资本筹集与存贷款、支付结算、市场措施、投资管理。总而言之，金融科技与科技金融有本质的不同，金融科技更加偏向于通过大数据、云计算、人工智能、物联网、安全技术等手段带动金融的发展，从本质上看它是技术驱动的金融创新。而科技金融具有业务属性的性质，如区块链业务是根据去中心化操作将金融架构趋于互联网化。

中国人民银行印发的《金融科技（FinTech）发展规划（2019—2021 年）》中指出，金融科技是技术驱动的金融创新，旨在运用现代科技成果改造或创新金融产品、经营模式、业务流程等，推动金融发展提质增效。由此可见，金融科技的实质是科技对金融的赋能，通过技术、数据和场景实现金融能力和效率的提升。

易信（2018）① 从科技产业的发展视角出发，认为科技革命在短期内对经济增长有明显的推动作用，但长期内效果不明显，提出中国应该在科技人才培养、信息化建设、高端技术产业发展等方面加强政策引导和制度支撑。

2.1.2 金融科技与金融创新的研究

关于金融科技的研究大多着眼于微观视角分析，包括金融科技对企业创新、企业效率等方面的影响。韩涵（2017）② 认为中国的金融科技企业数量和质量存在优势，用户使用率、渗透率呈现迅速上升趋势，从市场监管、行业竞争、人才储备、应用场景、信息安全等角度探讨金融科技行业面临的挑战。周光友等（2020）③ 提出金融科技创新金融产品、服务方式，拓宽了企业融资渠道，优化配置效应可以降低准入门槛，为更多小微企业提供服务。

Ragimun（2018）④ 认为金融科技企业通过数字支付服务、投融资、金融云服务、供应链金融等服务于中小企业，通过线上申请、线上审核，降低了中小企业的交易成本，通过供应链等便于信息的获得，减少了信息不对称，提高了中小企业获得贷款的可能性。金融科技可安全高效地实现国际贸易中的收付汇业务，使得进出口企业的金融活动更为透明，降低了汇率风险，避免资金占用。Lin 等（2020）⑤ 认为金融科技使用数字化、智能化、自动化来获取信息、分析数据、披露信息，便于出借人更加客观地评估企业的贷款项目，解决了企业的资金困难，从而平稳地过渡到下一个发展阶段，即智能精准的金融服务能提高中小企业的可持续性。Song 等（2020）⑥ 结合期望理论，认为银行及非银行金融机构有资

① 易信．新一轮科技革命和产业变革对经济增长的影响研究——基于多部门熊彼特内生增长理论的定量分析［J］．宏观经济研究，2018（11）：79－93.

② 韩涵．中国金融科技产业生态分析报告［J］．信息安全与通信保密，2018（04）：108－122.

③ 周光友，罗素梅，连舒婷．金融科技创新、网贷利率决定与小微企业融资——兼论“麦克米伦缺口”的治理［J］．国际金融研究，2020（03）：76－86.

④ Ragimun，Yosepha SriYanthy．The Role of Fintech Encourages the Export of Small Medium Enterprises in Indonesia［J］．Journal of Social and Development Sciences，2018，9（3）：66－77.

⑤ Lin Lin，Hans Tjio．Alternative Investments Sustainability in the Digital Age［J］．European Business Organization Law Review，2020，21（1）：1－5.

⑥ SongHua，YangYudong，Tao Zheng．How different types of financial service providers support small and medium enterprises under the impact of COVID19 pandemic ：from the perspective of expectancy theory［J］．Frontiers of Business Research in China，2020，14（1）：448－474.

金优势，而金融科技企业在先进信息技术的应用、数据搜集及分析和企业信贷调查、贷后跟踪等方面有优势；商业银行面临较大的坏账损失，对提升其信息化能力有较强需求。因此，金融机构与金融科技企业的合作，优势互补，能有效降低融资风险，为企业提供多样的融资服务。

汪洋等（2020）① 认为金融科技存在技术外溢，能够形成“倒逼机制”，迫使其他金融机构逐步实现数字化转型，提高金融资源的“质”与“量”。金融科技的迅速发展必然会加强银行与其他金融机构的竞争，使企业获得贷款的可能性提高，缓解融资方的条件约束。

陈喆（2019）② 提出金融科技可发挥金融创新的普惠作用，带动社会居民的消费，通过大数据为小微企业提供高效融资服务、供应链效率，促进产融结合。

侯层和李北伟（2020）③ 认为金融科技促进了创新、技术外溢和产业结构转型升级，提升了全要素生产率。

薛莹和胡坚（2020）④ 认为金融科技通过大数据、云平台减少交易中的信息不对称，降低信息搜集、鉴别等交易成本，提高金融功能和金融效率，优化资源配置。金融科技的底层技术提高了金融服务的主动性、有效性和精准性，积累的数据可促使消费群体需求缺口全覆盖，改善消费结构促进消费结构的升级。

2.1.3　金融科技对经济影响的研究

1. 金融科技与经济增长的关系理论研究

Broby 等（2018）⑤ 通过分析冰岛与苏格兰的金融科技行业数据，发现金融与科技的合作可以提高劳动生产率和总产出；假定不存在其他地缘上的科技冲击，金融科技合作对就业产生净正效应。

---

① 汪洋，何红渠，常春华．金融科技、银行竞争与企业成长［J］．财经理论与实践，2020，41（05）：20－27．

② 陈喆．金融科技助力实体经济高质量发展［J］．人民论坛，2019（32）：96－97．

③ 侯层，李北伟．金融科技是否提高了全要素生产率——来自北京大学数字普惠金融指数的经验证据［J］．财经科学，2020（12）：1－12．

④ 薛莹，胡坚．金融科技助推经济高质量发展：理论逻辑、实践基础与路径选择［J］．改革，2020（03）：53－62．

⑤ Broby，D，Hoepner，A，Klausmann，J，Adamsson H. The output and productivity benefits of fintech collaboration：Scotland and Ireland［J］. Research output：Contribution to conference，2018（1）：1－13.

孙娜（2018）[①] 认为在通信技术和互联网发展的背景下，金融科技给商业银行带来了巨大的机遇和挑战。金融科技企业的发展及业务创新，使得商业银行传统的运行模式、市场信息获取及反应速度、社会普惠金融需求满意度、客户体系维护等形成挑战，促使商业银行业务转型，完善自身系统、研发投入与人才储备，主动发展金融科技，提升核心竞争力。

益智（2018）[②] 首先充分论证了金融科技对经济的推动作用，认为美、英等发达国家已制定国家级金融科技产业发展战略，因此，要将金融科技提升到国家发展战略的地位，建议北上广深应首先建设金融科技产业园，逐步形成良性互动。

杨亦民等（2022）[③] 从农村金融机构应用金融科技的角度，分析金融科技对农村金融机构信贷资源配置效率。研究发现，金融科技协同普惠信贷新渠道与旧市场的衍生与扩容，助推农村金融机构在信贷服务与产品创新、信贷风险管控等方面变革，提出农村金融机构需因地制宜强化科技应用、搭建信贷共享生态圈、智慧管理信贷业务、构建信贷安全保障体系。

孙晓和罗敬蔚（2022）[④] 指出传统金融机构的“线上＋线下”基础金融服务模式、综合平台服务模式、数字供应链金融模式可有效破解传统农村金融服务供给中触达难、风控难、盈利难等痛点，满足乡村产业发展多元主体、融合业态、数智应用的新型金融服务需求；提出应平衡创新发展与风险管控、数据价值开发与数据安全治理、农村金融生态构建与场景嵌入等各方关系，构建起“金融为民、科技向善”的高质量农村金融服务体系。

2. 金融科技与经济增长的关系实证研究

兰芳等（2017）[⑤] 测度各省市金融人才聚集程度，考察金融人才聚集的空间溢出效应，发现我国金融人才的区域分布不均衡，金融人才与聚集区域间存在显著的空间正相关，东部和西部地区金融人才聚集会对关联地区产生促进作用；在

① 孙娜．新形势下金融科技对商业银行的影响及对策［J］．宏观经济管理，2018（04）：72－79.

② 益智．打造国家级金融科技产业区构建金融风险防火墙［J］．中国发展，2018，18（04）：60－62

③ 杨亦民，罗文婷，曾雄旺．金融科技赋能农村金融机构信贷资源高效配置的机理研究［J/OL］．湖南社会科学，2022（02）：60－65.

④ 孙晓，罗敬蔚．金融科技赋能乡村产业振兴的核心优势与基本模式研究［J］．学习与探索，2022（02）：136－143.

⑤ 兰芳，邓黎桥，董亮．金融人才聚集的空间溢出效应研究——基于空间 Durbin 面板模型的实证分析［J］．现代财经（天津财经大学学报），2017，37（05）：16－25.

经济距离矩阵下，东部地区各省份之间金融关联性比中、西部地区更强；提出应注重区域协调，根据制定差异化方案。

李雯等（2018）① 从金融效率和金融规模视角分析其对产业结构的影响，发现金融效率、规模与产业结构间呈现“倒 U”型关系，金融效率的提高可优化中西部产业结构，金融规模的增加可优化东部地区的产业结构。

李睿（2021）② 通过文本挖掘技术测度金融科技发展水平，从金融效率、金融规模和金融结构三个维度结合空间杜宾模型分析金融科技的作用，得出金融科技可提高金融效率、推动区域内产业结构优化；但当金融规模或金融效率高于合理阈值时，则会对产业结构优化产生负向影响，且区域性金融科技高地已释放出显著的虹吸效应。

谭中明等（2022）③ 通过构建空间计量模型、进行中介效应检验，结果发现金融科技存在正向空间效应，信贷结构、信贷规模、长期信贷价格均存在中介效应。因此，应完善金融科技优化产业结构的机制，打通金融科技助力实体经济的通道，促进科技引领的金融供给端与实体经济金融需求端的无缝对接。

2.2　生态文明的研究

2.2.1　生态文明的研究

1. 关于生态文明的测度

李晓东（2018）④ 从时间、空间和关联角度测度河南省生态文明建设的时空变化，结果表明：河南省整体生态文明建设仍处在准备阶段，地域差异显著，呈现西南高、东北低的特征。朱家明等（2020）⑤ 从规模、效率、环境和污染、效

① 李雯，王纯峰. 中国金融发展对产业结构的影响——基于 271 个城市面板数据的实证分析 [J]. 工业技术经济，2018，37（07）：93－99.

② 李睿. 金融科技是否推动了我国产业结构优化——基于空间效应和门槛效应的分析 [J]. 经济与管理，2021，35（05）：53－62.

③ 谭中明，刘倩，李洁，卜亚. 金融科技对实体经济高质量发展影响的实证 [J]. 统计与决策，2022，38（06）：139－143.

④ 李晓东. 河南省生态文明建设时空分异研究 [D]. 河南农业大学，2018.

⑤ 朱家明，潘紫媗. 安徽金融集聚与生态效率评价及耦合关系的研究 [J]. 南京师范大学学报（工程技术版），2020，20（03）：87－92.

益、处理角度分析构建金融集聚与生态效率的评价指标体系，基于变异系数法测算两者耦合度。刘轩志（2020）[①] 通过熵权法、DEA、面板门槛模型等测度黄河流域九省份生态效率水平。戴致光（2021）[②] 从资源利用、经济效益、基本保障和生态优化等层面构建评价指标体系，测度 2005—2018 年辽宁省的农业绿色生产水平及内部差异，结果表明全省农业绿色生产水平呈现直线上升状态，但区域差异较大，生态优化及资源利用对整体发展水平的贡献较低，辽宁东北部及中部地区农业绿色生产有待加强。

2. 关于生态文明的实现路径

王晓毅（2019）[③] 认为中国在工业化农业的发展过程中出现了严重的环境污染和生态退化、食品不安全和农村衰败等情况，导致人均自然资源紧张，因此，处理人与自然的关系是乡村振兴、农业发展的首要任务，需要建立与自然禀赋相适应的人与自然的关系，提升乡村产业和社会生活的多样性。

谭明交等（2019）[④] 提出要融合先进的农业技术系统，优化生态农业产业系统，完善生态农业政策系统，推动农业现代化。

上官周平等（2020）[⑤] 通过实地调研，分析生态农业在黄土高原生态保护与农业高质量发展中的作用，结果表明：黄土高原农业综合生产能力较低，农业面源污染严重；生态农业市场需求不明确，缺少规模生产条件；生态农业模式虽多，但高效、集约、绿色发展技术体系建设相对滞后。提出应通过设立生态农业国家重点研发专项，完善基于市场需求的多元化投入机制，建立生态农业先行试验示范县，构建多方联动的生态农业培训模式，提升和重构现代生态农业支撑体系。

陈华等（2020）[⑥] 指出应强化乡村农业绿色发展，要着力构建以生产、产业、经营、人才为重点的科技创业绿色发展体系和以政府为主导、乡村为平台、农民为主体的社会组织体系，推动乡村绿色振兴与生态文明建设融合发展。

---

① 刘轩志. 黄河流域金融集聚对生态效率的面板门槛效应研究［D］. 兰州大学，2020.

② 戴致光. 辽宁省农业绿色生产水平评价及区域差异［J］. 中国农业资源与区划：1—10.

③ 王晓毅. 生态文明话语下的乡村振兴［J］. 南京工业大学学报（社会科学版），2019，18（05）：42—48+111.

④ 谭明交，冯伟林. 中国生态农业发展的理论探析与启示［J］. 区域经济评论，2019（01）：137—142.

⑤ 上官周平，王飞，昝林森，赵国平，吴普侠，苏卓侠. 生态农业在黄土高原生态保护和农业高质量协同发展中的作用及其发展途径［J］. 水土保持通报，2020，40（04）：335—339.

⑥ 陈华，刘朋虎，王义祥，翁伯琦. 乡村绿色振兴与生态文明建设融合发展的对策研究［J］. 农业科技管理，2020，39（01）：1—4.

李娟等（2021）[①] 提出乡村振兴要依靠生态文明建设，这由当前制约农村发展的主要瓶颈、农村自身优势及现代农业发展的未来趋势所决定的。生态文明建设有利于巩固中国生态安全、逐步消除城乡对立以及加强国人精神家园建设，这需要政府的宏观引导，要创新完善市场机制，要发挥农民的主观能动性。

2.2.2　农业生态效率的研究

1. 关于农业生态效率的研究

农业生态效率的基本概念最早是由学者 Schal-tegger 和 Sturm 在 1990 年的国际科学技术会议上提出的，由世界经济可持续发展与工商组织理事会（WBCSD）和经济合作发展组织（OECD）大力推广。周国梅等（2003）[②] 认为农业生态产出绝对效率可以看作是自然资源产出与经济投入的绝对比值，是自然环境的资源期望产出满足了人类生产物质需要的绝对效率。陈兴鹏等（2013）[③] 认为现代农业期望生态的效率主要是指现代农业的生产资料期望投入、环境资源期望的产出和农业的经济资源期望产出三者之间的绝对关系。

张子龙等（2014）[④] 利用非期望产出的 SBM 模型测算庆阳市的农业生态效率，发现该地区农业生态效率在时间和空间上的差异。杜江（2015）[⑤] 测算了中国种植业的全要素生产率。庞家幸（2016）[⑥] 则在陈兴鹏的研究成果上加入环境非期望产出指标测算出农业生态效率。聂弯等（2017）[⑦] 把农业环境效率和农业经济效率组成综合效率，指出要尽可能地减少农业生产对环境产生的负面影响，争取把生态资源的消费和资源利用产生的污染物控制在自然生态系统能够承受的范围之内。陈丽如（2017）[⑧] 选取农业碳排放为非期望产出指标，从低碳农业的

---

① 李娟，杨朔．乡村振兴与生态文明融合：逻辑、价值和路径［J］．治理现代化研究，2021，37（01）：90－96．

② 周国梅，彭昊，曹凤中．循环经济和工业生态效率指标体系［J］．城市环境与城市生态，2003（06）：201－203．

③ 陈兴鹏，庞家幸，王惠榆．基于生态县评价指标的生态环境可持续发展研究——以甘肃省泾川县为例［J］．西北师范大学学报（自然科学版），2013，49（04）：110－114．

④ 张子龙，鹿晨昱，陈兴鹏，薛冰．陇东黄土高原农业生态效率的时空演变分析——以庆阳市为例［J］．地理科学，2014，34（04）：472－478．

⑤ 杜江．中国农业全要素生产率增长及其时空分异［J］．科研管理，2015，36（05）：87－98．

⑥ 庞家幸．中国农业生态效率研究［D］．兰州大学，2016．

⑦ 聂弯，于法稳．农业生态效率研究进展分析［J］．中国生态农业学报，2017，25（09）：1371－1380．

⑧ 陈丽如．基于低碳农业视角的西部地区农业生产效率测度研究［D］．云南财经大学，2017．

角度测算西部地区的农业生态效率。郑德凤等（2018）[①] 测算了甘肃省 2000—2014 年各县的农业生态效率，并从时间上和空间上予以评价。

2. 关于农业生态足迹的研究

1991 年 4 月，联合国粮农组织在荷兰召开农业与环境国际会议，发表了著名的“丹波宣言”，该宣言首次把农业生态系统的可持续发展和农村发展相互联系起来。Willian E. Rees（1992）提出了“生态足迹”的概念和计算模型，以测算某区域的资源供给能力和资源消耗总量。模型指出，人类的生态足迹越大，环境承载力也就越大，人们一旦超过了生态承载力，就会对生态环境造成破坏。Blasi（2016）[②] 通过农业生态经济模型和农业生态承载力对农业生产进行了环境经济评价，发现农业生产方式对农业生态承载力具有较大的影响。Maier（2017）[③] 通过利用碳足迹和农业生态足迹二者相结合的方式，对传统的耕作方式向现代农业、有机农业和可再生能源方式转变是否有利于农业发展进行了深入研究。

3. 关于低碳农业的研究

王昀（2008）[④] 最早对低碳农业概念进行界定，认为低碳农业和低碳经济密不可分，如果能够在农业生产经营过程中实现农业碳排放量低，同时能够获得高的农业经济收入，“低排放，高收益”，即为低碳农业经济。马友华等（2009）[⑤] 认为发展低碳经济是应对全球变暖的必然选择，应积极响应。范纯增等（2011）[⑥] 研究了发展低碳农业所能带来的效果，得出低碳农业下经济收入显著提高。刘静暖等（2012）[⑦] 指出低碳农业是低碳农业发展和全球气候变化的背景下催生出来的，是经济效益、生态效益和社会效益的统一。

① 郑德凤，郝帅，孙才志. 基于 DEA-ESDA 的农业生态效率评价及时空分异研究［J］. 地理科学，2018，38（03）：419－427.

② Blasi E，Passeri N，Francos，et al. An ecological foot print approach to environmental economics valuation of farm results［J］. Agricultural Systems，2016，145：76－82

③ Maier S，Szerencits M，Narodo slawsky M et al. Current potential of more sustainable biomass production using ecoefficient farming practices in Austria［J］. Journal of Cleaner Production，2017，155：23－27.

④ 王昀. 低碳农业经济略论［J］. 中国农业信息，2008（08）：12－15.

⑤ 马友华，王桂苓，石润圭，黄文星，赵艳萍，孙兴旺，吴春蕾. 低碳经济与农业可持续发展［J］. 生态经济，2009（06）：116－118.

⑥ 范纯增，许源，顾海英. 崇明东滩低碳农业园区建设绩效评估［J］. 长江流域资源与环境，2011，20（12）：1454－1461.

⑦ 刘静暖，于畅，孙亚南. 低碳农业经济理论与实现模式探索［J］. 经济纵横，2012（06）：64－67.

Wan等（2013）① 将投入成本和收益纳入考虑范畴，综合评价了发展低碳农业产生的绩效，找到农业生产过程中农药、化肥的最佳使用量。陈瑾瑜和张文秀（2015）② 指出了制约四川省低碳农业发展的原因是农业减排和环境发展。刘玉洁等（2022）③ 运用多因素综合分析法及SBM-DEA模型，测度长江中下游粮食主产区城镇综合指数与耕地利用生态效率，并引入耦合协调度模型及空间自相关模型探究两者间耦合协调度及时空演化规律。

2.3 农业发展的研究

2.3.1 农业高质量发展的研究

自党的十九大报告中习近平总书记提出我国经济已由高速增长阶段转向高质量发展阶段以来，人们对高质量发展的研究热度日益升温，进而也拓展到农业高质量发展研究。但总的来看，由于开展研究的时间短，涉及农业高质量发展的研究还比较少。笔者将把已有研究进行归纳和汇总，大致分为以下五个方面：

1. 农业高质量发展的内涵研究

韩长赋（2018）④ 从加快推进产业转型升级的角度定义农业高质量发展的内涵，即产品质量、产业效益、生产效率、经营者素质、国际竞争力和农民收入等“六个高”。钟钰（2018）⑤ 认为农业高质量的发展不仅包括农产品质量，还包括生产经营体系质量和产业效益。王金会（2018）⑥ 认为农业高质量发展就是要打好种出高质量、推出高质量、保出高质量、管出高质量、加出高质量、销出高质

---

① Wan N F, Ji X Y, Jiang J X, Qiao H X, et al. A methodological approach to assess the combined reduction of chemical pesticides and chemical fertilizers for low-carbon agriculture [J]. Ecological Indicators, 2013, 24.

② 陈瑾瑜，张文秀. 低碳农业发展的综合评价——以四川省为例 [J]. 经济问题，2015 (02): 101-104.

③ 刘玉洁，张安录，刘蒙罡. 长江中下游粮食主产区城镇化与耕地利用生态效率耦合协调度时空格局分析 [J]. 中国农业资源与区划：1-15.

④ 韩长赋. 大力推进质量兴农绿色兴农，加快实现农业高质量发展 [N]. 农民日报，2018-02-27.

⑤ 钟钰. 向高质量发展阶段迈进的农业发展导向 [J]. 中州学刊，2018 (05): 40-44.

⑥ 王金会. 农业高质量发展要打好“十张牌”[J]. 农村工作通讯，2018 (02): 19-20.

量、创出高质量、扶出高质量、改出高质量“十张牌”。唐浩（2019）[①] 强调农业高质量发展具有产业效益好、生产效率高、主体经营能力强、农民收入增、产品质量优等五大特征，需要通过产业创新、技术创新、组织创新、市场创新、制度创新等“五大创新”来推动实现。

2. 农业高质量发展的意义研究

韩长赋（2018）[②] 强调加快农业转型升级，推进农业高质量发展也是形势所迫、发展所需，要缓解农业资源环境压力，满足人民群众不断升级的消费需求，应对激烈的国际竞争，必须加快推进农业高质量发展。魏国强（2018）[③] 认为，实现农业高质量发展，大力推进质量兴农、绿色兴农、品牌强农，既是中央的明确要求，也是河南省农业自身发展的内在需要，更是推进农业供给侧结构性改革、提高农业国内国际竞争力的紧迫任务。毛树春等（2018）[④] 认为乡村振兴要走中国特色社会主义乡村振兴道路，其战略核心是实现农业的高质量发展，走质量兴农之路。

3. 农业高质量发展现状研究

韩长赋（2018）指出我国农业农村经济已经到了推进高质量发展的新阶段，我国农业综合生产能力显著提高。钟钰（2018）[⑤] 认为我国农业到了新旧动能转换、消费主权确定的增产导向转为提质导向、国外低价挤压倒逼农产品竞争力提升的全面推进期。杨傲、朱光远（2018）[⑥] 认为“产品农业”不符合农业高质量发展的要求，实现农业的高质量发展，必须要跳出传统的“产品农业”这一怪圈。张伟（2018）[⑦] 认为我国农业已完全由过去“平面化农业”向多维度“立体化农业”转变。张桃林（2019）[⑧] 认为我国是种质资源大国，但不是种质资源强国。近年来，受内外部环境变化的叠加影响，我国种质资源保护与利用面临着严峻挑战。

---

① 唐浩. 实施“五大创新”，推动农业高质量发展［N］. 湖南日报，2019-01-04（005）.

② 韩长赋. 大力推进质量兴农绿色兴农，加快实现农业高质量发展［N］. 农民日报，2018-02-27.

③ 魏国强. 关于河南省农业高质量发展的思考［J］. 种业导刊，2018（10）：8－12.

④ 毛树春，李亚兵，王占彪，雷亚平，黄群，王文魁，杨北方，冯璐，李鹏程. 农业高质量发展背景下中国棉花产业的转型升级［J］. 农业展望，2018，14（05）：39－45.

⑤ 钟钰. 向高质量发展阶段迈进的农业发展导向［J］. 中州学刊，2018（05）：40－44.

⑥ 杨傲，朱光远. 传统“产品农业圈”对农业高质量发展的影响及解决措施［J］. 粮食科技与经济，2018，43（07）：87－89＋119.

⑦ 张伟. 增优势创品牌 推进农业高质量发展［N］. 河南日报，2018-03-30（012）.

⑧ 张桃林. 做强农业高质量发展“芯片”［N］. 人民政协报，2019-04-10（001）.

4. 农业高质量发展中存在的问题研究

王忠海（2018）[1] 的研究主要有如何处理好数量增长与质量提升的关系，如何加快农业发展方式由粗放转向集约，如何打赢面源污染攻坚战，如何提升农业现代科技与物质装备支撑能力，如何提升农产品质量安全水平。宋洪远（2018）[2] 认为我国农业发展质量不高主要表现在：农产品品种丰富，但多而不优；农业品牌众多，但杂而不亮；我国农业体量大，但产业大而不强。寇建平（2018）[3] 认为主要表现为阶段性的供过于求和供给不足并存。梁謇（2019）[4] 强调实现农业高质量发展的关键在于解决供应链不优、产业链较短、价值链偏低、生态链不稳等问题。黄建英（2018）[5] 认为农业高质量发展，既面临着农产品价格“天花板”封顶效应和生产成本“地板”抬升的双重挤压，又面临着不断逼近“黄线”的农业生产、价格补贴和逐渐亮起“红灯”的资源环境硬约束压力。

5. 农业高质量发展对策措施研究

王忠海（2018）[6] 以“七化”思路，即市场化、产业化、集约化、标准化、模式化、品牌化、信息化促进农业高质量发展。潘建成（2018）[7] 指出农业高质量发展要牢牢守住粮食安全底线，并在此基础上促进一二三产业深度融合。寇建平（2018）[8] 强调加快构建以“产地环境清洁化、农业投入绿色化、生产过程标准化、产业模式循环化、农业废物资源化、产品供给品牌化”为主要特征的现代农业产业体系。王蕴琦（2018）[9] 认为发展“三品一标”建设，是推进质量兴农的有效途径，要从加强顶层设计与制度安排、培育农业品牌经营主体、加大科技创新、构筑三级联动的农业品牌新格局、建立品牌保护机制几个方面促进以品牌农业引领农业高质量发展。郭永田（2019）[10] 认为建设高标准农田是推动农业高

① 王忠海．以“七化”思路促进农业高质量发展［J］．甘肃农业，2018（09）：50—52．
② 宋洪远．推进农业高质量发展［J］．中国发展观察，2018（23）：49—53．
③ 寇建平．新时期推动我国农业高质量发展的对策建议［J］．农业科技管理，2018，37（3）：1—4．
④ 梁謇．提升质量效益推动农业高质量发展［N］．黑龙江日报，2019-01-29（007）．
⑤ 黄建英．转变广西农业发展方式加快迈入乡村振兴新时代［J］．市场论坛，2018（09）：6—12．
⑥ 王忠海．以“七化”思路促进农业高质量发展［J］．甘肃农业，2018（09）：50—52．
⑦ 潘建成．产业融合是实现农业高质量发展的关键［N］．经济日报，2018-08-16（008）．
⑧ 寇建平．新时期推动我国农业高质量发展的对策建议［J］．农业科技管理，2018，37（3）：1—4．
⑨ 王蕴琦．发展“三品一标”推进现代农业高质量发展［J］．农村工作通讯，2018（10）：52—53．
⑩ 郭永田．大力建设高标准农田推动农业高质量发展［J］．农村工作通讯，2019（01）：35—38．

质量发展的重要保障。周军等（2018）[①] 强调让新型职业农民成为农业高质量发展的主导力量。高昕（2018）[②] 认为高质量发展时代的农业支持政策应以农户为中心，通过完善监督、评估、反馈机制，强化政策的实效性和针对性，增强政策的前瞻性和系统性。曹新安（2018）[③] 认为要积极培育农业高新技术产业，以农业科技园区高质量发展带动农业高质量发展。杨辉（2018）[④] 认为要以绿色农业理念为指引，推进农业高质量发展。张照新（2018）[⑤] 主张培育农业产业化联合体，推动农业高质量发展。

2.3.2 农业三产融合的研究

基于农业的高风险性、增加农业从业者收入的急迫性、全面建成小康社会的战略性等原因，鉴于农业的多功能性和包容性，多位学者认识到加强农村三产融合发展的重要性。从文献来看，学者们大多从产业融合的内涵、指标体系构建进行讨论。

1. 关于农业三产融合的内涵及动因

冯伟等（2016）[⑥] 认为产业融合包括产业间融合和产业内融合，分别发生在具有紧密联系的产业或同一产业内部不同行业之间。苏毅清等（2016）[⑦] 认为随着科学技术的进步、农业产业化的发展，三个产业在相互融合渗透。李治等（2017）[⑧] 认为产业融合的本质是交易成本内部化，而农村一二三产业融合是产业融合在农村经济发展中的创新应用。姜晶等（2018）[⑨] 认为农村一二三产业融

---

① 周军，齐乃敏，陈光亚．让新型职业农民成为农业高质量发展的主导力量［J］．农民科技培训，2018（09）：9－11．

② 高昕．中国农业发展方式转变指数构建与初步测度［J］．河南农业大学学报，2018，52（06）：1003－1009．

③ 曹新安．积极培育农业高新技术产业推动农业科技园区高质量发展［J］．今日科技，2018（05）：3－4．

④ 杨辉．以绿色农业为抓手推进农业高质量发展［N］．黑龙江日报，2018-07-13．

⑤ 张照新．培育农业产业化联合体 推动农业高质量发展［J］．中国农民合作社，2018（8）：22－23．

⑥ 冯伟，石汝娟，夏虹等．农村一二三产业融合发展评价指标体系研究［J］．湖北农业科学，2016，55（21）：5697－5701．

⑦ 苏毅清，游玉婷，王志刚．农村一二三产业融合发展：理论探讨现状分析与对策建议［J］．中国软科学，2016（8）：17－28．

⑧ 李治，王东阳．交易成本视角下农村一二三产业融合发展问题研究［J］．中州学刊，2017（09）：54－59．

⑨ 姜晶，崔雁冰．推进农村一二三产业融合发展的思考［J］．宏观经济管理，2018（07）：39－45．

合的本质是“农”，要以农业产业为依托，服务于“三农”建设。熊爱华等（2019）[①] 认为农村一二三产业融合是用现代要素融合改造传统农业，使之产生新的经济效益，并认为技术革新和行业壁垒松动是产业融合产生的原因。陈盛伟等（2020）[②] 认为推动农村产业融合发展，需要对融合行为和融合绩效有一个量的认识，需要对现行政策措施推动三产融合的力度有一个量的判断。

2. 关于农业三产融合水平测度及实现路径

王玲（2017）[③] 围绕产业链延伸、多功能性发展、农业服务业融合、农民增收和城乡一体化 5 个维度进行指标体系的构建，对江苏省农村产业融合水平测度和区域差异分析。姜峥（2018）[④] 基于农村产业融合的深度、广度和效果 3 个维度选取指标，评价我国农村三产融合水平。刘鹏凌等（2019）[⑤] 运用层次分析法构建了指标体系，以农业发展代表县作为对象，验证了评价指标体系的合理性。

肖卫东等（2019）[⑥] 提出要构建“三产融合”发展体系，要培育、发展壮大多元化融合主体，强化各主体独特作用；创新发展多类型融合模式，促进不同模式共生、协同；打造平台载体，促进“三产融合”集聚集群发展；健全利益联结机制，促进形成“三产融合”利益共同体；完善支持政策，促进“三产融合”可持续发展。徐晓庆（2020）[⑦] 对长江经济带农村三产融合的耦合协调度测算，通过随机效应模型和IV-GMM模型，得出农村三产融合显著促进农村经济增长以及农民增收；提出要延伸农业产业链、发挥农业多功能性。迟也行（2020）[⑧] 集合专家打分法和层次分析法，评价数字经济背景下吉林省农村三产融合的影响因素，结果表明：管理和技术因素影响最大，其次为数字农业发展因素、农业多业

① 熊爱华，张涵．农村一二三产业融合：发展模式、条件分析及政策建议［J］．理论学刊，2019（01）：72－79.

② 陈盛伟，冯叶．基于熵值法和 TOPSIS 法的农村三产融合发展综合评价研究——以山东省为例［J］．东岳论丛，2020，41（05）：78－86.

③ 王玲．江苏省农村产业融合水平测度与区域差异分析［J］．农业经 2017（6）：21－22.

④ 姜峥．农村一二三产业融合发展水平评价和经济效应与对策研究［D］．哈尔滨：东北农业大学，2018.

⑤ 刘鹏凌，万莹莹，吴文俊等．农村一二三产业融合发展评价体系及其应用［J］．山西农业大学学报（社会科学版），2019，18（04），7－13.

⑥ 肖卫东，杜志雄．农村一二三产业融合：内涵要解、发展现状与未来思路［J］．西北农林科技大学学报（社会科学版），2019，19（06）：120－129.

⑦ 徐晓庆．长江经济带农村三产融合对农村经济发展的影响研究［D］．重庆工商大学，2020.

⑧ 迟也行．吉林省数字农业建设背景下农村三产融合发展研究［D］．吉林大学，2020.

态发展因素、农业产业链延伸因素，提出关注数字信息化的管理和技术创新，建设农业物联网与农业大数据平台，发展农产品深加工，全面提高农业现代化发展水平。牛文涛等（2021）① 认为农业产业链延伸、价值链提升、供应链拓展和多要素交互效应，能促使农村三产融合发展，促进农民增收。程凌燕（2021）② 强化新型农业经营主体及协作，促使一二三产业间良好互动。

2.3.3 农业科技创新相关研究

1. 关于农业科技进步的测算

Ricardo（1817）在边际收益递减的理论之上提出了“在促进经济增长中所占地位最高的因素就是技术进步”。Romer 等（1986）③ 创建了内生经济增长模型，把技术作为内生变量，将知识完好地纳入经济和技术的体系之中，即资本与劳动除外，把人力资本和新思路（用专利来权衡、强调创新）也加入了这个理论要素中。Lapple 等（2016）④ 探究农业经济增长的驱动因素，得出农业科技进步才是农业经济增长最主要的动力之一。白贺兰等（2015）⑤ 基于 *C-D* 生产函数法、全要素生产率指数法、数据包络分析法等对我国农业科技进步贡献率进行测算。张煜等（2015）⑥ 用 *C-D* 生产函数法和索洛余值法对新疆农业科技进步率进行测算。王洁等（2017）⑦ 基于索洛模型对陕西农业科技进步贡献率进行测算。李春生等（2018）⑧ 用非种植业（林、牧、渔等产业）产值之和占农业产值的百分比来衡量农业产业结构升级的指标。

① 牛文涛，郑景露，唐轲．农村三产融合赋能农民就业增收再审视——基于河南省孟庄镇、龙湖镇、薛店镇的案例分析［J］．农业经济问题：1－13.

② 程凌燕．新型农业经营主体推动农村三产融合发展路径研究［J］．农业经济，2021（8）：50－52.

③ Romer，Paulm．Increasing returns and long run growth［J］．Journal of Political Economy，1986（94）：2－37.

④ Lapple D，Renwicka，Cullinan J，et al．What drives innovation in the agricultural sector？A spatial analysis of knowledge spillovers［J］．Land Use Policy，2016，56：238－250.

⑤ 白贺兰，张正英．我国农业科技进步贡献率测算方法综述［J］．甘肃农业技术，2015（8）：72－77.

⑥ 张煜，孙慧．新疆农业科技进步贡献率的测算与分析［J］．新疆农业科学，2015，52（3）：580－588.

⑦ 王洁，夏维力．陕西省农业科技进步贡献率测算分析——基于索洛余值法［J］．济南大学，2017，（19）：99－101.

⑧ 李春生，王亚星．城镇化对农业产业结构升级的影响研究［J］．广东农业科学，2018，45（5）：159－165.

2. 关于农业科技创新效率的研究

郭铁成等（2014）[①] 认为创新度指数由生产率、创新投入强度（研发经费投入强度、公共教育投入强度、发明专利申请量占比）和排放产出率（单位 CO_2 排放的 GDP 产出率）三大类指标生成。陈振等（2018）[②] 结合 DEA 模型测算河南省 18 个地级市农业科技创新效率，结果表明地区间农业科技投入产出效率差距较大，农业科技创新力总体不高，要素投入存在不同程度冗余，提出了优化农业科技投入要素配置、促进规模经营及建立差异化策略等提高农业科技创新效率的对策。

吴梵等（2020）[③] 运用空间计量模型分析农业科技创新的空间外溢特征，结果显示：农业科技创新存在显著正向空间外溢；而农业机械投入强度、复种指数、作物种植结构、农业受灾率之间有较强空间负相关。郭翔宇等（2020）[④] 为检验农业科技创新的“经济性”，通过 SBM 模型和 Malmquist 指数模型测算 2008—2017 年省域农业科技创新效率，并提出以“集约化资源利用”为核心，合理配置科技创新投入资源。王丹等（2021）[⑤] 按照生态学层次分析法将农业科技创新生态系统划分为“主体、种群、群落、生态系统”4 个创新层次，构建国家农业科技创新生态系统结构模型。庞金波等（2021）[⑥] 通过中介效应方法分析农业科技创新助力农村金融发展、促进农业经济增长的作用，提出要完善农村金融服务体系，协调农村金融与农业科技创新间的关系。黄龙俊江等（2021）[⑦] 搜集江西省 2000—2019 年时间序列数据，运用 VAR 模型分析农业技术效率、农业科技创新、农业经济发展间的关系。

---

① 郭铁成，张赤东．经济创新度与经济体创新评级［J］．中国科技论坛，2014（12）：5－13．

② 陈振，郑锐，李佩华，黄松．河南省农业科技创新效率评价与分析［J］．河南农业大学学报，2018，52（03）：464－469＋484．

③ 吴梵，高强，刘韬．农业科技创新、空间溢出与农业生态效率［J］．统计与决策，2020，36（16）：82－85．

④ 郭翔宇，杜旭，王丹．我国省域农业科技创新效率评价与比较分析［J］．学习与探索，2020（05）：141－147．

⑤ 王丹，赵新力，杜旭，郭翔宇．国家农业科技创新系统生态演化研究［J］．中国软科学，2021（12）：41－49＋83．

⑥ 庞金波，杨梦．农村金融发展与农业经济增长——基于农业科技创新的中介效应［J］．科技管理研究，2021，41（17）：85－90．

⑦ 黄龙俊江，刘玲玉，肖慧，刘小进．农业科技创新、农业技术效率与农业经济发展——基于向量自回归（VAR）模型的实证分析［J］．科技管理研究，2021，41（12）：107－113．

2.3.4 农业产业结构升级的研究

1. 农业产业结构升级的测度

索斯托（1960）提出随着科技进步，新兴产业快速发展和旧产业的衰败，其结构也在发生着不停的转变，不仅是工业的结构在发生着不停的转变，农业结构也是一样存在的。马春艳（2001）① 通过农业科技进步对农业结构调整的关系研究，得出农业结构调整需要农业科技进步的支撑。刘余莲（2008）② 则认为农业科技进步能够促进农业产业结构调整。江艳军等（2019）③ 通过研究民间投资、农业科技进步与农业产业结构升级之间的影响机理，得出科技进步对农业产业结构升级有显著的影响。曹菲等（2021）④ 认为产业融合促进了农业产业结构的合理化和高级化，带动了农民增收，产业融合发展中最大受益者是中低收入阶层。

2. 农业产业结构升级的实现路径

江艳军等（2018）⑤ 通过我国 31 个省区的面板数据测算农业产业结构升级系数，实证分析得出农村交通和能源基础设施可促进农业产业结构升级，而农田水利基础设施则为负向关系。王文馨（2020）⑥ 结合主成分分析法，选取化肥施用量、农林牧渔业总产值、灌溉面积、农业机械总动力、农村居民收入及消费六个指标测算农村产业结构升级水平，通过面板双向固定效应模型分析政策性金融机构对农村产业结构升级的影响。隋福民（2021）⑦ 提出以平台组织为抓手，创造“平台＋小农户＋增量平衡”的动态演化路径，促使农业产业转型。杨秀玉等（2022）⑧ 结合我国农业产业结构合理化、高效化、高新化、生态化四方面评价

---

① 马春艳. 湖北省科技进步与农业结构调整的相关问题研究 [D]. 2001.

② 刘余莲. 农业科技进步对农业结构调整影响的研究——以湖南省辰溪县为例 [D]. 湖南农业大学，2008.

③ 江艳军，黄英. 民间投资、农业科技进步与农业产业结构升级——基于“一带一路”沿岸省域的实证研究 [J]. 科技管理研究，2019 (17)：126－127.

④ 曹菲，聂颖. 产业融合、农业产业结构升级与农民收入增长——基于海南省县域面板数据的经验分析 [J]. 农业经济问题，2021 (08)：28－41.

⑤ 江艳军，黄英. 农村基础设施对农业产业结构升级的影响研究 [J]. 资源开发与市场，2018，34 (10)：1400－1405.

⑥ 王文馨. 乡村振兴背景下农业政策性金融对农村产业结构升级的影响研究 [D]. 山东大学，2020.

⑦ 隋福民. 中国农业产业升级的模式和路径思考 [J]. 中共杭州市委党校学报，2021 (03)：59－68.

⑧ 杨秀玉，乔翠霞. 农业产业结构优化升级的空间差异性和收敛性 [J]. 华南农业大学学报（社会科学版），2022，21 (01)：67－80.

农业产业结构优化升级状况，通过 Dagum 基尼系数分析其空间差异的程度，检验空间差异的收敛性。

2.3.5　农业生产要素错配的研究

因为存在要素市场不完善和城乡二元结构等障碍，农业生产要素错配现象广泛存在。2020 年 4 月 9 日，中共中央、国务院印发的《关于构建更加完善的要素市场化配置体制机制的意见》，提出对劳动、土地、资本等要素进行市场化改革。吴伟伟等（2020）[①] 利用江西省 10 年的面板数据分析了影响农业生产要素错配的因素，提出鼓励生产要素重新配置。罗慧等（2021）[②] 基于超越对数生产函数的随机前沿模型对 2000—2017 年中国水稻、小麦和玉米等三类粮食作物 TFP 进行测算。研究结果显示，劳动投入过度比较突出是引发粮食生产要素配置不优的主要原因；从空间区域来看，东部地区要素错配程度相对较低，西部地区相对较高。

一般来说，资源错配主要分为两类，第一类是"内涵型资源错配"。Hsieh 和 Klenow（2009）[③] 通过对内涵型错配的研究，提出不同企业的生产效率不同，相同的资本或劳动力很难实现相同的边际产出，企业也就没法获得最优产出。也就是说，因为资本或劳动力要素没法依照边际报酬相等的原则进行分配，企业才难以实现资源最优配置。第二类是"外延型资源错配"。Banerjee 和 Moll（2010）[④] 提出了外延型错配有两种可能。在技术非凸的前提下，因资源是依照边际报酬相等的原则进行分配的，因此，边际报酬递增的企业会出现资源相对不足的情况，而边际报酬递减的企业则会出现资源相对过剩的情况，最终会导致资源不能实现配置最优化。史常亮等（2020）[⑤] 提出通过土地流转市场建设，可以

① 吴伟伟，包铠璇，张燕华. 江西省农业生产要素错配测度与影响因素的实证研究 [J]. 长江流域资源与环境，2020，29（04）：1005－1015.

② 罗慧，赵芝俊，钱加荣. 要素错配对中国粮食全要素生产率的影响 [J]. 中国农业大学学报（社会科学版），2021，38（01）：97－110.

③ Hsieh C T，Klenow P J. Misallocation and manufacturing TFP in China and India [J]. Quarterly Journal of Economics，2009，124（4）：1403－1448.

④ Banerjee A V，Moll B. Why does misallocation persist? [J]. American Economic Journal：Macroeconomics，2010，2（1）：189－206.

⑤ 史常亮，占鹏，朱俊峰. 土地流转、要素配置与农业生产效率改进 [J]. 中国土地科学，2020，34（03）：49－57.

提高农业生产效率，改善农业要素投入尤其是劳动力要素的错配状况。

2.3.6 循环农业的研究

1. 关于循环农业发展的评价研究

循环农业是在普通农业理论的基础上注入了“循环”元素而发展起来的，它更加强调整个生产过程的资源循环利用。张元浩（1985）较早提出“循环农业”的概念，即农业生产过程的本质是材料不断重复利用和能量不断转换的过程。马其芳等（2005）[①] 认为在农业生产中减少资源、材料库存和减少废物的产生和排放，增加浪费资源的回收，增加农业生产系统输出，农业经济和生态环境效益“双赢”是循环农业发展的总体目标。揭益寿等（2011）[②] 认为，循环农业是在可持续发展理论的前提下，绿色经济、生态经济、循环经济、知识经济的综合使用。王建花（2013）[③] 利用生态学和农业生态学，以南平市为例应用物质流、能量流、价值流等理论，针对不同规模的养殖场和不同环境的土地消纳能力分析了不同类型下的循环农业经济模式的效益。刘朋虎等（2020）[④] 发展生态循环农业，实施生态经济与乡村产业绿色振兴技术，有利于推动乡村产业生态化与生态产业化融合发展，提高农业生产效率。童燕等（2020）[⑤] 以河南麦多生态农业园循环农业生产模式为例，系统分析了农业废弃物—沼气发酵—沼渣沼液—农业种植的资源循环再生农业模式，结果表明综合效益显著，可有效解决面源污染等问题，带动区域农业可持续发展。刘晗晓等（2021）[⑥] 针对高原丘陵的气候特征，构筑种养循环一体化模式，节省养殖空间和土地成本，将养殖、种植、农业废弃物处理有机结合。

---

① 马其芳，黄贤金，彭补拙，翟文侠，刘林旺．区域农业循环经济发展评价及其实证研究［J］．自然资源学报，2005（06）：97－105.

② 揭益寿，丁玉华，丁云芳．油橄榄种源示范与产业化［J］．高科技与产业化，2011（08）：92－95.

③ 王建花．农业循环经济发展模式研究［D］．福建农林大学，2013.

④ 刘朋虎，陈华，刘韬．生态循环农业与山区乡村扶贫联动发展探索——以开发扶贫的宁德模式为例［J］．鄱阳湖学刊，2020（05）：33－43＋126.

⑤ 童燕，范阳，刘春红，靳前龙，刘庆生，李建华．集约化现代生态农业园循环农业发展模式探析——基于河南麦多生态农业科技有限公司实例［J］．现代园艺，2020，43（23）：129－131.

⑥ 刘晗晓，邓洪英，关正军，麦翀，朱艳英，葛钊宇，冉霞．高原地区循环农业发展模式构建与分析［J］．西南大学学报（自然科学版），2021，43（06）：18－29.

2. 关于循环农业发展的测度

马其芳等（2006）[①] 分析了有效灌溉系数、农业用水系数、禽畜粪便资源化率等指标，采用加权平均的方法对循环农业发展进行数据指标分析。王亚伟等（2010）[②] 把循环农业发展质量划分为社会经济发展指标、资源减量投入指标、资源循环利用指标、资源环境安全指标四大指标体系，并用单位农业 GDP 产值、复种指数、农民人均纯收入、森林覆盖率等指标评价河南省循环农业发展质量，得出主要影响因素为农业产出水平，而资源减量投入是主要制约因素。付滨等（2021）[③] 搜集问卷数据，构建 SEM 模型，分析影响农户循环农业参与意愿的因素，结果显示：农民受教育程度、政府参与程度与参与循环农业的意愿呈正相关；耕地面积、农业收入与参与意愿呈负相关。陈奕延等（2022）[④] 在农产品安全认证、物流体系、分工合作模式中融入区块链技术，提出数字化循环农业框架，将区块链的“数字化”赋能与循环农业的“可持续性”内涵相融合。

2.4 文献评述

2.4.1 关于金融科技与科技创新的文献评述

在金融科技方面，众多学者认为金融科技的发展会形成倒逼机制，促使银行业深化改革，改善服务效率和质量，且金融科技的技术外溢能够缓解传统银行业的信息不对称、提高资金配置效率、降低贷款成本。现有学者研究多集中于金融科技带来的业务创新、微观主体的融资服务、对传统银行业业务影响等方面，结论普遍认为金融科技能够提高全要素生产率及经济主体的产出水平，在一定程度上缓和中小企业的融资限制、带动企业创新。但当前研究多为泛泛的定性讨论，

① 马其芳，黄贤金，张丽君，陈逸．区域农业循环经济发展评价及其障碍度诊断——以江苏省 13 个市为例［J］．南京农业大学学报，2006（02）：108－114．

② 王亚伟，赵白云，陈振，梁保松，韩珂．基于 DEA 的河南省城市循环经济发展效率研究［J］．河南农业大学学报，2010，44（05）：600－604．

③ 付滨，冯玉富，窦学诚，余青．基于 SEM 模型的农户循环农业参与意愿影响因素分析——以河西地区为例［J］．山东农业大学学报（社会科学版），2021，23（04）：54－60＋183．

④ 陈奕延，李晔，李存金，李群．可持续性与数字化：区块链驱动的循环农业研究［J］．生态经济，2022，38（03）：123－133．

对于金融科技的水平测度及实证分析较少涉及，缺乏定量分析的经验分析。金融科技本质是金融业的创新发展，既强化了金融功能，又催生了新的金融市场主体。但经数据统计分析，国内的科技金融发展存在显著的差异性，不仅表现在各地区发展存在不平衡，还表现在科技金融结构上的差异。因此，对于金融科技的发展水平测度、金融科技服务实体经济及农业发展的路径、提高金融科技效率等研究十分必要，以拓展现有研究在分析内容和经验等方面的局限性。

在科技创新方面，根据多位学者的研究表明，科技创新的空间溢出作用能够为当今时代的区域经济发展提供新的动力，且空间分布不仅会影响空间溢出的大小，还会影响空间溢出的方向，因此受到学者们的广泛关注。在研究方法上，现有文献大多使用静态空间面板，动态空间面板模式研究较少，其结论不足以支持技术创新对地区竞争力的影响和波及效果，也没有明确说明空间依赖性和空间溢出的影响；在研究内容上，从理论和实证层面、从宏观和微观方面、从资源配置的角度研究了经济创新发展能力对经济增长的影响，并取得了较多成果，但在现行的创新发展能力评价体系中，全要素生产率指标未能被考虑到，而这是测度和评价经济创新发展能力的关键，在后续研究中将重点分析，因此，以上述研究为基础，分析科学和技术革新对地区竞争力产生的影响以及产生的空间效果具有一定的理论价值和实践意义。

2.4.2 关于生态文明的文献评述

在生态足迹及生态承载力方面，研究内容涵盖了基本的概念及理论、承载力总量及测度、地域类型等方面；研究方法包括状态空间法、生态足迹法、系统模型法等；指标从简单的单要素发展到多要素的系统综合承载力指标体系，以动态的监测及评价生态承载力，但在指标选取、权重确定及水平测算等方面存在计算量大、主观性强等问题，且缺乏时空动态分析及发展趋势分析。

在生态经济效率分析方面，国内外学者从理论到实证、从模型到系统论证、从现状到未来预测，成果较丰富，但现阶段的学者多采用耦合度模型评价生态经济系统的协调性，无法反映其内部各子系统的相互作用，研究存在一定的偏向性。

在生态文明建设方面，多是从单个地区时间序列分析各因素对生态效率的影响，对生态文明影响因素的研究仅仅针对指标体系内部的要素，对外在影响因素的实证分析较少，地区间的对比分析不足，忽略了地区差异。关于生态文明建设对产业结构升级影响的定量、定性分析很少，关于河南省生态文明建设对产业结构升级影响的定量、定性分析少之又少，因此，需要一定的研究作为补充。

2.4.3　关于农业发展的文献评述

国内外学者丰硕的研究成果为后续的研究提供了重要的理论铺垫，但是由于国内关于农业高质量的研究尚处于起步和探索阶段，有些地方仍存在着研究不足。首先，对农业高质量发展的内涵界定不深刻、不全面，目前对农业高质量发展内涵的认识尚未形成共识，学术观点上存在争议与不足。其次，缺乏对农业高质量发展的量化评价研究，目前对农业高质量的研究多在理论和实践探索方面，量化研究甚少，各地对农业高质量的发展状态如何没有量化的感知依据。最后，实践方面缺乏创新性的顶层设计，现有研究多停留在实践经验方面的报道与总结，缺乏结合地域优劣势而制定的创新性的顶层设计。

第3章　金融科技、生态效率与农业高质量发展关系的理论阐释

3.1　相关理论

3.1.1　信贷约束理论

信贷配给从微观角度而言，是指在市场上存在充裕的资金供给且借款者接受贷款合同中的条款的情况下，借款人的资金需求依然得不到满足，存在资金缺口。随着人们对信息经济的关注，逐渐产生了从信息不对称角度分析信贷配给的现代信贷配给理论。事前的信息不对称往往会导致放贷者的逆向选择，即做出了违反本意的决定，将资金带给风险较大的人；而事后的信息不对称则会导致道德风险，即获得贷款的主体从事风险更高的投资，给放贷人带来风险。由于借款人占据信息优势，借贷双方存在信息不对称，银行无法准确识别借款人的信用类型，就会导致信贷配给，扭曲市场行为，增加放贷人的监督成本。

3.1.2　金融深化理论

面对众多发展中国家经济增速较慢的情况，20世纪60年代以来，越来越多的发展中国家开始探讨金融发展、货币金融政策和体制与经济增长的关系。经济学家麦金农认为发展中国家经济停滞的主要原因在于落后的金融体系，政府对于金融活动进行过多干预，如对汇率的限制、利率的管制，导致了低效、腐败、信贷配给等，并且忽视了其他非银行金融机构的发展。1973年，爱德华·S·肖提出金融深化理论，认为如果政府取消对金融活动的过多干预，可促使金融改革与

经济发展的良性循环。该理论认为，功能健全的金融体系能使较贫困地区的经济增长步伐变得更快。根据麦金农和肖的收入效应理论，金融深化取消对利率和汇率的限制，可有效刺激私人和政府增加储蓄，吸引外资流入，随着社会货币化程度的提高，对实际国民收入增长带来正向影响。根据麦金农和肖的储蓄效应理论，通过金融深化可以提高国民收入和货币的实际收益率，从整体上提高了经济储蓄倾向。投资效应理论强调金融深化通过储蓄效应带动投资总额，增强了企业的融资能力和投资效率，提高了储蓄的使用效率。就业效应理论则认为当货币实际收益率上升时，会提高投资者的资金成本，因此，投资者将更倾向于以劳动密集型的生产代替资本密集型的生产以节约资本的使用，从而促进就业水平提高，且储蓄发挥的合理配置资金的作用，使企业竞争加强，从而提高产品的国际竞争力，通过出口带动国内经济和就业。

3.1.3　内生增长理论

经济学家约瑟夫·熊彼特[①]认为，人才是国家财富的源泉，劳动力质量的提高是提升生产率的关键。但古典经济增长理论侧重于分析劳动量对国家财富创造的作用，并未对劳动者的素质和技能进行区分。初期的经济理论把人口数量等视为是影响经济增长的主要因素，而技术不能直接影响经济增长，只能间接作用。新古典经济增长模型将经济增长的贡献分为资本贡献、劳动贡献及技术进步。劳动价值论中，亚当·斯密认为劳动分工，结合比较优势专门生产，能有效促进社会财富的增长，认为技术与物质资本的积累可能存在一定关联性，因此萌生了技术进步可以作为推动经济增长内生变量的观点。

20世纪80年代，罗默和卢卡斯等学者尝试分析技术进步的源泉，把技术和知识等对经济增长有正向影响的要素内生于模型中，从而产生内生增长理论。伴随着内生增长理论地提出，人力资本对于经济增长的贡献才逐渐被人们关注，该理论认为内生的技术进步推动经济持续增长，而非外力所为。经济学家把社会资本分为物质和人力资本，由于人的劳动能力、技能、身体素质不同，对经济产生的贡献也有差异，因此催生出要促进技术进步、实现经济增长的内生化。该理论认为，知识不具有要素边际递减规律，所以可以有效解释为何各地区经济增长存在差异，强调人力资本对长期经济增长的作用机制，即人力资本的积累可以提高

① 约瑟夫·熊彼特. 经济发展理论［M］. 北京，商务印书馆，1990.

生产效率，促进技术进步，而技术创新、资本积累、分配制度改革等可以促进知识积累，进而更有效推动经济长期增长。罗伯特·卢卡斯认为人力资本的正外部性会带来收益效应，由此得出人力资本是实现经济长期增长的动力。

3.1.4 可持续发展理论

1987 年，World Commission on Environment and Development 在关于全球生态环境与社会经济发展的报告中首次提及可持续发展这一理念，指出可持续发展要能够满足地球上的人类对发展需求的同时，还要保护对未来人民追求自身生存需要的能力，但总的来说，可持续发展的定义仍然不清晰。可持续发展理论是在第三次科技革命后，生产力大幅上升，经济发展无限度地攫取和消耗自然资源和破坏生态环境，导致落后地区和发展中国家资源短缺、环境破坏和贫困人口增加的全球性大背景下逐渐发展起来的。可持续发展的中心思想[①]是人类发展与自然环境和谐发展的模式和状态，认为经济社会需要发展，但应该是在保障当代人发展的前提下不能危害后代人的发展能力。

然而，传统的经济发展模式对自然资源过度利用，自然资源有限且修复较慢，导致了生态损害和能源危机。农业可持续发展理论是农业经济和农业地理学家在当今农业粗放发展造成生态环境下降、食品安全问题严重、粮食短缺和饥荒等一系列生态和社会问题的背景下，将可持续发展理论引入农业发展问题中来。农业可持续发展理论是指通过高效合理地利用水、土地和生物等资源，实行制度和技术变革等措施发展形成的，既能满足当代人对优质安全农产品和食物的需求，又能满足未来人们对健康可持续农业发展的追求，是一种现实、可行的农业发展模式。

金融可持续发展理论以金融资源学说为基础，将可持续发展理念扩展应用到金融领域，由于金融是国家发展中的重要战略资源，能够在社会领域中起到优化社会资源和自然资源配置的作用，因此，可将金融资源纳入生态体系中。而金融科技的不断发展，与经济发展和金融效率测度评价形成动态联动关系，通过把科技驱动融入金融业务创新发展中，间接提高了投融资服务、保险服务、决策考量等金融业态的科学化和精准化。金融业的发展及业务的创新能使金融科技对现行经济的作用主要借助于数据驱动，能通过多样化的融资渠道促使市场主体间的优胜劣汰，优化资源配置，一定程度上缓解了企业绿色研发资金的融资约束难题，给低污染型的企业

① 牛文元．可持续发展导论［M］．北京：科学出版社，1994.

提供更加多元化的服务，保障资金环境。从国际社会来看，目前我国存在着能源、资源利用率不高，短期内过大的生产规模消耗掉大量的化石能源，恶化了生态环境，不利于农业发展。从资金需求角度看，金融科技通过精准式、流水线式批量开展业务，降低中小企业借贷门槛，缓解了信息不对称，降低了交易成本，并促使金融风险控制精准化，便于为企业各种综合性的能源信贷服务。

3.1.5　高质量发展理论

国内学术界对高质量发展理念的研究较短，目前尚未得出具有一致性的内涵。其中，国家发展和改革委员会经济研究所提出高质量发展是以质量和效益提升为导向，以技术和制度创新为动力的供给体系以及质量高、效率高和稳定性高的发展状态；金碚（2018）① 认为高质量发展是能够更好满足人民群众更高物质生活需要的经济发展方式和结构，是具有质量高、效率高、公平共享和可持续性的发展新方式；任保平等（2019）② 认为高质量发展是经济发展动力转换、经济社会协同发展、效率提升、结构优化和人民生活水平不断提高的发展状态，是经济发展质量的最优状态；林兆木（2018）③ 认为经济高质量发展要体现“创新性、协调性、绿色化、开放性和共享性”的新发展理念，具有较低的资源环境破坏成本、更高的经济社会效益、较高的农业资源配置效率和较低的农业生产资源要素投入等。习近平总书记提出，高质量发展应是体现新发展理念的新发展形式，首要动力是科学技术创新，内生特点是普遍协调，普遍形态是绿色发展，必由之路是改革开放，根本目的是成果共享的发展形式。总的来看，高质量发展是在经济新常态背景下，遵循五大新发展理念，更强调经济发展的质量和效益的一种发展方向、路径和状态。

3.2　金融科技与农业高质量发展的关系机理

在做好、做强、做优农业经济方面，金融科技被寄予厚望。银保监会主席郭树清参加 2020 年在新加坡举办的金融科技节时，总结了金融科技促进经济发展

① 金碚. 关于“高质量发展”的经济学研究［J］. 中国工业经济，2018（04）：5－18.

② 任保平，赵通. 高质量发展的核心要义与政策取向［J］. 红旗文稿，2019（13）：23－25.

③ 林兆木. 我国经济高质量发展的内涵和要义［J］. 西部大开发，2018（Z1）：111－113.

的路径，具体如下：一是金融机构可以充分利用大数据平台进行智能风控，依靠金融科技在一定程度上减少了对抵押物的依赖度，提高了小微企业和农户的贷款可获得性，特别是农业生产缺乏有效的抵押物，有效解决了农业经营主体的融资需求。二是金融机构将多种数字化工具有效组合，对农业经营主体进行精准资金帮扶，发展适宜产业；银行通过建立网络供应链平台，实现线上营销、征信、担保、支付，助力农副产品销售，完善了产销对接机制。三是在疫情防控期间，金融机构研发 App 等提供便捷安全的“非接触式”金融服务，通过开辟“绿色通道”，保障了最基本的金融业务，支持各类企业迅速复工达产。金融科技产业通过便捷化投融资服务，推动了传统农业向现代化、智能化农业转型，促进传统产业向现代化产业转型升级。

1. **政府政策支持**

自 2018 年以来，北京、上海、深圳、广州、重庆、成都、武汉等全国主要城市都相继出台了与金融科技相关的产业扶持政策，通过招商融资、人才补贴、融资支持、研究奖励、专项投资基金等各项优惠政策引进优质金融科技企业、研发机构及高端人才，促进、鼓励、扶持金融科技发展，如杭州创新高科技人才引入机制，以壮大数字产业集群。

2021 年 1 月，中共中央、国务院印发的《关于全面推进乡村振兴加快农业农村现代化的意见》中提出，支持市县构建域内共享的涉农信用信息数据库，逐步建成较完善的新型农业经营主体信用体系。发展农村数字普惠金融，大力开展农户小额信用贷款、保单质押贷款、农机具和大棚设施抵押贷款业务。鼓励开发专属金融产品支持新型农业经营主体和农村新产业、新业态，增加首贷、信用贷。加强对农业信贷担保放大倍数的量化考核，提高农业信贷担保规模，将地方优势特色农产品保险以奖代补做法逐步扩大到全国，发挥“保险＋期货”在服务乡村产业发展中的作用。

2021 年 6 月，中国人民银行联合银保监会等部门印发《关于金融支持巩固拓展脱贫攻坚成果　全面推进乡村振兴的意见》，明确提出要开展金融科技赋能乡村振兴示范工程，探索运用新一代信息技术因地制宜打造惠农利民金融产品与服务。

中国人民银行、农业农村部等于 2021 年发布《关于组织开展金融科技赋能乡村振兴示范工程的通知》，决定在江苏、河南等 9 个省市组织开展金融科技赋能乡村振兴示范工程。共有银联、银联商务、8 家商业银行以及 2 家检测实验室参与，通过对农村金融服务现状及痛点、难点的分析，提出线上线下渠道融合的"金融惠农数字营业厅"的业务架构、建设"类社区银行"的农村线下金融服务示范点、发展农业供应链金融等举措助力农村经济发展。

银保监会、工信部等六部门出台《关于进一步规范信贷融资收费　降低企业融资综合成本的通知》，要求银行利用金融科技手段为供应链上、下游企业提供快捷的增信服务。人民银行、工信部等八部委印发《关于进一步强化中小微企业金融服务的指导意见》，鼓励商业银行运用大数据、云计算等技术建立风险定价和管控模型，改造信贷审批流程。工信部印发《中小企业数字化赋能专项行动方案》的通知及工信部等部委发布《关于组织申报第二批产融合作试点城市的通知》等政策，明确提出通过金融科技深化产融合作，强化产业与金融信息交流共享，提高产融对接平台服务水平，为企业获得低成本融资增信，提升中小企业融资能力和效率。

中国人民银行在《关于做好 2022 年金融支持全面推进乡村振兴重点工作的意见》中强调，要创新金融产品，优化金融服务，如规范发展供应链金融服务，加大对重要农产品生产加工、仓储保鲜冷链物流设施建设等金融支持。继续深入实施金融科技赋能乡村振兴示范工程，发展农村数字普惠金融。各金融机构要充分运用大数据、云计算、第五代移动通信（5G）等新一代信息技术，优化风险定价和管控模型，有效整合涉农主体信用信息，提高客户识别和信贷投放能力，减少对抵押担保的依赖，积极发展农户信用贷款。

中国银保监会办公厅在《关于 2022 年银行业保险业服务全面推进乡村振兴重点工作的通知》中提出，各银行机构要积极运用数字技术，向自然村延伸拓展基础金融服务，加快推进辖内涉农信用信息数据平台建设，加强部门间信用数据共享，健全农村信用体系。银行机构要在依法合规、风险可控前提下，充分运用各项数字技术开展面向涉农主体的金融服务，切实提升涉农主体融资便利度，努力降低实际贷款利率，减少收费，推动综合融资成本实实在在下降。保险机构要落实三大粮食作物完全成本保险和种植收入保险主产、省产粮大县全覆盖，探索开展糖料蔗完全成本保险和种植收入保险。稳步扩大大宗农产品保险覆盖面，加快发展种业、大豆和油料作物保险，大力发展地方优势特色农产品保险，积极开展高标准农田建设工程质量保证保险、耕地地力指数保险，提高小农户农业保险投保率。引导农村地区各类型银行保险机构错位竞争、良性竞争。加强农村金融知识普及教育和金融消费者权益保护。

2. 涉农金融科技产品和服务不断丰富

金融科技通过创新产品和多样化金融服务，解决了农业生产中资金短缺的问题，提高科技成果转化率，最终推动农业经济增长。如通过数字银行，金融机构可以提供在线式金融服务，并通过大数据分析，提升用户体验，用更低的成本渗透未被金融服务覆盖的群体，并为之提供匹配的金融服务，打造集交易管理、担保赋能、数据风控等多种功能于一体的供应链金融综合服务平台，创新推广以农民专业合作社、农业龙头企业、第三方物流企业为核心的供应链金融服务模式，提升农业产业链的稳定性和竞争力。

金融科技公司在疫情期间充分发挥技术和生态的双重优势，同时服务银行和企业“科技抗疫”，不仅利用自建平台对接政府和企业的资源和需求，专门制定企业战疫帮扶计划，直接服务海量的中小微企业，还积极输出智能金融产品，加大针对中小银行的生态合作与技术服务，助力银行智能化转型，更好地提升银行“非接触服务”效率。如天津农村产权交易所在神州信息的全力协助下，建立起农产品“保供·平价·放心”应急对接平台系统。系统与各涉农区蔬菜产地逐一对接，对外发布全市“菜篮子”供应信息，搭建了“产地直采、送货上门”的农副产品销售渠道。梅州客商银行依托物联网金融平台和国家“信疫贷”平台开展了抗疫专项资金的精准投放，缓解小微企业在三农领域的资金压力，并针对农业生产的特点，对养殖业农户在饲料运输及生猪外运等方面的实际困难，给予还款期限宽限的政策，帮助疫区养殖农户渡过难关。

广大商业银行在疫情期间利用区位优势，积极实施“无接触式”的惠民和惠企服务。一方面，重点打造手机银行、微信小程序等移动端渠道，连接智能物业、政务服务和金融服务等，满足疫情期间的各类民生需求；另一方面，认真落实政策要求，加大线上服务的广度和力度，建立信贷绿色通道，安排专项贷款规模，有效降低贷款成本，为所在区域的抗疫重点行业以及复工复产的小微企业提供倾向性、差异化的信贷扶持。

中原银行通过金融科技“硬核”优势保障银行服务始终“在线”举措，落地全省唯一线上保函业务，创新传统招投标现金模式，降低资金使用成本，提升业务效率，当天申请当天即可生成保函。西安银行通过金融科技力量打造“无接触式”惠民服务，完善“屏幕对屏幕”线上服务，提供了手机银行、微信银行、网络银行、小程序、电话银行等 24 小时的线上服务；构建移动电商平台，助力线下行业快速建立线上销售渠道，帮助企业开展数字化运营，减轻疫情对其经营影响。徽商银行通过科技力量集中攻坚，推动线下业务转型，发布了“融鑫池”和“在线秒贴”两款线上票据产品，服务企业融资需求。“在线秒贴”通过大数据和全新渠道技术，帮助客户享受分秒速达的银行金融服务。

广州农商银行为解决疫情期间大量农产品出现滞销等问题，利用线上渠道推出“健康守护集市到家”线上助农活动，设置“爱心助农专区”“消毒杀菌助力专区”“京东粮油助力专区”等平台，为商户制定“减免收费”等专项优惠政策，并为购买助农产品的消费者提供优惠叠加等福利。打造互联网供需平台，将辖内农业企业客户与消费者有机联结，缓解了农户线下的滞销压力，降低了农户和企业的成本，助力农业企业复工复产，为广大消费者提供助农抗疫奉献爱心的渠道，令其充分体验互联网农产品的便利。

2020 年，银保监会办公厅印发《关于进一步做好疫情防控金融服务的通知》，提出支持各银行推广线上业务，优化丰富“非接触式服务”渠道，提供安全便捷的“在家”金融服务，鼓励银行在有效防控风险的前提下，探索运用视频连线、远程认证等科技手段，探索发展非现场核查、核保、核签等方式。疫情加速了传统银行业务的数字化转型，由于社交隔离，金融机构不得不通过线上渠道为客户服务，支持在线操作而不用设立实体分行的虚拟银行颠覆性地提供银行业务，运用前沿技术作为底层技术以及核心驱动力，重构业务流程、驱动产品研发、增强风控能力以及改善客户体验，所推出的产品与服务体现出基于金融科技背景下的高效、便捷、无接触。

保险公司聚焦农险客户需求和农险业务管理需求，开发暴风系统、灾情预警、风险地图、台风预警等功能，帮助农户防灾减损。而保险科技深度应用，智能化技术将全面赋能保险业务全流程。以人工智能、云计算、大数据、区块链等新一代信息技术应用为代表的保险科技，正在深刻改变保险业务模式。例如产品设计环节，通过大数据分析建立客户数据库，辅助精算师进行风险定价以及定制保险产品的开发；营销分销环节，通过 AI 与大数据基于用户画像实现精准营销，实现多个保险营销触达渠道的精细化管理；核保承保环节，帮助企业提升风控能力，实现流程智能化，降本增效；理赔环节，保险科技改善了传统理赔环节割裂的情况，通过大数据反欺诈、机器人客服改善用户体验，推动理赔决策自动化；资产管理环节，通过专业的金融产品设计和投资策略选择，实现新的可持续的投资价值增长。保险科技有望改善保险公司的成本结构，通过智能认证、智能保顾、智能核保、远程勘查、智能定损、移动理赔、智能反欺诈等多种智能化应用落地，降低保险获客、营销、风控、赔付成本，实行成本领先战略，将价格优势转化为竞争优势。鼓励保险机构探索利用互联网、卫星遥感、远程视频等技术，开展农业保险的线上承保理赔。

省级层面结合地方农业产业承保的实际情况，对符合规定的农业产品保险按规定比例给予保费补贴；县级层面按规定比例配套保费补贴，协同配合保险公司，探索满足各县新型农业经营主体需求特征的定制化保险产品，确定保险赔偿制度，将保费补贴纳入数字自助服务终端。宣传、讲解农业保险政策，提高农民风险识别、自我保护的意识和能力。

3. 农村数字金融基础设施不断完善

数字货币、虚拟银行、智能金融等创新金融模式，需要新型金融市场基础设施来支撑，因此，推动金融业基础设施的数字化转型成为各国政策关注重点。在金融科技的助力下，全球金融市场基础设施建设正迎来数字化与智能化升级的新契机，缓解金融大规模交易压力、优化金融服务效率、推动全球普惠金融深化发展、筑就的金融“新基建”，将更有效地提升金融风险管理水平。

中国已建立“政府＋市场”双轮驱动的全球规模最大的征信系统（包括中国人民银行征信中心、百行征信等市场化征信机构），此外，2020 年 1 月，央行征信系统正式切换为二代征信系统，包括企业信用信息基础数据库和个人信用信息基础数据库，收录了 10.2 亿自然人、2 834.1 万户企业和组织信息，规模居世界前列。

依托国家现代农业示范区，采用政府统筹、市场主体的方式，建立一批具有可持续发展能力的农业信息经济示范区，全面推进农业物联网、农业电子商务和 12316 公益服务等建设，推进运营模式创新、金融服务拓展、智能装备推广等，深入探索运用信息化技术促进农业农村经济发展的模式。

基于美丽乡村发展，构建面向“三农”的互联网金融服务平台，运用大数据等技术创新信用评估方式，降低服务门槛和风险，突破物理网点限制，通过 POS 机、手机银行、网上银行和网络借贷平台等方式为农业经营主体提供电子化金融服务。支持创新工场、创客空间、星创空间、社会实验室等新型众创空间发展，建立网络协同、云设计、众创众设等合作交流平台，构建基于互联网的农业科技成果转化应用新通道，实现跨区域、跨领域的农业技术协同创新和成果转化。

县级层面负责构建县、乡、村三级联动的政务服务体系，建设乡村便民服务中心、便民服务站点，配备专业或兼职服务人员，利用互联网为农村居民就近提供政务服务。有条件、有实际需求的地区可设置具备凭证、票据打印功能的智慧柜员机等自助终端，并做好使用指导，为乡村居民提供“自助式”政务服务。将高频政务服务事项接入各商业银行自助终端，在银行农村基层服务网点推广使用“政务服务＋金融”自助服务一体机，推动构建“线上线下打通、跨金融机构互通、金融与公共领域融通”的新型服务渠道，建立“一点多能、一网多用”的惠农综合服务平台，推出“惠农版”“大字版”“民族语言版”等智慧金融 App，提升农村居民金融服务普惠水平。

在农村地区部署自助式服务终端和便民服务站点，为村民提供“足不出村”的现金存取、转账汇款等金融类服务，并在此基础上向民生、政务、电商等多领域延伸，合理规划布局农村金融网点。鼓励省级金融机构围绕重点乡村开展农村互联网普惠金融服务试点，利用农业经营主体的信用信息开展信贷产品和服务、风险防范等创新，如无感授信、数字农证等。

4. **积极培养金融科技人才**

金融科技的发展带动了金融、科技等领域专业技术人员的业务交流，扩大了人才队伍，提高了专业技能和业务操作水平。随着对金融科技重视程度地不断提升，各地相继出台专项政策支持发展金融科技产业。各地政府也积极促进新型职业农民与互联网深度融合发展，鼓励互联网金融、电子商务等企业通过创业大赛、创客论坛等形式搭建交流平台，引导投资机构、中介组织、专家学者等支持新型职业农民创新发展；组织开展农民手机等移动终端应用技能培训，充分发挥各级农业部门现有培训项目、资源和体系，动员企业等社会各界力量广泛参与，提高农民运用手机上网发展生产、便利生活和增收致富的能力和水平；深入推行科技特派员制度，打造“星创天地”，壮大农村科技创新发展队伍。

3.3　生态效率与农业高质量发展的关系机理

目前，学者在界定农业高质量发展的内涵时，从“新发展理念”“社会基本矛盾转变”“经济新常态”等多个维度考虑，提高农业要素投入产出效益，使农业生产中物质、人力等投入得到高效使用，使资源配置合理化，能够实现以技术驱动农业生产，进而达到绿色、低耗、高效的状态，使农业走向创新、协调、绿色、开放、共享的发展理念。

(1) 农业生产效率提升可促进农业高质量发展。经济进入新常态后，农业由以往的粗放型农业发展模式向集约型发展转变，粗放型增长导致土地缺乏和浪费并存、农机投入不平衡、农药及农膜投入过量、环境污染等问题。农业的可持续发展，要求在尽可能减少环境污染的条件下实现高水平产出，因此，通过对农业要素投入的统计和测算，提出推动农业现代化、引导社会资本有序进入、合理使用农膜及农药投入要素、限制高污染的农药化肥使用、高效利用农业物资及资本要素、保护农村环境、改善农业生产模式、建立标准化生产体系、加大农业污染治理投入等建议，促使农业生产精细高效，引导农业主体走绿色发展道路，可有效促进农业高质量发展。

(2) 农业产业结构升级促进农业高质量发展。走农业产业模式的绿色化之路，从生产到消费的绿色——循环化发展，减少资源环境要素的消耗，提高农产品效益，养护农业绿水青山。具体可从废物资源化及循环经济、农业资源养护等角度发力，侧重于修复和保护农业投入要素，如探索土地保护利用机制；保护水土流失，防止耕地土壤污染；划定专门区域修复污染耕地；开展农业灌溉资源清查保护活动，从源头修复保护农业水源等。

(3) 农业政策制度优化有利于促进农业高质量发展。规范土地管理制度，对土地流转出让等方式制定操作细则，通过立法严控土地污染，加大对非法占用土地资源的惩处力度，创新土地交易管理模式，建立污染处理罚款和生态补偿机制，在保证农村稳定的基础上实行市场化改革。通过行政制度革新，让要素充分由市场配置，形成要素聚集优势，注重现代化信息的应用，鼓励支持农业信息化，以高效运行的行政体制保障农业高质量发展。

第二篇 河南省金融与科技创新研究

第 4 章　河南省科技创新对区域竞争力的空间溢出效应

党的十八大报告中强调科技创新是提高社会生产力和综合国力的战略支撑，必须摆在国家发展全局的核心位置。从河南省整体发展模式看，技术创新应有机地与地区竞争力相结合，相互作用、相互促进。河南位于中原地区，一方面，在中心城市的排名中不高，城市的经济体系建设不够完善，人口众多，在科技创新方面的经费投入量、论文发表数以及人力资源投入上都有待提高。另一方面，河南省区域中“两极”分化颇为严重，以郑州市、洛阳市等为代表的高校集聚以及工业经济发展较快的区域依然是科技创新发展的主力区域。地区开发不均衡，地区差距越来越大。

近年来，河南省委省政府加大技术创新开发的力度，积极实施创新中心区的开发战略。因此，利用科技创新带动区域经济竞争力的提升是经济新常态下的重要研究热点。本章旨在考察经济发展新常态及各区域间发展不平衡的状况下科技创新对河南省竞争力的空间特征、两者空间特征的相关性以及科技创新对区域竞争力产生的积极影响和对邻近区域产生带动的溢出效应。河南省经济迅速发展的实现，需要达成在均衡开发地区和不均衡开发地区之间追求的最大公约数，加强主要地区的开发，强调地区的整体竞争力、活力及优势，缩小地区差距，避免明显的区域开发不平衡问题。因此，研究河南省的技术创新与地区竞争力的关系，可以为河南省的发展和区域开发不均衡的改善打下扎实的基础，这对河南省未来经济发展具有十分重要的理论和实践意义。

4.1　河南省科技创新与区域竞争力现状分析

近年来河南省对科技创新方面重视程度日益提高，积极贯彻并执行国家宏观政策，同时就自身发展情况进行微观调整，在科技创新政策法规体系建设方面取得了重要进展，为科技发展提供政策保障。同时，不断加强科技投入强度，为科技产业的发展提供了资金和技术上的帮助，使得河南省高新产业快速发展。

4.1.1　河南省科技投入现状

在科技投入方面，近年来河南省逐年加大科技投入，为经济发展创造更多的生机，并取得了优异的成绩，在不断加强科技投入的同时，把握机遇，积极面对挑战，因此，也为河南省的经济发展提供了强有力的支持。如表 4-1 所示。

表 4-1　2012—2020 年河南省科技投入相关数据

时间	R&D 人员（万人）	专利授权量（件）	技术市场成交金额（亿元）	R&D 经费（亿元）	R&D 经费投入强度（%）
2012 年	18.5	26 833	40.21	264.5	0.98
2013 年	21.6	29 482	41.39	355.3	1.11
2014 年	23.2	33 366	41.64	400	1.14
2015 年	24.1	47 766	45.56	435	1.18
2016 年	25	49 145	59.2	494.2	1.23
2017 年	26.6	55 407	76.95	582.1	1.30
2018 年	25.6	82 318	149.7	671.5	1.34
2019 年	29.6	86 247	234.1	793	1.48
2020 年	30.5	122 809	384.5	901.3	1.64

1. 科技投入幅度有所增长

R&D 经费支出余额的多少体现了政府及社会对 R&D 的支持力度。河南省 R&D 经费从 2012 年的 264.5 亿元增长至 2020 年的 901.3 亿元，R&D 经费投入强度也逐年增高，从 2012 年的 0.98%提高至 2020 年的 1.64%。

2. 科研人员数量增加且质量提升

近年来，河南省实施加大引入人才的政策力度，通过颁布各项人才政策，使来豫人才留得下、住得下，使得参与 R&D 人员总量从 2012 年的 18.5 万人提高至 2020 年的 30.5 万人。R&D 人才队伍地扩大，促进了河南省 R&D 活动地开展和科研水平地提升。

3. 科技成果转化率提高增加

随着 R&D 投入力度的加大，河南省 R&D 成果也稳步增加。专利授权量从 2012 年的 2.68 万件增长至 2020 年的 12.28 万件，技术市场成交金额也随之增长，从 2012 年的 40.21 亿元增长至 2020 年的 384.5 亿元。由此可见，河南省科技成果转化效果显著，为科技发展做出较为明显的贡献。

4.1.2 河南省科技创新政策实施现状

1. 河南郑洛新国家自主创新示范区建设相关政策

郑洛新国家重点自主创新产业示范区是位于河南地区的国家级高科技产业创新中心，由毗邻郑州市、洛阳市、新乡市地区的国家级高新技术产业聚集区共同组成。2016 年 3 月 30 日在国务院常务会议上确定，新设河南郑洛新、山东半岛和辽宁沈大三个国家自主创新示范区。郑洛新示范区作为国务院批准的第 12 个国家级创新示范区之一，河南省将统筹全省政治经济资源、支持郑洛新国家试验区自主创新产业示范区的建设，使其成为一个具有较强辐射驱动创新能力和具有核心综合竞争力的自主创新驱动产业高地。

2. 科技创新相关政策现状

科技创新政策基本分为经济、市场、人才、科技政策四大类。但是目前大部分相关学者将科技创新政策区分为科技创新供给政策、科技创新需求政策和科技创新环境政策三大类。

科技创新供给政策主要包括相应的财政政策和人才政策。通过设立专项管理资金、财政科技拨款等方式从资金上支持科技创新活动，通过出台相关人才引进政策，吸引高素质人才，以此加快人才队伍的建设。

科技创新需求政策是为刺激市场对创新产品的需求采取的一系列政策措施，主要是为了使得创新产品能够被社会认可，为大众所接受，减少科技创新需求的不确定性和风险，激励创新活动，包括知识产权政策、企业项目需求政策等。

科技创新环境政策是为科技创新活动营造适宜的创新氛围打造有利于创新活动开展的平台、提供便于创新的公共服务、创造良好的宏观经济发展环境等。科学合理的科技创新环境政策是科技创新的催化剂，能催发创新产品萌生、发展、成熟、更新，进而使得科技向前发展，其主要包括经济政策、税收金融方面政策。笔者按照相关学者观点对河南省相关部门近年来出台的科技创新政策进行搜集和分类。如表 4-2 所示。

表 4-2　2012—2018 年河南省科技创新政策出台数量（单位：项）

政策类别	国家出台政策	河南省委省政府出台政策	河南省科技厅等出台政策
科技创新供给政策	19	5	10
科技创新需求政策	10	9	1
科技创新环境政策	7	3	1
合计	36	17	12

笔者在搜集资料信息过程中，通过河南省人民政府官方网站查询到自 2012 年以来发布的科技创新相关政策共计 65 项。科技创新供给人才政策共计 13 项，为河南省人社厅和人民政府办公厅发布。科技创新需求政策共计 11 项，从政策效力来看，其中科技成果转化政策 2 项，为人民政府办公厅发布；知识产权保护政策共计发布 3 项，其中国家出台 2 项，河南省人民政府和办公厅发布 1 项。科技创新环境政策 11 项，其中税收政策 6 项，金融政策 2 项；从政策效力来看，其中 3 项为河南省人民政府发布，7 项为国家出台政策；科技创新供给类政策共计 34 项，其中，科技创新供给财政类政策共计 10 项，为财政厅和科技厅发布。

科技创新政策类别数量有明显差距，针对性趋于细化。政策针对性较为明显，由宏观政策向微观转变，政策颁布侧重财政和人才方面，提倡人才带动科技。从出台政策主体来看，国家部门出台政策数量多于省级部门出台政策数量，政策颁布具有以国家政策为主，地方性政策为辅的鲜明特点。

4.1.3　河南省区域竞争力现状分析

1. 河南省经济增长的总量分析

笔者运用河南省地区生产总值、人均生产总值和增长率等几个指标来衡量 2008—2019 年河南省的经济发展状况，其数据来源于《河南统计年鉴》。

由图 4-1 所示，2008 年河南省受到了金融危机的影响导致经济下滑，但是在政府出台各类政策刺激后两年经济高速增长，进而经济增长率达到 18.11%，是这 12 年中最高的增长率。在经济稳步上升中，2019 年河南省 GDP 约为 5.4 万亿元，同比增长率为 8.7%，而人均 GDP 为 5.6 万元，同比增长率为 8.2%，经济总量都是最高水平，说明河南省经济呈现上升趋势。

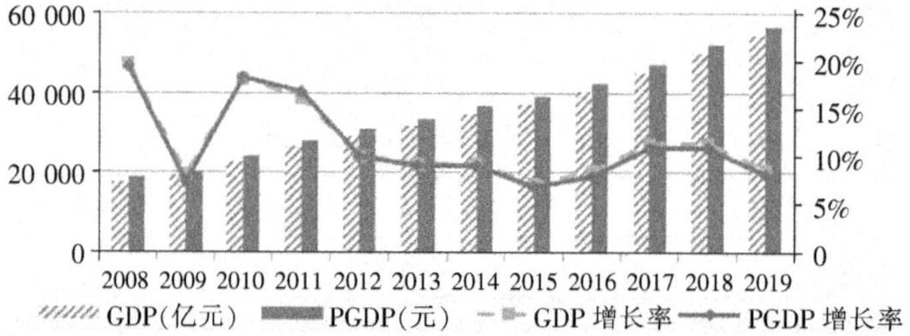

图 4-1　河南省 2008—2019 年经济发展状况

2. 河南省经济增长的结构分析

在分析过河南省经济总量后，笔者从 2008—2019 年河南省三大产业生产总值和就业人数来分析河南省的产业结构状况。

表 4-3　2008—2019 年河南省三大产业值及就业人数

年份	第一产业产值（亿元）	第一产业就业人数（万人）	第二产业产值（亿元）	第二产业就业人数（万人）	第三产业产值（亿元）	第三产业就业人数（万人）
2008	2 575.81	2 847	9 713.40	1 564	5 446.72	1 424
2009	2 665.66	2 765	10 324.57	1 675	6 190.77	1 509
2010	3 127.14	2 712	12 173.51	1 753	7 354.38	1 577
2011	3 349.25	2 670	14 021.59	1 853	8 947.84	1 675
2012	3 577.15	2 628	15 042.55	1 919	10 342.21	1 740
2013	3 827.20	2 563	15 995.37	2 035	11 809.92	1 789
2014	3 988.22	2 652	17 139.61	1 996	13 446.93	1 873
2015	4 015.56	2 587	17 947.86	2 042	15 120.68	2 007
2016	4 063.64	2 583	18 986.89	2 056	17 198.81	2 088
2017	4 139.29	2 494	20 940.33	2 104	19 745.30	2 168
2018	4 311.12	2 366	22 038.56	2 048	23 586.21	2 278
2019	4 635.40	2 277	23 605.79	1 919	26 018.01	2 365

数据来源：《河南统计年鉴》。

由表 4-3 可知，这 12 年河南省的产业结构发展重点在不断调整，2008—2018 年第二产业处于领先水平，但 2018 年第三产业的发展已经追上第二产业，在 2019 年三大产业的增长率分别为 7.52%、7.11%和 10.31%，第三产业增长速度快，对河南省经济发展的影响也比较大。

2019 年三大产业的就业人数占总就业人数的比重分别是 34.71%、29.25%和 36.04%，第三产业占比最大，这表明河南省第三产业地迅速发展在一定程度上缓和了河南省的就业压力，间接促进了经济的发展。

3. 中部六省经济增长状况的对比分析

为了对河南省经济增长情况有一个更深入地了解，笔者选择人均生产总值等指标了解河南省在整个中部六省当中所处的位置。

表 4-4　2008—2019 年中部六省人均 GDP　（单位：元）

年份	河南省	湖北省	安徽省	江西省	湖南省	山西省
2008	19 181	19 858	14 448	15 900	18 147	21 506
2009	20 597	22 677	16 408	17 335	20 428	21 511
2010	24 446	27 906	20 888	21 252	24 719	26 283
2011	28 661	34 197	25 659	26 150	29 880	31 357
2012	31 499	38 572	28 792	28 800	33 480	33 628
2013	34 211	42 826	32 001	31 930	36 943	34 984
2014	37 072	47 145	34 425	34 674	40 271	35 070
2015	39 123	50 654	35 997	36 724	42 754	34 919
2016	42 575	55 665	39 561	40 400	46 382	35 532
2017	46 674	60 199	43 401	43 424	49 558	42 060
2018	50 152	66 616	47 712	47 434	52 949	45 328
2019	56 388	77 387	58 496	53 164	57 540	45 724

数据来源：《中国统计年鉴》。

由表 4-4 可知，六个省份经济发展水平不断上升，湖北省保持前列，而河南省的发展速度仅高于山西省。2019 年人均 GDP 最高的是湖北省，最低的是山西省，河南省位于第四，六省人均 GDP 的增长率分别为 12.43%、16.17%、22.60%、12.08%、8.67%和 0.87%，对比可知，安徽省增长率最高，山西省增长率最低，河南省处于中游水平，这表明河南省经济发展的速度在中部六省中处于中游位置，整体经济发展水平不是很高。

4. 河南省经济增长内部差异分析

在对河南省经济发展情况分析的同时，还应该兼顾河南省内不同地区的经济发展状况，这样才能充分了解河南省总体发展情况，观察各地区存在的不同问题，然后提出差异化建议。

表 4-5　2019 年河南省各地区 GDP、PGDP

地区	GDP（亿元）	第一产业（%）	第二产业（%）	第三产业（%）	PGDP（元）
郑州市	11 589.72	1.22	39.84	58.94	113 139
开封市	2 364.14	13.46	40.15	46.39	51 733
洛阳市	5 034.85	4.87	46.29	48.84	72 912
平顶山市	2 372.64	7.32	46.05	46.63	47 201
安阳市	2 229.29	8.88	44.79	46.33	43 002
鹤壁市	988.69	6.46	60.00	33.54	60 678
新乡市	2 918.18	8.69	45.87	45.44	50 277
焦作市	2 761.11	5.42	53.61	40.97	76 828
濮阳市	1 581.49	12.21	36.10	51.69	43 810
许昌市	3 395.68	4.78	54.02	41.20	76 312
漯河市	1 578.44	8.73	46.24	45.03	59 190
三门峡市	1 443.82	9.43	48.82	41.75	63 473
南阳市	3 814.98	14.93	33.23	51.84	38 064
商丘市	2 911.20	14.73	41.00	44.27	39 719
信阳市	2 758.47	18.04	36.58	45.38	42 641
周口市	3 198.49	14.84	43.96	41.20	36 891
驻马店市	2 742.06	17.06	40.19	42.75	38 943
济源市	686.96	3.55	61.41	35.04	93 693
河南省	54 259.20	8.54	43.51	47.95	56 388

数据来源：《中国统计年鉴》。

由表 4-5 可知，作为河南省省会的郑州市，其第三产业所占比例在河南省 18 个市中位于第一，且高于河南省的整体水平，说明郑州市第三产业较为发达。分析可知，河南省所辖 18 个地级市当中郑州市第三产业超过了河南省的整体水平，但是南阳市、信阳市、商丘市、周口市和驻马店市的第一产业仍然占据着重要地位，其产值比例均超过 14%，表明了河南省区域产业结构不合理，需要优化其产业结构，向第三产业倾斜，引导服务业的快速发展来提高城市的经济发展水平。

4.2　河南省科技创新与区域竞争力评价

4.2.1　河南省区域竞争力指标体系构建与评价

学术界认为，地区是动态的多维综合系统，是多数多层子系统的非线性组合。这意味着地区竞争力是各个下游系统的竞争力之和，但这不是单纯的概括，而是所有下游系统有机组合产生的综合平均效果。地区竞争力是综合反映一个区域各个方面的实力，包括产业在内的地区实际竞争力和内在竞争力，综合反映地区各个方面的优势和开发潜力的综合评价指数。主要有地区经济综合实力竞争力、地区产业竞争力、地区国际竞争力、地区科技竞争力、地区环境和基础设施竞争力以及地区人力资本竞争力等。

1. 区域竞争力指标体系构建

在参考同类文献对衡量区域竞争力所建立的指标评价体系的基础上，笔者主要从经济综合实力、产业、国际、科技、环境和基础设施、人力资本这六大竞争力因素、22 个具体指标构建区域竞争力综合评价指标体系（表 4-6）。

表 4-6　区域竞争力评价指标体系

一级指标	二级指标	三级指标	表示符号
经济综合实力竞争力	总量指标	国内生产总值（GDP）	A1
		社会固定资产投资	A2
		财政收入	A3
	人均指标	人均 GDP	A4
		城镇人均可支配收入	A5
		农民人均纯收入	A6
产业竞争力	产业结构高级化度	第二、三产业产值比重	B1
		第三产业产值比重	B2
国际竞争力	国际资本市场指标	实际利用外资额	C1
	国际旅游市场指标	旅游创汇总额	C2

续表

一级指标	二级指标	三级指标	表示符号
科技竞争力	科技队伍	科技机构数	D1
	科技转化	成交技术合同金额数 科技投入经费总额	D2 D3
环境和基础设施竞争力	交通运输指标	旅客周转量 货物周转量	E1 E2
	电信指标	电信业务总量 社会用电总量	E3 E4
人力资本竞争力	教育指标	高等学校数 教育经费	F1 F2
	生活水平指标	出生率 死亡率 城镇化率	F3 F4 F5

2. 河南省区域竞争力评价

笔者使用SPSS软件使指标标准化，在指标系统中进行主要成分分析。主要成分的选择是主成分综合索引综合评价的核心，在各项指标中，在分析特征值、碎石图及累计方差贡献率后，再决定权重值。每一项指标的统计特点见表4-7。

表4-7 河南省区域竞争力的各项指标统计特征

指标	成分	初始特征值	方差贡献率%	累计方差贡献率%	权重
经济综合实力竞争力	1	3.498	58.301	58.301	0.64
	2	1.084	18.074	76.374	0.20
	3	0.913	15.213	91.588	0.17
产业竞争力	1	1.247	62.361	62.361	0.62
	2	0.753	37.639	100.00	0.38
国际竞争力	1	1.513	75.629	75.629	0.76
科技竞争力	1	2.395	79.828	79.828	0.84
环境和基础设施竞争力	1	2.286	57.148	57.148	0.74
	2	0.819	20.465	77.613	0.26
人力资本竞争力	1	2.052	41.041	41.041	0.52
	2	1.919	38.374	79.416	0.48

表 4-7 中，除国际竞争力和科技竞争力方差贡献率大于 75%外，经济综合实力竞争力、产业竞争力、环境和基础设施竞争力及人力资本竞争力四个指标的第一主成分方差贡献率均小于 75%，因此，将经济综合实力竞争力采用前三个主成分来确定权重，其余采用前两个主成分来确定权重，使整个指标体系中主成分的选取具有较强的合理性，由此得出河南省各地 2008—2019 年区域竞争力得分，见表 4-8。

表 4-8　2008—2019 年河南省各地历年区域竞争力得分

得分	2008	2010	2012	2014	2015	2016	2017	2018	2019
郑州市	0.75	0.94	1.01	1.10	1.22	1.55	1.69	2.15	2.32
开封市	−0.24	−0.18	−0.13	−0.04	−0.07	−0.02	0.03	0.12	0.18
洛阳市	0.21	0.36	0.47	0.56	0.74	0.85	0.99	1.22	1.35
平顶山市	−0.16	−0.14	−0.12	−0.07	−0.05	−0.02	0.00	0.09	0.17
安阳市	−0.16	−0.09	−0.04	−0.03	0.00	0.02	0.01	0.12	0.21
鹤壁市	−0.32	−0.31	−0.29	−0.26	−0.23	−0.13	−0.20	−0.16	−0.05
新乡市	−0.14	−0.09	−0.05	0.05	0.10	0.14	0.18	0.31	0.42
焦作市	−0.02	0.03	0.11	0.09	0.12	0.05	0.15	0.25	0.30
濮阳市	−0.31	−0.27	−0.25	−0.18	−0.15	−0.09	−0.10	−0.04	0.04
许昌市	−0.22	−0.18	−0.12	−0.10	−0.07	−0.03	−0.02	0.08	0.15
漯河市	−0.30	−0.28	−0.25	−0.22	−0.19	−0.17	−0.15	−0.12	−0.04
三门峡市	−0.24	−0.20	−0.19	−0.14	−0.12	−0.12	−0.09	−0.03	−0.01
南阳市	−0.10	−0.05	0.01	0.06	0.07	0.12	0.14	0.30	0.35
商丘市	−0.20	−0.13	−0.09	−0.07	−0.03	−0.01	0.13	0.19	0.21
信阳市	−0.26	−0.23	−0.21	−0.14	−0.12	−0.11	0.02	0.11	0.15
周口市	−0.24	−0.18	−0.14	−0.09	−0.05	−0.04	0.10	0.24	0.28
驻马店市	−0.22	−0.18	−0.14	−0.10	−0.06	−0.01	0.07	0.15	0.19
济源市	−0.31	−0.31	−0.29	−0.22	−0.22	−0.21	−0.19	−0.13	−0.09

从整体来看，在区域经济综合竞争力得分中，各地级市得分在 2008 年较低，原因可能是受 2008 年全球经济危机的影响，全国经济均受波及，区域竞争力下降，自 2008 年之后有所回升，且总体呈现上升趋势，意味着我国经济回暖以及政策效果的显现。

从细分来看，截止到 2019 年，郑州市、洛阳市、新乡市的竞争力排名占据前三，郑州市由2008年的0.75大幅增加到2019年的2.32，十二年间平均增长17%，排名第一，具有发展劲头；洛阳市由2008年的0.21增加到2019年的1.35，年均增长45%，排名第二，具有发展潜力；新乡市由2008年的−0.14上升到2019年的0.42，其区域竞争力指数在2016年之前均小于焦作市竞争力得分，2016年之后赶超焦作市，原因在于新乡市于2016年努力推动经济发展方式转变和经济结构调整，不断推进中原经济区强市建设，并与郑州市一起成功入围“中国外贸百强城市”名单，具有发展实力。竞争力排名中漯河市、三门峡市、鹤壁市、济源市得分尤为落后，从2008年至2019年竞争力得分均为负值，说明这四个城市需要更加积极地推动当地经济的发展。

从“区位决定论”来看，河南省综合竞争力具有北边优于南边、平原优于山区的特点；从地理角度来看，河南省各个区域中的综合经济竞争力出现了“中间强、南北弱”的现象，表示河南省的区域经济发展呈现两极分化。

4.2.2 河南省科技创新指标体系构建与评价

1. 科技创新指标体系构建

笔者使用了R&D活动的成果，如R&D论文发表量及R&D申请专利数这两个指标，反映国家科学技术的实力和核心竞争力。创新资源则通过R&D活动人员数与R&D经费总额来表现，以此构建科技创新指标体系，见表4-9。

表4-9 科技创新评价指标体系

一级指标	二级指标	初始特征值	方差贡献率%	权重	三级指标
科技创新	科技实力	1.827	91.328	0.77	R&D论文发表量 R&D申请专利数
	创新资源	1.963	98.145	0.72	R&D活动人员数 R&D经费总额

同样，使用SPSS软件将指标进行标准化处理（Z-score），对特征值、碎石图与累计方差贡献率进行分析后再确定最优因子。根据特征值和累计方差贡献率的分析结果可知，二级指标即科技实力的累计方差贡献率就达到91.328%，创新资源的累计贡献率达到98.145%。由此得出，用这两个指标计算出的综合得分更为准确，可以较好地代替R&D折合全时人员、R&D内部经费支出、R&D申请专利数以及R&D论文发表量这4个因子来表示河南省这18个地区的科技

创新水平。

2. 河南省科技创新评价

通过对二级指标的进一步分析，得出最终结果再乘加权值可算出综合分数。其中因子得分为正，表示当年该地区科技创新的水平高于河南省全年的科技创新水平的平均水平。相反，结果为负，则表明当年该地区的科技创新水平低于河南省全年的科技创新水平的平均水平。如表 4-10 所示。

表 4-10　2007—2019 年河南省各地科技创新得分

地区	2007	2009	2012	2013	2014	2015	2016	2017	2018	2019
郑州市	0.80	1.98	3.07	3.43	3.87	4.14	4.86	5.28	6.11	7.07
开封市	−0.59	−0.37	−0.26	−0.19	−0.12	−0.12	−0.09	−0.10	−0.08	−0.06
洛阳市	0.04	0.45	1.04	1.07	1.20	1.32	1.45	1.82	2.09	2.40
平顶山市	−0.34	−0.16	−0.12	0.01	0.03	0.00	0.07	0.13	0.15	0.17
安阳市	−0.45	−0.34	−0.21	−0.14	−0.12	−0.18	−0.15	−0.14	−0.04	−0.01
鹤壁市	−0.65	−0.61	−0.61	−0.62	−0.61	−0.59	−0.59	−0.55	−0.49	−0.44
新乡市	−0.27	0.07	0.40	0.49	0.67	0.74	0.84	0.87	1.10	1.39
焦作市	−0.38	−0.22	−0.06	0.06	0.11	0.23	0.35	0.44	0.57	0.74
濮阳市	−0.60	−0.51	−0.39	−0.35	−0.26	−0.33	−0.32	−0.29	−0.34	−0.4
许昌市	−0.40	−0.26	0.02	0.11	0.23	0.22	0.35	0.52	0.62	0.76
漯河市	−0.59	−0.53	−0.51	−0.51	−0.48	−0.41	−0.42	−0.35	−0.30	−0.26
三门峡市	−0.64	−0.58	−0.52	−0.46	−0.48	−0.46	−0.44	−0.42	−0.31	−0.23
南阳市	−0.33	−0.17	−0.01	0.11	0.16	0.26	0.29	0.27	0.26	0.25
商丘市	−0.63	−0.55	−0.44	−0.42	−0.38	−0.38	−0.30	−0.19	−0.07	−0.03
信阳市	−0.66	−0.61	−0.54	−0.50	−0.50	−0.45	−0.43	−0.37	−0.25	−0.17
周口市	−0.62	−0.57	−0.54	−0.48	−0.50	−0.46	−0.45	−0.39	−0.38	−0.37
驻马店市	−0.60	−0.55	−0.54	−0.52	−0.49	−0.46	−0.42	−0.38	−0.39	−0.4
济源市	−0.57	−0.57	−0.55	−0.52	−0.52	−0.51	−0.50	−0.47	−0.42	−0.38

根据表 4-10，对河南省各地科技创新得分进行分析可得：得分大于 0 且得分越大，则科技创新水平也就越高。总体来看，近几年多个地区的科技创新水平呈现上升趋势。其中，2019 年，郑州市在河南省内科技创新水平综合得分最高，排名尤为突出，郑州市由 2007 年的 0.8 大幅增加到 2019 年的 7.07，排名第一，

具有发展劲头；洛阳市由2007年的0.04增加到2019年的2.40，2019年排名第二，具有发展潜力；新乡市由2007年的－0.27上升到2019年的1.39，2019年排名第三，具有发展实力。竞争力排名中周口市、驻马店市、济源市、漯河市、三门峡市等地区得分尤为落后，从2007年至2019年竞争力得分均为负值，需更加积极地推动当地经济的发展。

河南省的科技创新水平在很大程度上是两极分化的。技术创新水平较高的地区仍然集中在洛阳市、新乡市、许昌市等郑州市周边地区。与其他省份相邻的地区的科技创新水平明显低于省内地区，如济源市、信阳市和周口市。有数据显示，城市科技创新能力与城市经济发展和城市规模有着密切的联系。经济发展好、前景大、规模大的城市往往能够集聚和凝聚更多的才智、资金、信息和创新资源，拥有更强的技术创新能力。

4.3 模型构建与数据来源

4.3.1 模型设定

空间计量模式应该包括从普通模式到特定模式，理想条件下，一般的模型应该包括不同经济假设条件下空间计量分析的所有模式。Manski (1993)① 曾指出，一般空间计量模型应该包括以下三种不同的交互效应，它可以解释为什么位于特定地理区位的一个观测值与另一个区位的观测值存在依赖关系，这三种效应分别如下：

(1) 内生的相互作用效果

即特定地理空间单位的描述性变量，在某种程度上与其他空间单位的被解释变量存在空间相关关系。例如，在人口区域流动行为模式下，周边城市犯罪率对本地犯罪率的影响。

(2) 外因的相互作用效果

即特定地理空间单位的描述性变量依赖于其他地理空间单位的独立描述变量。例如，在中心——外围模型中，中心城市人均收入对外围地区房价的影响。

① Manski Charles F. Dynamic choice in social settings: Learning from the experiences of others [J]. North-Holland, 1993, 58 (1－2).

如果在线性回归模型中该独立解释变量的个数为 K，那么外生交互效应的数量也同样为 K（假设截距项为单独变量）。

（3）误差项之间的相互作用效果

即模型中被遗漏的被解释变量的决定因素是空间相关的，或者不可观测的空间扰动因素服从空间相互作用的形式。换言之，不同地理空间单位相似的且无法观测的外部环境特征，对地理空间观测单位的决策行为会产生相似的影响。

Manski 的一般空间计量模型形式如下：

$$Y = \rho W_Y + \alpha l_N + X\beta + W_X\theta + u,\quad u = \lambda W_u + \varepsilon \tag{4-1}$$

式中：W_Y表示被解释变量之间存在的内生性交互效应；W_X表示不同观测单位的独立解释变量和观测单位被解释变量之间存在的外生性交互效应；W_u表示不同空间观测单位的干扰项之间存在的交互效应；L_N 表示 N 阶单位矩阵；ρ 表示空间自回归系数；λ 表示空间自相关系数；β、θ 表示固定且未知的 $k\times1$ 阶待估参数向量；ε 表示误差项。

结合本节的研究内容，构建空间面板杜宾模型的一般形式是：

$$(jzl)_{it} = \alpha_0 + \rho W_{jzl_{it}} + \beta_1 (kc)_{it} + \beta_2 \ln l_{it} + \beta_3 k_{it} + \delta W_X + \delta_{it} \tag{4-2}$$

其中，$W_{jzl_{it}}$ 为因变量的空间交互项；W_X 表示各自变量的空间交互项；常数项为 α_0，β、δ 为 $k\times1$ 阶需估计的参数向量；W 为空间权重矩阵。$(jzl)_{it}$ 表示 i 市区域经济竞争力指数；$(kc)_{it}$ 表示科技创新指数；$\ln l_{it}$ 表示取对数后的劳动力的投入情况，使用各地区的就业人数来表示；k_{it} 是人均固定资产投资额，代表着资本存量 。

4.3.2　变量说明与数据来源

1. 被解释变量

被解释变量为区域经济竞争力指数（jzl）。考虑数据的真实性，采取构建多个维度的评价指标，得出区域竞争力的综合得分。

2. 核心解释变量

核心解释变量为科技创新指数（kc）。从相关文献中得出，科技创新是促进区域经济竞争力的重要驱动力，是衡量地区发展的关键性指标。

3. 控制变量

笔者将资本存量用人均固定资产投资额（k）来表示。选取各区域就业人员数来表示劳动力的投入情况，且在实证分析中取自然对数。

4. 数据说明

以2007—2019年为研究年份，以河南省18个地级市为实证研究对象，且由于少部分数据的缺失，采用线性插值法进行补充。所使用的数据均来自历年的《河南统计年鉴》。模型数据的处理均在软件Stata 15.1中操作完成。

4.4 河南省科技创新对区域竞争力的空间溢出效应实证分析

4.4.1 模型检验

1. 空间权重设定

对包含空间依赖性和空间异质性的空间相关性关系进行量化处理有多种方法。其中，一种常用的方法就是对样本观测点的区位地理信息（主要是经纬度坐标）进行量化处理。基本的方法主要有相邻空间权重矩阵、地理距离空间权重矩阵等。本节采用相邻空间权重，用“车”相邻的方法刻画。用$W_{ij}=1$表示其他观测单位与关注空间观测单位之间有一条共同边界。即若空间观测单位i和j有一条共同边界，则$W_{ij}=1$；若空间观测单位i和j没有一条共同边界，则$W_{ij}=0$。

2. 全局自相关性检验

在实证分析中，通常使用莫兰指数（Moran’s I）来检验变量空间依赖强度的大小。其计算公式为

$$\text{Moran}I=\frac{\sum_{i=1}^{n}\sum_{j=1}^{n}W_{ij}(Y_{ij}-\bar{Y})}{S^2\sum_{i=1}^{n}\sum_{j=1}^{n}W_{ij}} \tag{4-3}$$

其中：$S^2=\frac{1}{n}\left[\sum_{i=1}^{n}X_i-\bar{x}\right]^2, \bar{x}=\frac{1}{n}\sum_{i=1}^{n}X_i$。式中：$X_i$为单位$i$的观测值，$n$为区域的个数，$W$为空间权重矩阵。该指数的取值范围为［−1，1］，指数为正值则表示存在正向的空间关系，反之则存在负向的空间关系。笔者运用Stata 15.1软件，在生成邻近空间权重矩阵W的基础上，测算河南省18个地级市2007—2019年经济变量的Moran’s I指数及其检验值，检验结果见表4-11。

表 4-11　2007—2019 年河南省科技创新与区域竞争力空间自相关检验

年份	科技创新（kc）			区域竞争力（jzl）		
	Moran I	Z	P	Moran I	Z	P
2007	0.172	2.148	0.016	0.135	1.890	0.029
2008	0.149	2.121	0.017	0.115	1.681	0.046
2009	0.152	2.142	0.016	0.111	1.604	0.054
2010	0.154	2.147	0.016	0.097	1.470	0.071
2011	0.145	2.112	0.017	0.125	1.652	0.049
2012	0.147	2.038	0.021	0.108	1.491	0.068
2013	0.151	2.127	0.017	0.098	1.389	0.082
2014	0.149	2.124	0.017	0.127	1.661	0.048
2015	0.142	2.062	0.020	0.120	1.562	0.059
2016	0.137	2.089	0.018	0.067	1.170	0.121
2017	0.137	2.046	0.020	0.094	1.391	0.082
2018	0.127	1.993	0.023	0.074	1.222	0.111
2019	0.147	2.096	0.018	0.106	1.515	0.068

Moran’s I 值的绝对值越大，表明该经济属性与周边地区的依赖性及空间相关性越强。由表 4-11 可知，科技创新的 Moran’s I 指数所有年份数值均为正，且 P 值均通过 5%的显著性检验，表明河南省的科技创新存在显著的空间正相关性，呈下降趋势。区域竞争力的 Moran’s I 指数数值同样均为正值，仅有两个年份 P 值未通过显著性检验，其他均通过 10%显著性检验，所以仍可说明这个变量也存在空间正相关性，呈现先减弱后增加的现象。

3. Hausman 检验

表 4-12　Hausman 检验结果

检验方法	检验假设	统计量名	统计量值	P 值
Hausman	采用随机检验	Chi－Sq. Statistic	28.92	0

本节通过 Hausman 检验选择随机效应和固定效应。其结果如表 4-12 所示，Hausman 检验结果所得 P 值为 0，所以在固定效应模型和随机效应模型这两个模型之间，固定效应模型则更优。

4.4.2 空间计量模型估计

笔者使用河南省 18 个区域的城市面板数据构建一般面板数据，进行对比分析。因 Hausman 检验的结果拒绝了随机效应模型的原假设，所以选择了固定效应模型（FE）。为了找到最合适的模型，分别对固定效应空间滞后模型（SAR）、固定效应空间误差模型（SEM）、固定效应空间杜宾模型（SDM）进行模型估计，如表 4-13 所示。

表 4-13 模型估计结果

变量	Panel-FE	SAR-FE	SEM-FE	SDM-FE
kc	0.233*** (0.018)	0.245*** (0.015)	0.248*** (0.015)	0.245*** (0.014)
k	0.032 0*** (0.006)	−0.007 22 (0.008)	0.001 81 (0.009)	−0.020 4** (0.008)
ln*l*	−0.224 (0.145)	−0.103 (0.124)	−0.060 1 (0.130)	−0.180 (0.119)
w_{kc}	—	—	—	−0.221*** (0.038)
w_k	—	—	—	0.084 7*** (0.013)
$w_{\ln l}$	—	—	—	−0.225 (0.207)
空间滞后（lam） 或误差项（rho）	—	0.404*** (0.058)	0.552*** (0.079)	0.391*** (0.066)
R^2	0.755 7	0.751 2	0.716 0	0.821 0
样本数	234	234	234	234

注：1. 括号内为 *t* 统计值；2. *、**、***分别表示 10%、5%、1%的水平下显著。

由表 4-13 可知，在固定效应空间滞后模型（SAR）和固定效应空间误差模型（SEM）中，除科技创新（*kc*）通过显著性水平检验外，其他均表示不显著。在固定效应空间杜宾模型（SDM）中，除劳动力投入（ln*l*）不显著外，其余均通过 5%显著性检验。其中，固定效应空间滞后模型、固定效应空间误差模型和固定效应空间杜宾模型的空间滞后项均在 1%的水平下通过了显著性检验，R^2 均超过了 0.7，并且固定效应空间杜宾模型大于 0.8，说明空间拟合效果最好，若空间杜宾模型（SDM）不被拒绝，最好采用这种更一般的模型。因此，选用固定效应空间杜宾模型（SDM）对模型做出进一步地分析，可以得出以下结果。

科技创新（*kc*）对区域竞争力的影响系数为 0.245，通过了 1%的显著性水平检验为正，表明该区域的科技创新水平提高 1%，区域经济竞争力就提升 24.5%，科技创新水平的提升能提高促进区域竞争力，提升的作用最大，将科技创新加入空间权重后，科技创新对区域竞争力的影响系数为 0.221 且在 1%显著性水平下显著为负，说明相邻地区科技创新具有负向空间溢出效应。资本存量（*k*）对区域竞争力的影响系数为 0.020 4，在 5%的水平下显著为负，表明区域的资本存量水平提高 1%，区域竞争力就降低 2.04%，提升作用不明显并出现负的效应，这表明资本存量对区域竞争力的发展具有负的空间溢出效应，会阻碍区域竞争力的发展，将资本存量加入空间权重后，资本存量对区域竞争力影响系数为 0.084 7 在 1%显著性水平下显著为正，这表明相邻区域的资本存量具有正向的空间溢出效应，可以推动当地的竞争力发展。劳动力的投入对区域竞争力的影响系数为−0.18，没有通过显著性检验，将其加入空间权重后依然不显著，表明劳动力的投入对区域竞争力没有起到提升作用，河南省内各地区间的相互作用不明显，不存在空间外溢性。

4.4.3　空间溢出效应分解

空间杜宾模型（SDM）分解检验结果如表 4-14 所示：

表 4-14　自变量的效应分解结果

自变量	直接效应	间接效应	总效应
kc	0.230***	−0.191***	0.039 1
k	−0.011 6	0.117***	0.105***
ln*l*	−0.203*	−0.438	−0.641**

注：1. 括号内为 *t* 统计值；2. *、**、***分别表示 10%、5%、1%的水平下显著。

科技创新（*kc*）每提升 1%，直接提升本地级市竞争力 0.230%，在 1%的显著性水平下显著为正，间接效应提升区域间竞争力 0.191%，在 1%的显著性水平下显著为负。从直接效应来看，河南省各地市的科技创新能够带动本地区域经济竞争力的提升，具有正向作用，因为科技创新会吸引科技创新活动集聚，吸引大量高学历人才集聚，从而更有利于当地的发展。从间接效应看，河南省各地市进行科技创新会降低相邻地区的区域竞争力，这可能是因为加大科技创新会吸引周边地区的各种资源并且会加强各经济主体在市场竞争的过程中形成并表现出来的争夺资源或市场的能力，从而使相邻区域间经济竞争力降低。

区域内资本存量（k）每提升 1%，直接降低本地级市竞争力 0.011 6%，数值为负且不显著，间接效应提升地区竞争力 0.117%，数值为正且在 1%的显著性水平下表示显著。从直接效应看，资本投资效果最不显著，作用最弱。从间接效应看，资本投入的间接效应最高，表明随着地区经济发展水平提高、企业总体规模增大、加大资本投资可以有效推动相邻地区经济的发展，从而提高区域竞争力。例如，以郑州市为核心的城市群，会辐射带动周围地区经济的发展。

劳动力的投入（$\ln l$）提升 1%，直接降低本地级市竞争力 0.203%，在 10%显著性水平下显著为负，间接效应提升区域间竞争力 0.438%，数值为负且不显著。与其他影响因素进行对比，发现劳动力对区域竞争力的提升作用不明显，河南省是人口大省，各地级市低层次劳动力占比较高、效率低，不能对区域经济竞争力起带动作用，且区域间影响甚小。

4.4.4 稳健性检验

为使模型估计结果更具有稳健性，本节使用地理距离权重替代相邻空间权重矩阵进行稳健性检验，如表 4-15、表 4-16 所示。

表 4-15 稳健性检验结果

变量	Panel-FE	SAR-FE	SEM-FE	SDM-FE
kc	0.233*** (0.018)	0.265*** (0.014)	0.193*** (0.014)	0.258*** (0.015)
k	0.032 0*** (0.006)	−0.011 7* (0.006)	0.023 2*** (0.006)	−0.013 0* (0.007)
$\ln l$	−0.224*** (0.145)	−0.161 (0.113)	−0.058 0 (0.132)	−0.182 (0.122)
w_{kc}	—	—	—	−0.050 0** (0.025)
w_k	—	—	—	0.025 3** (0.010)

续表

变量	Panel-FE	SAR-FE	SEM-FE	SDM-FE
$w_{\ln l}$	—	—	—	−0.068 1 (0.217)
空间滞后（lam）或误差项（rho）	—	0.236*** (0.023)	0.268*** (0.042)	0.271*** (0.039)
R^2	0.755 7	0.787 2	0.750 7	0.794 7
样本数	234	234	234	234

表 4-15 结果表明，科技创新和区域竞争力等指标的稳健性检验结果与前文整体回归结果基本一致。其中，权重变化后的区域竞争力与科技创新的回归系数大小不同，但符号与前文结果一致，并且显著性水平无太大变化，足以证明本节的研究结果是稳定可靠的。

表 4-16　自变量的效应分解结果

自变量	直接效应	间接效应	总效应
kc	0.259***	0.026 9	0.286***
k	−0.012 8 *	0.028 8**	0.016 0
$\ln l$	−0.174	−0.148	−0.322

注：1. 括号内为 t 统计值；2. *、**、***分别表示 10%、5%、1%的水平下显著。

本章小结

笔者构建了河南省的区域竞争力综合评价指标体系和科技创新评价体系，使用了 2007—2019 年的统计数据对河南省 18 个城市进行空间面板数据的多元回归分析，检验河南省的科技创新对区域竞争力的空间溢出效应。结果表明：河南省科技创新与区域竞争力具有空间相关性，且两者关系显著为正，通过空间面板模型构建，发现河南省各地级市科技创新对区域竞争力直接效应为正且显著，大于资本投入和劳动力投入，表明河南省区域竞争力需要科技创新拉动；间接效应上科技创新的带动作用显著为负，表明加大科技创新会吸引周边地区的各种资源，从而降低区域间经济竞争力，资本投入对区域竞争力的提升作用显著为正，表明加大资本投资可以有效推动相邻地区经济发展，从而提高区域竞争力。

根据以上的实证研究结果，为更好地促进河南省的经济发展，笔者提出如下建议：

第一，利用区域科技创新的效果吸引科技人才的聚集，努力实现科技创新与人才聚集有益的互动。我国各地区应根据本地的创新驱动战略在科技创新过程中凝练科技创新方向，充分利用科技创新提升的空间效应，吸引科技人才向本地区流入并形成聚集效应，由此进一步推动科技创新能力提升。坚持推进重点领域科技创新，以人才和科技为导向，努力吸引高知识人才在河南省落户，增强河南省的自主创新能力。为了实现这一目标，各地区应科学设计创新驱动的长期战略，突出科技创新发展的差异化和特色化，做好产业发展的科学规划和战略布局，科学设计科技人才流入路径，完善科技人才薪酬制度和人才评价、激励、补偿机制。

第二，加强资本投入的带动作用。河南省各区域间应加速资源、要素、知识的充分流动，发挥较强的空间溢出效应，加大投资，协调发展区域经济。各市应加快交通运输等基础设施的建设，提高居民福利、教育医疗和社会保障水平，为增强竞争力打好基础。凭借区位优势，做大做强郑州市、洛阳市等大城市，发挥大城市的辐射带动作用。中小城市可以结合本身的区域优势，积极提升城市的经济综合实力和综合竞争力。大中小城市可以在经济、政治、文化和旅游等方面加强纽带，促进、形成和完善城市集群，增强全省经济竞争力。

第三，邻近地区加强合作，充分发挥科技创新的溢出效应，打造特色产业链。为了实现这一目标，邻近地区之间应该加强合作，在促进科技人才向核心地区定向聚集的同时，也充分利用科技创新的溢出效应吸引科技人才向邻近地区聚集，培育区域性产业优势和产业特色，从而打造区域性的高科技产业带。坚持科技创新，坚持政策扶持战略引导，引领科技创新发展，激发创新主体。以企业为主体，培育创新动能，加大直接效应，降低带动效应，持续提升河南省区域竞争力，持续增强河南省科技创新实力及水平。

第 5 章　河南省科技创新发展能力评价研究

从“十二五”时期开始，为了实现稳步提高经济发展和效率的目标，许多企业在政府领导下，加大了 R&D 投入以应对产业结构升级、科学技术创新和资源消耗急剧增加带来的冲击，进而对科技创新发展做出了巨大贡献。尽管 R&D 投入和各行业企业专利申请数大幅度增加，但是企业创新的质量和全要素生产率并没有得到显著提高。如果要想通过增加研发支出实现产业转型升级，提高科技创新发展能力，必须探索宏观和微观科技创新能力的衡量方法，系统梳理科技创新的形成机制，以及不同创新发展模式对经济可持续增长的影响，进而分析在哪些层面上可以重新实现资源优化配置。本章通过企业全要素生产率模型和熵权—层次分析法模型，构建了科技创新发展能力评价体系，并对其进行了动态分析，为实现科技创新发展提供一定的理论依据。

5.1　河南省科技创新现状分析

5.1.1　构建指标体系

借鉴史欣向（2013）[①]、杨武（2013）[②] 和朴哲范（2019）[③] 等人的研究，构

① 史欣向，梁彤缨．社会资本影响了研发效率——基于中国省际面板数据的经验研究［J］．科研管理，2013（34）：73—79．

② 杨武，杨淼．中国科技创新与经济发展耦合协调度模型［J］．中国科技论坛，2013，30—35．

③ 朴哲范，缪彬彬，张伟恩．区域经济创新发展能力评价研究——以浙江省为例［J］．河北经贸大学学报，2019：87—93．

建经济创新发展评价指标体系。经济创新发展由创新效率，创新投入强度，能源消耗产出率，产业调整优化，高技术企业、科技企业研发投入产出以及政策因素6个一级指标和21个二级指标构成，见表5-1。

表5-1　科技创新发展能力评价指标体系

一级指标	二级指标	综合权重
创新效率	X_1 全要素生产率（TFP）	0.081
创新投入强度	X_2 科学技术支出（亿元）	0.051
	X_3 R&D经费支出总额（亿元）	0.063
	X_4 公共教育投入强度（亿元）	0.050
	X_5 机构科研用仪器设备原价（亿元）	0.076
能源消耗产出	X_6 每万元GDP中原煤消耗（吨/万元）	0.066
	X_7 每万元GDP工业污水排放量（吨/万元）	0.038
产业调整优化	X_8 工业增加值指数（%）	0.024
	X_9 企业数（家）	0.029
	X_{10} 研发活动经费内部：支出总额（亿元）	0.060
	X_{11} 固定资产原价（亿元）	0.041
	X_{12} 第三产业增加值/GDP（%）	0.029
高技术企业、科技企业研发投入产出	X_{13} 主营业务收入（亿元）	0.038
	X_{14} 主营业务收入占GDP的比例（%）	0.030
	X_{15} R&D活动人员（人）	0.061
	X_{16} 研发经费支出总额占商品销售收入的比例（%）	0.042
	X_{17} 专利申请数（项）	0.087
政策因素	X_{18} 单位GDP政府预算支出（%）	0.029
	X_{19} 财政拨款占地方财政支出的比重（%）	0.028
	X_{20} 全社会固定资产投资额（亿元）	0.039
	X_{21} 人均固定资产投资额（千元/人）	0.033

5.1.2 指标测算与数据来源

1. 数据来源

通过参考大量文献资料，并结合各地区实际经济形势，笔者选取了河南省

18个地级市2008—2019年与经济创新发展相关的空间面板数据，由于各指标之间数据差异比较大，因此利用极差法对所有指标进行了标准化处理，最终得到18个地级市的数据。评价指标数据来源于《河南统计年鉴》《河南科技年鉴》以及ESP数据库。

2. 全要素生产率（TFP）

DEA方法，即数据包络分析法，由A. Charnes和W. W. Cooper等人创建。DEA方法以“效率”概念为基础，效率即总产出与总投入的比值并以效率最大化为目标，通过数学规划模型来进行具有多个输入和输出的决策单元间的相对有效性的评价。DEA方法不需要预先设定投入项和产出项的相对权重，而是在实证资料中推导产生。在其基础上，Fare等人进一步发展了Malmquist生产率指数方法，通过构建距离函数模型从而计算出投入产出的生产效率。

根据Malmquist指数模型，测算企业的TFP需要两类指标：投入指标和产出指标。参考胡双红（2020）[①] 的相关研究，并结合数据的可得性，选取河南省各地级市的实际GDP为产出指标，选取固定资产投资额和就业人数为投入指标。Malmquist指数表示为

$$M_{i,t+1}=\left[\frac{D_i^t(x_i^{t+1},y_i^{t+1})}{D_i^t(x_i^t,y_i^t)}\times\frac{D_i^{t+1}(x_i^{t+1},y_i^{t+1})}{D_i^{t+1}(x_x^t,y_i^t)}\right]^{\frac{1}{2}} \tag{5-1}$$

式中：x_i^t 为第 i 个地区在 t 时期的投入向量；y_i^t 为第 i 个地区在 t 时期的产出向量。D_i^t（x_i^t，y_i^t）、D_i^t（x_i^{t+1}，y_i^{t+1}）分别代表在以 t 时期的技术水平为基础的条件下，t 时期和 $t+1$ 时期生产点的距离函数。

可将技术进步变化和技术效率变化进行分离，得到

$$M_{i,t+1}=\frac{D_i^t(x_i^{t+1},y_i^{t+1})}{D_i^t(x_i^t,y_i^t)}\left[\frac{D_i^t(x_i^t,y_i^t)}{D_i^{t+1}(x_x^t,y_i^t)}\times\frac{D_i^t(x_i^{t+1},y_i^{t+1})}{D_i^{t+1}(x_i^{t+1},y_i^{t+1})}\right]^{\frac{1}{2}}=effch\times techch \tag{5-2}$$

式中：$effch$ 代表技术效率的变化；$techch$ 代表技术进步。

放松规模报酬不变假设的Malmquist指数可表示为

$$M_{i,t+1}=pech\times sech\times techch \tag{5-3}$$

式中：$pech$ 代表纯技术效率的变化；$sech$ 代表规模效率的变化。

① 胡双红．中国文化产业全要素生产率行业异质性研究——基于DEA-Malmquist指数法的分析[J]．特区经济，2020（49）：111－114．

当 $M_i>1$ 时，说明全要素生产率在 t 到 $t+1$ 期间有所改善；反之，则说明倒退。

表 5-2　2008—2019 年河南省各地市全要素生产率（TFP）变化情况

地区	2008	2010	2012	2013	2014	2015	2016	2017	2018	2019	均值
郑州市	0.87	0.96	0.92	0.92	0.94	0.96	1.01	0.22	0.23	0.28	0.73
开封市	0.84	0.91	0.91	0.91	0.94	0.98	0.94	0.68	0.65	0.73	0.85
洛阳市	0.89	1.05	1.04	0.89	1.02	1.03	1.06	0.40	0.41	0.46	0.83
平顶山市	1.05	0.89	0.83	0.87	0.92	1.00	1.01	0.54	0.55	0.62	0.83
安阳市	0.91	0.92	0.88	0.89	0.93	0.96	0.98	0.65	0.66	0.74	0.85
鹤壁市	0.91	0.90	0.91	0.98	0.94	0.94	0.97	1.72	1.77	1.83	1.19
新乡市	0.86	0.97	0.98	0.88	0.95	1.03	1.07	0.54	0.56	0.61	0.85
焦作市	0.87	1.01	0.90	0.90	0.96	0.95	0.94	0.69	0.68	0.76	0.87
濮阳市	0.88	0.91	0.90	0.91	0.97	0.96	0.95	0.76	0.75	0.84	0.88
许昌市	0.88	0.96	0.98	0.86	1.00	1.01	0.98	0.57	0.55	0.63	0.84
漯河市	0.90	0.88	0.88	0.89	0.94	0.95	1.02	0.87	0.94	1.02	0.93
三门峡市	0.85	1.00	1.01	1.00	1.02	1.08	1.12	1.04	1.08	1.14	1.03
南阳市	0.87	0.90	0.88	0.90	0.92	0.98	0.96	0.30	0.29	0.32	0.73
商丘市	0.85	0.89	0.89	0.90	0.94	0.96	0.94	0.52	0.51	0.58	0.80
信阳市	0.88	0.93	0.93	0.94	0.98	0.95	1.01	0.58	0.62	0.69	0.85
周口市	0.86	0.93	0.93	0.93	0.95	0.96	0.95	0.44	0.47	0.51	0.79
驻马店市	0.80	0.93	0.91	0.92	0.93	0.93	0.95	0.52	0.53	0.58	0.80
济源市	1.09	1.04	0.89	0.75	0.80	0.81	0.96	1.02	1.21	1.27	0.98
均值	0.89	0.94	0.92	0.90	0.95	0.97	0.99	0.67	0.69	0.76	0.87

全要素生产率（TFP）是指总产量与总投入的比值，表 5-2 是河南省各城市的全要素生产率变化情况。以 2008 年为基期，2010—2019 年河南省的全要素生产率均出现正增长，其中 2010 年的增长率为 10.7%，而 2009 年和 2017 年出现了 4.7%和 25%的负增长；2008—2019 年鹤壁市全要素生产率以 1.19 的均值居于全省第一，三门峡市、漯河市紧跟其后；济源市 2013 年的全要素生产率较低，不过 2013 年之后有所改善。

5.1.3　数据标准化

为了方便不同单位的指标进行计算和加权，本节采用极值法对原始数据进行标准化处理，即

$$r_{ijt}^1=\frac{x_{ijt}-\min|x_{ijt}|}{\max|x_{ijt}|-\min|x_{ijt}|}\times 10,\quad (i=1,2,\cdots,m;j=1,2,\cdots,n) \tag{5-4}$$

式中：r_{ijt}^1 为 t 年第 j 个市第 i 个指标的指标赋值；x_{ijt} 为 t 年第 j 个市第 i 个指标的原始指标值。

为避免出现 r_{ijt} 取值为 0 的情况，需要对 r_{ijt} 进行坐标平移，即

$$r_{ijt}=r_{ijt}^1+\alpha \tag{5-5}$$

式中：r_{ijt} 为平移后的值；α 为平移幅度，其中 $\alpha>\min|r_{ijt}^1|$，α 越接近 $\min|r_{ijt}^1|$，评价效果越好。

5.1.4　确定权重

1. 熵权法权重

熵权法是通过各种因素提供的信息，计算一个综合指标的数学方法。熵权法是一种比较客观的综合权重确定方法，其权重的确定主要根据每个指标传递给决策者的信息量来确定。

在各种评价研究中，人们往往要考虑每个评价指标的相对重要性。最方便直接的方法就是对各个指标赋予权重，这种方法可以通过熵来实现。按照信息论的基本原理，信息就是系统有序程度的量；而熵则是对系统混乱程度的度量。因此，系统熵可以用来反映它提供给决策者的信息量的大小，并且系统熵可通过熵权法得到。第 i 个指标的信息熵 H_i 可定义为

$$H_i=-k\sum_{j=1}^{n} f_{ijt}\ \ln f_{ijt} \tag{5-6}$$

其中：$f_{ijt}=\frac{r_{itt}}{\sum\limits_{j=1}^{n} r_{ijt}}$，$k=\frac{1}{\ln n}$。

$$w_i^1=\frac{1-H_i}{\sum\limits_{i=1}^{m}(1-H_i)} \tag{5-7}$$

式中：w_i 为第 i 个指标的权重。

2. 层次分析法权重

层次分析法是将与预测结果相关的因素分为多个层次，建立多层次模型。先设计问卷，再邀请数名相关领域的专家利用1～9标度法打分，打分过程采取单独打分的方法，避免互相干扰，将得到的匿名问卷结果进行整理，另外邀请一名专家对结果进行分析，去除不合理的得分，最终得到指标权重 w_i^2。

3. 综合法权重

由于层次分析法带有一定的主观性，因此，笔者结合带有客观性的熵权权重和具有主观色彩的层次分析法权重来确定各指标的综合权重，此权重具有较好的信服力。综合权重的计算公式为

$$w_i = 0.5w_i^1 + 0.5w_i^2 \tag{5-8}$$

式中：w_i 为综合权重；w_i^1 为熵权法权重；w_i^2 为层次分析法权重；由于两个权重的重要程度相同，因此各乘以0.5。

5.1.5 河南省经济能力指数

由各个指标赋值生成经济能力指数值，其计算公式为

$$EID = \sum_{i=1}^{6}(w_i r_i) \tag{5-9}$$

式中：EID 为经济能力指数；w_i 为第 i 个指标的权重指标赋值；r_i 为第 i 个指标的指标赋值；i 为指标数，i=1，2，3，4，5，6。

表5-3是近几年经济能力指数的变化趋势。可以看出，2011年创新效率指数（EID_1）最大，2014—2016年呈现出逐年上升的现象，但在2017年下降到了0.298，仅高于同年的能源消耗产出率指数（EID_3），2018—2019年又呈现小幅上涨趋势。创新投入强度指数（EID_2）显示出稳步上升的趋势，2008年仅为0.096，2017年上升幅度最明显，2019年增至0.503。能源消耗产出率指数（EID_3）在2008—2010年间是逐年上升的，但是从2013年开始下降，2019年呈现小幅上升趋势。产业调整优化指数（EID_4）在2008年、2014年和2015年的值分别为0.416、0.474和0.495，其中2015年的指数值最高，与同年其他指数相比居于第三位。研发投入产出指数（EID_5）和政策因素指数（EID_6）值相近且呈上升趋势。从整体上来看，研发投入产出指数（EID_5）和政策因素指数 EID_6 的均值最高，创新投入强度指数均值（EID_2）最低，需要进一步提升。

表 5-3　2008—2019 年河南省经济能力指数

年份	EID_1	EID_2	EID_3	EID_4	EID_5	EID_6
2008年	0.356	0.096	0.306	0.416	0.281	0.303
2009年	0.333	0.133	0.317	0.328	0.304	0.324
2010年	0.382	0.177	0.365	0.363	0.385	0.349
2011年	0.429	0.197	0.334	0.391	0.413	0.393
2012年	0.370	0.235	0.335	0.306	0.438	0.436
2013年	0.360	0.253	0.343	0.320	0.487	0.470
2014年	0.384	0.299	0.328	0.474	0.537	0.517
2015年	0.395	0.322	0.319	0.495	0.575	0.549
2016年	0.406	0.375	0.252	0.387	0.586	0.587
2017年	0.298	0.485	0.241	0.398	0.633	0.600
2018年	0.417	0.494	0.199	0.303	0.597	0.628
2019年	0.421	0.503	0.202	0.306	0.603	0.634
均值	0.379	0.297	0.295	0.374	0.487	0.483

5.2　河南省科技创新发展能力的总体趋势分析

根据上述分析，河南省科技创新发展能力包括创新效率U_T、创新投入强度U_I、能源消耗产出率U_E、产业调整优化U_{Ind}、企业（规模以上工业企业、高新技术企业和科技企业）研发投入产出U_{RD}、政策因素U_P6个分系统测度模型，表5-4是河南省18个市2008—2019年6个分系统测度模型均值及综合度值的变化情况。

表 5-4　2008—2019 年河南省科技创新发展能力 6 个分系统测度模型值及综合度值

年份	U_T	U_I	U_E	U_{Ind}	U_{RD}	U_P	U
2008	0.056	0.015	0.048	0.066	0.044	0.048	0.046
2009	0.053	0.021	0.050	0.052	0.048	0.051	0.046
2010	0.060	0.028	0.058	0.057	0.061	0.055	0.053
2011	0.068	0.031	0.053	0.062	0.065	0.062	0.057
2012	0.058	0.037	0.053	0.048	0.069	0.069	0.056

续表

年份	U_T	U_I	U_E	U_{Ind}	U_{RD}	U_P	U
2013	0.057	0.040	0.054	0.051	0.077	0.074	0.059
2014	0.061	0.047	0.052	0.075	0.085	0.082	0.067
2015	0.062	0.051	0.050	0.078	0.091	0.087	0.070
2016	0.064	0.059	0.040	0.061	0.093	0.093	0.068
2017	0.047	0.077	0.038	0.063	0.100	0.095	0.070
2018	0.059	0.041	0.050	0.061	0.073	0.072	0.059
2019	0.060	0.042	0.051	0.063	0.075	0.074	0.061

从表 5-4 中可以看出，创新效率 U_T 在 2011 年的值最大，从总体上看，U_T 的变化不是很大，基本保持平稳；创新投入强度 U_I 呈现出稳步上升的状态，特别是 2017 年的上涨幅度最大；能源消耗产出率 U_E 十二年间的变化不大；产业调整优化 U_{Ind} 在 2014 年和 2015 年的增长比较明显；随着研发投入支出的增加，2008—2019 年的企业研发投入产出 U_{RD} 呈现出增长趋势；近些年政府对科技创新发展能力越来越重视，政策因素 U_P 也在稳步提升。从整体上来说，2008—2019 年企业研发投入产 U_{RD} 的均值最高，政策因素 U_P 以 0.072 居于第二位；河南省的创新投入强度 U_I 和能源消耗产出率 U_E 的均值较低，需要进一步加强。河南省科技创新发展能力综合度值 U 由 2008 年的 0.046 上升到 2019 的 0.061，大体上科技创新发展能力综合度值是不断上升的。

5.3 河南省科技创新发展能力的耦合协调分析

5.3.1 耦合度分析

两个或者多个系统之间相互作用和相互影响的强度就是耦合度，耦合度并没有区分优缺点。参考现有文献和物理学中的容量耦合系数理论，通过计算变异系数 C 得到优化经济社会耦合度模型，即

$$C=\sqrt{2-\frac{6[U_T^2+U_I^2+U_E^2+U_{Ind}^2+U_{RD}^2+U_P^2]}{[U_T+U_I+U_E+U_{Ind}+U_{RD}+U_P]^2}} \tag{5-10}$$

式中，C 值的区间范围是 [0，1]，当 $C=1$ 时，表示系统达到良性共振耦合的标

准；当 $C=0$ 时，表示系统之间呈现不存在关系。

表 5-5　2008—2019 年河南省各地市科技创新发展能力子系统耦合度（C 值）

地区	2008	2010	2012	2013	2014	2015	2016	2017	2018	2019
郑州市	0.40	0.39	0.35	0.35	0.34	0.34	0.32	0.20	0.3	0.4
开封市	0.32	0.41	0.47	0.48	0.47	0.46	0.43	0.45	0.45	0.53
洛阳市	0.45	0.46	0.45	0.43	0.43	0.42	0.42	0.31	0.40	0.5
平顶山市	0.42	0.41	0.42	0.44	0.47	0.48	0.49	0.47	0.48	0.54
安阳市	0.42	0.46	0.49	0.48	0.47	0.47	0.45	0.42	0.45	0.55
鹤壁市	0.30	0.34	0.34	0.32	0.37	0.39	0.39	0.32	0.37	0.42
新乡市	0.44	0.47	0.47	0.47	0.47	0.45	0.44	0.40	0.44	0.54
焦作市	0.43	0.43	0.44	0.42	0.44	0.43	0.41	0.35	0.41	0.50
濮阳市	0.41	0.42	0.43	0.43	0.44	0.44	0.43	0.40	0.43	0.51
许昌市	0.43	0.35	0.45	0.42	0.44	0.44	0.41	0.35	0.41	0.49
漯河市	0.39	0.39	0.39	0.39	0.43	0.44	0.39	0.39	0.40	0.48
三门峡市	0.40	0.42	0.42	0.42	0.42	0.40	0.38	0.38	0.42	0.48
南阳市	0.46	0.48	0.49	0.47	0.46	0.46	0.44	0.34	0.41	0.54
商丘市	0.34	0.38	0.39	0.40	0.42	0.41	0.43	0.43	0.42	0.48
信阳市	0.29	0.32	0.36	0.38	0.36	0.37	0.35	0.32	0.35	0.41
周口市	0.31	0.37	0.38	0.38	0.39	0.41	0.39	0.38	0.39	0.45
驻马店市	0.31	0.37	0.40	0.41	0.42	0.42	0.40	0.39	0.41	0.47
济源市	0.33	0.29	0.26	0.34	0.35	0.34	0.37	0.36	0.36	0.40
均值	0.38	0.40	0.41	0.41	0.42	0.42	0.41	0.37	0.41	0.48

由表 5-5 可知，2008—2019 年的耦合度值均大于 0 小于 1，说明系统之间存在关系但是还未达到良性共振耦合的标准。安阳市的耦合度值呈现上升趋势，2019 年的耦合值相对于 2018 年有较大提升，其耦合值与同年其他城市相比还是比较高的；济源市 2010 年和 2012 年的耦合值小于 0.3，属于较低水平耦合时期，不过之后有所好转，但整体耦合值相对于河南省其他城市而言还是比较低的，耦合度有待进一步提升；2008 年、2010 年、2017 年和 2019 年河南省经济创新耦合度的均值为 0.38、0.40、0.37 和 0.48，说明创新效率、能源消耗产出率、产

业调整优化等 6 个系统之间呈现出一定的相互作用关系，借鉴王成等（2018）[①]对耦合度类型的等级划分，河南省的经济创新发展 6 个一级指标间耦合进入拮抗时期，说明他们之间相互作用加强，虽然耦合水平比较低，不过还是有巨大的发展潜力。就总体而言，河南省的经济创新发展耦合度不断提高，但是整体发展速度比较缓慢，耦合发展状况并没有得到太大的改善。

5.3.2 协调度分析

由于耦合程度反应系统之间的协调性，而协调度则正好反映了协调状况的好坏，并且还可以代表每个功能之间是在高水平上相互促进还是低水平上相互制约，因此，引入协调度模型：

$$T = \alpha U_{\mathrm{T}} + \beta U_{\mathrm{I}} + \gamma U_{\mathrm{E}} + \lambda U_{\mathrm{Ind}} + \theta U_{\mathrm{RD}} + \upsilon U_{\mathrm{P}} \tag{5-11}$$

$$D = \sqrt{C \times T} \tag{5-12}$$

式中：D 表示为协调度；C 是指耦合度；T 是指综合度；α、β、γ、λ、θ、ν 分别表示 6 个一级指标的权重，由于其在经济社会发展中具有相同的重要性，因此，均为 1/6。

如表 5-6 所示，郑州市 2008—2019 年的经济创新发展耦合协调度均值达到 0.52 居全省第一，而且在 2008—2015 年期间，郑州市的耦合协调度值呈现逐年上升的现象，2015 年的协调度值最高；洛阳市和新乡市的耦合协调度均值为 0.48 和 0.46，紧随其后；平顶山市、焦作市、许昌市和南阳市的均值也都在 0.4 以上。

表 5-6　2008—2019 年河南省各地市科技创新发展能力耦合协调度值（D 值）

地区	2008	2010	2012	2013	2014	2015	2016	2017	2018	2019
郑州市	0.42	0.48	0.51	0.53	0.56	0.58	0.58	0.47	0.51	0.56
洛阳市	0.41	0.45	0.48	0.46	0.50	0.51	0.52	0.46	0.47	0.51
新乡市	0.38	0.42	0.44	0.45	0.50	0.50	0.49	0.46	0.45	0.49
平顶山市	0.38	0.38	0.39	0.42	0.46	0.46	0.46	0.45	0.42	0.46
焦作市	0.36	0.39	0.40	0.42	0.45	0.46	0.44	0.42	0.41	0.45

① 王成，唐宁．重庆市乡村三生空间功能耦合协调的时空特征与格局演化［J］地理研究，2018：1100－1114.

续表

地区	2008	2010	2012	2013	2014	2015	2016	2017	2018	2019
南阳市	0.36	0.39	0.42	0.42	0.45	0.47	0.46	0.38	0.41	0.46
许昌市	0.34	0.40	0.41	0.40	0.45	0.46	0.43	0.41	0.43	0.45
安阳市	0.35	0.38	0.40	0.40	0.42	0.42	0.41	0.37	0.39	0.43
开封市	0.27	0.33	0.38	0.40	0.42	0.42	0.38	0.39	0.37	0.40
濮阳市	0.32	0.35	0.36	0.37	0.39	0.40	0.39	0.38	0.37	0.38
商丘市	0.32	0.35	0.36	0.36	0.39	0.39	0.38	0.40	0.36	0.39
三门峡市	0.31	0.36	0.37	0.37	0.39	0.39	0.37	0.37	0.36	0.40
周口市	0.29	0.33	0.34	0.34	0.37	0.39	0.37	0.35	0.34	0.38
驻马店市	0.29	0.32	0.33	0.34	0.37	0.38	0.36	0.35	0.34	0.37
漯河市	0.32	0.31	0.32	0.33	0.36	0.37	0.34	0.35	0.33	0.36
鹤壁市	0.27	0.31	0.31	0.31	0.34	0.34	0.34	0.37	0.32	0.35
信阳市	0.28	0.29	0.32	0.33	0.34	0.35	0.33	0.31	0.32	0.35
济源市	0.32	0.30	0.26	0.33	0.35	0.35	0.36	0.37	0.31	0.34

就河南省而言，信阳市和济源市为弱经济创新发展城市，2008—2019 年耦合协调度均值为 0.32 和 0.33，因此，信阳市和济源市的耦合协调度值需要进一步提高。由表 5-6 可知，借鉴王成等（2018）对耦合协调度类型的等级划分，2009 年河南省有 16 个城市属于中度失调类型，2012—2017 年中度失调减少，基本失调和中度协调增加，说明河南省经济创新发展协调度整体水平偏低，需要进一步提升。

5.4　河南省科技创新发展能力的空间演变分析

笔者利用 2008—2019 年河南省空间面板数据，通过莫兰指数法，测算出河南省科技创新发展能力的空间集聚性。莫兰指数通过 Z 值检验计算结果显示的显著性，在正态分布中，一般情况下认为，若 $Z>1.96$ 或者 $Z<-1.96$，结果表明在 $\alpha=0.05$ 显著水平下具有统计上的显著性，也就是存在空间自相关。莫兰指数的值一般在 -1 到 1 之间，如果莫兰指数大于 0，表明空间正相关；如果莫兰指

数小于 0，则表明负相关；若是莫兰指数与 0 很近，则表明相关性是随机分布的，或者是不存在空间自相关性。

5.4.1 莫兰指数

表 5-7 河南省科技创新发展能力的莫兰指数

变量	2008	2009	2010	2011	2012	2013	2014	2015	2016	2017
Moran's I	0.159	0.235	0.200	0.128	0.174	0.227	0.226	0.204	0.177	0.192
Z	1.669	2.400	2.045	1.670	2.092	2.779	2.560	2.391	2.195	2.433
P	0.048	0.008	0.020	0.047	0.018	0.003	0.005	0.008	0.014	0.007

由表 5-7 可知，Z 值整体上呈现出上升的趋势，且在 2012—2017 年的 Z 值连续大于 1.96，这表明在 2012—2017 年间河南省科技创新发展能力存在着显著的空间正相关，即在科技创新发展能力较高的城市，其周边各地的科技创新发展能力也较高。

5.4.2 空间分布特征

本节截取了 2008 年、2012 年和 2017 年三个时间点的河南省各市的科技创新发展能力综合度指数，并对其进行排序，由低到高分为四个等级。其中，指数值大于 0 小于 0.049 的属于第一等级；指数值大于 0.05 小于 0.055 的属于第二等级；指数值大于 0.056 小于 0.074 的是第三等级；指数值在 0.075 以上的是第四等级。

1. 第一等级的空间分布特征

2008 年属于第一等级的有开封市、安阳市、鹤壁市、濮阳市、许昌市、漯河市、三门峡市、商丘市、信阳市等 12 个城市，主要集中在河南省中南部和周边城市；2012 年位于第一等级的有鹤壁市、濮阳市、漯河市、信阳市、驻马店市和济源市，共 6 个城市；2017 年没有属于第一等级的城市。总的来说，2008—2017 年河南省属于第一等级的城市越来越少。

2. 第二等级的空间分布特征

2008 年属于第二等级的城市有新乡市、焦作市和济源市 3 个城市，并且这 3 个城市是相邻的；2012 年属于第二等级的有开封市、安阳市、三门峡市、商丘市和周口市，共 5 个城市，主要集中在东部地区；2017 年属于第二等级的城市有安阳市、漯河市、信阳市、周口市和驻马店市，共 5 个城市，主要分布在河南省的东南方向。总的来说，2008—2017 年属于第二等级的城市虽然有所变化，但其数量是在不断增加的。

3. 第三等级的空间分布特征

2008 年属于第三等级的是郑州市、洛阳市和平顶山市，集中在中西部；2012 年属于第三等级的是平顶山市、新乡市、焦作市、许昌市和南阳市 5 个城市；2017 年属于第三等级的城市有开封市、平顶山市、鹤壁市、濮阳市、三门峡市、南阳市、商丘市和济源市，共 8 个城市。总体上看，第三等级的城市呈现出由省会城市向周边地区扩散的态势。

4. 第四等级的空间分布特征

2008 年没有位于第四等级的城市；2012 年属于第四等级的是郑州市和洛阳市；2017 年属于第四等级的有郑州市、洛阳市、新乡市、焦作市和许昌市，共 5 个城市。总的来说，属于第四等级的城市正在逐年增加，并以郑州市为中心继续向周边扩展。

5.5　河南省科技创新政策实施效果评估

5.5.1 指标体系构建与数据来源

本节采用的评估体系主要用于评价研究河南省科技创新政策实施效果，因此设置 3 个二级指标，且每个二级指标下细分为 15 个三级指标，二级指标即科技创新供给性政策（*A*）、科技创新需求性政策（*B*）、科技创新协调性政策（*C*）。另外，选取河南省科技创新具体政策指标 15 项作为评估体系的三级指标。数据来源于《2019 年国民经济和社会发展统计公报》《河南统计年鉴——2019》《河南科技统计年鉴——2019》。评价指标体系设计见表 5-8。

表 5-8　河南省科技创新实施效果评价指标

目标层	准则层	指标层
河南省科技创新政策实施效果（U）	科技创新供给性政策（A）	参与 R&D 的人员数（A1）
		参与 R&D 的单位数（A2）
		R&D 项目数（A3）
		R&D 经费总支出（A4）
		规模以上工业企业 R&D 人员数（A5）
		规模以上工业企业 R&D 经费支出（A6）
	科技创新需求性政策（B）	专利申请量（B1）
		专利授权量（B2）
		技术市场成交合同数（B3）
		技术市场成交金额（B4）
		规模以上工业企业新产品开发（B5）
		规模以上工业企业新产品产值（B6）
	科技创新协调性政策（C）	人均地区生产总值（C1）
		规模以上工业企业增加指数（C2）
		规模以上工业企业全员劳动生产率（C3）

5.5.2　河南省科技创新政策实施效果综合得分

1. 评价指标历年权重

根据熵值法计算出每项指标历年权重，见表 5-9。

表 5-9　河南省科技创新实施效果评价指标历年权重

指标	熵值	差异系数	权重
参与 R&D 的人员数（A1）	0.999 328	0.000 672	0.017 453
参与 R&D 的单位数（A2）	0.996 327	0.003 673	0.095 390
R&D 项目数（A3）	0.998 217	0.001 783	0.046 318
R&D 经费总支出（A4）	0.997 291	0.002 709	0.070 355
规模以上工业企业 R&D 人员数（A5）	0.999 475	0.000 525	0.013 648
规模以上工业企业 R&D 经费支出（A6）	0.996 834	0.003 166	0.082 234
专利申请量（B1）	0.994 289	0.005 711	0.148 334

续表

指标	熵值	差异系数	权重
专利授权量（*B*2）	0.995 228	0.004 772	0.123 935
技术市场成交合同数（*B*3）	0.996 525	0.003 475	0.090 258
技术市场成交金额（*B*4）	0.994 016	0.005 984	0.155 423
规模以上工业企业新产品开发（*B*5）	0.996 429	0.003 571	0.092 759
规模以上工业企业新产品产值（*B*6）	0.998 949	0.001 051	0.027 305
人均地区生产总值（*C*1）	0.998 815	0.001 185	0.030 785
规模以上工业企业增加指数（*C*2）	0.999 968	0.000 031	0.000 822
规模以上工业企业全员劳动生产率（*C*3）	0.999 808	0.000 192	0.004 981

2. 评价指标最终得分

根据权重与标准数据计算综合得分，河南省科技创新实施效果评价指标最终得分见表 5-10、实施效果评价得分见表 5-11。

表 5-10　河南省科技创新实施效果评价指标最终得分

指标得分	2012	2013	2014	2015	2016	2017	2018
*A*1	0.012	0.014	0.015	0.016	0.016	0.018	0.017
*A*2	0.039	0.047	0.057	0.066	0.072	0.095	0.092
*A*3	0.026	0.028	0.032	0.035	0.036	0.043	0.046
*A*4	0.033	0.037	0.042	0.045	0.052	0.061	0.070
*A*5	0.010	0.010	0.011	0.013	0.013	0.014	0.013
*A*6	0.038	0.039	0.043	0.048	0.058	0.068	0.082
*B*1	0.041	0.053	0.060	0.072	0.091	0.115	0.148
*B*2	0.040	0.044	0.050	0.072	0.074	0.083	0.124
*B*3	0.052	0.047	0.037	0.043	0.053	0.073	0.090
*B*4	0.048	0.049	0.050	0.055	0.071	0.092	0.155
*B*5	0.040	0.043	0.044	0.055	0.067	0.076	0.093
*B*6	0.018	0.019	0.020	0.022	0.025	0.026	0.027
*C*1	0.019	0.021	0.023	0.024	0.026	0.029	0.031
*C*2	0.000	0.000	0.001	0.001	0.001	0.001	0.001
*C*3	0.004	0.004	0.004	0.005	0.005	0.005	0.005

表 5-11　2012—2018 年河南省科技创新实施效果评价得分

年份	科技创新 供给性政策（*A*）	科技创新 需求性政策（*B*）	科技创新 协调性政策（*C*）	河南省科技创新 政策实施效果（*U*）
2012	0.160	0.241	0.025	0.425
2013	0.178	0.258	0.026	0.462
2014	0.200	0.261	0.028	0.489
2015	0.222	0.317	0.029	0.569
2016	0.247	0.381	0.031	0.660
2017	0.299	0.464	0.034	0.797
2018	0.320	0.638	0.037	0.995

5.5.3　河南省科技创新政策实施效果评价分析

1. 河南省科技创新供给性政策实施效果分析

由表 5-10 可得，参与 R&D 的单位数（*A*2）得分整体处于上升水平。R&D 经费总支出（*A*4）、规模以上工业企业 R&D 经费支出（*A*6）在 2012—2018 年 7 年中得分逐年增加，说明科技投入逐年加大，在 2018 年规模以上工业企业 R&D 经费支出（*A*6）得分逐渐与参与 R&D 的单位数（*A*2）缩小差距，并存在超过参与 R&D 的单位数（*A*2）得分的趋势，由此可见河南省科技经费总支出对河南省科技创新供给性政策实施效果影响逐步扩大。河南省参与相关 R&D 活动总人数在 7 年中发展低迷，增长不明显，对河南省科技创新供给性政策的实施效果贡献较低。

通过表 5-10 可得，河南省科技创新供给性政策各项指标整体处于上升趋势，说明在 2012—2018 年各项政策实施效果良好。R&D 经费总支出（*A*4）在 2012 年得分仅为 0.033 分左右，到 2018 年增长至 0.07 左右，效果较为显著。而在河南省科技创新活动的人员数量方面，体现指标为 *A*1、*A*5，在 2012—2018 年 7 年间发展较为低迷，科技活动参与人数较少，反映 R&D 项目数指标（*A*3）得不到人员方面的大力支持，发展较为缓慢，因此河南省要继续加大对科技活动的投入，同时要进一步改进人才计划政策的实施，加快高素质人才队伍建设，为河南省科技创新供给性政策的实施提供人才基础。

2. 河南省科技创新需求性政策实施效果分析

由表 5-10 可以看出，河南省的科技成果量逐步提升，反映其指标的 *B*1、*B*2 在 2012—2018 年 7 年中得分逐年增长，*B*1 由 2012 年的 0.041 分增长至 2018 年的 0.148。反映河南省规模以上工业企业新产品产值指标 *B*6 得分较低，增长趋势不明显，并低于 *B*5 得分，长期处于需求性政策得分的末尾水平。说明河南省科技创新需求性政策在新产品产值增加方面存在问题，使新产品开发得不到相应的回报，产值过低，无法满足河南省规模以上工业企业自身的发展，使其发展道路过于曲折。反映科技成果转化的指标（*B*3、*B*4）在 7 年间呈现波动上涨的趋势。

3. 河南省科技创新协调性政策实施效果分析

从表 5-10 中可以明显看出：① 2012—2018 年河南省的人均地区生产总值（*C*1）呈现逐年快速增长的趋势。② 7 年期间规模以上工业企业增加指数（*C*2）、规模以上工业企业全员劳动生产率（*C*3）长期处于较低的水平，增长效果变化趋势相对低迷。宏观政策能够直接拉动经济，进而推动河南省的科技创新政策活动，考察其协调性得分的重要价值在于深入探讨当前经济社会改革和发展大环境下的协调性宏观政策对于河南省科技创新政策活动的潜在作用和影响。由此可知，2012—2018 年河南省人均地区规模以上生产总值逐年呈现快速增长，反映出这一历史时间段内作用于河南省的宏观经济社会水平快速发展和劳动力水平迅速提升。

4. 河南省科技创新政策实施效果分析

由表 5-11 可得 2012—2018 年河南省科技创新政策实施效果变化趋势，可以看出：① 河南省近年科技创新实施效果逐步显著，反映河南省科技创新需求性政策（*B*）得分较高，由此可见科技创新需求性政策对河南省科技创新政策实施效果贡献较为突出。② 7 年间科技创新供给性政策（*A*）增长较为缓慢，对河南省科技创新政策实施效果贡献较为一般，尤其是财政和人才政策实施不能够满足河南省的科技创新活动，下一步河南省仍要加大对财政和人才政策的支持。③ 科技创新协调性政策（*C*）增长较慢，由此可见河南省科技创新氛围过低，科研人员对科技创新缺乏积极性和参与感。

本章小结

1. 结论

河南省科技创新发展能力的6个分系统测度模型中，企业研发投入和政策因素呈现出明显的上升趋势；创新投入强度和能源消耗产出率和其他分系统测度值相差较大。

河南省科技创新发展能力的6个一级指标耦合进入拮抗时期，虽然相互作用有所加强，但耦合水平还比较低，且整体发展速度有待提高；协调度值低的城市和协调度值高的城市之间的差距较大。在2008—2018年间，处于中度失调状态的城市所占比重较大，不过正在逐年减少，基本协调和中度协调的城市数量逐年增加。

河南省地级市科技创新发展能力存在着显著的空间正相关性，在科技创新发展能力较高的城市，其周边地区的能力也较高。郑州市及其周边地区的科技创新发展能力综合度发展较快，河南省的东南部和处于河南省边缘的城市发展较慢，城市之间的科技创新发展能力综合度值差距较大。

2. 建议

（1）加大科技创新的有效供给以支持创新产业发展

关于科技创新供给政策，河南省近几年执行效果不错，但仍需进一步加大科技创新的有效供给，成立专项政府基金以带动社会资本的投入。高技术企业和科技企业的研发投入及其产出要继续保持稳定增长，各地区的政府部门也应完善创新成果转换体系和相应的法律法规等，并鼓励企业和个人积极创新，各生产部门也应提高能源的利用率，做到物尽其用。加大人才引进政策的支持力度，吸引高素质人才来豫，与此同时，还需从对人才引进后的培养使用等方面制定详细的措施，做到人尽其用，提高有效投入。最为关键的是要支持创新产业发展，尤其是高技术产业的发展至关重要，通过合理的政策，引导其形成创新集聚。

（2）落实科技创新环境政策

加大税收优惠政策，调整税收结构。现金流可比作企业的“血液”，资金融通在一定程度上关乎企业的科技创新能力，改善金融环境，提升金融服务尤为迫切。此外，还要建立支撑科技创新的服务体系，因时制宜地制定出针对各类创新主体的不同优惠形式，切实将创新环境政策落到实处。在经济创新发展格局中，充分发挥科技创新发展能力强的城市的优势和实力，实现资本、人才、科学技术等生产要素在城市间的充分流动，通过最新科技成果的交流实现协调发展。

（3）强调自主创新并提高科技成果转化率

必须要充分发挥社会资本的作用以提高科技创新资金投入，通过成立政府引导相关的专项基金，让政府R&D资金施展出其强大的社会资金撬动作用。建立更为明确详实的成果保护机制，进而提升科技创新的转化效率，同时需将自主创新放在首要位置，充分认识到首创、原创的重要性和必要性，要一改先前引进改造后二次包装的一贯做法。与此同时，亦要制定更加透明完备的监督制度使各项资源合理配置，要重视专利的利用效率，加大转化率，使专利资源向市场转化。增加对交易支持政策的扶持力度，扩大技术合同成交总额，让河南省经济发展水平攀升新的台阶。另外，若想改善河南省科技创新环境，需进一步对高技术产业加大扶持力度，出台一系列促进高新技术发展的针对性措施，根据不同的地区、行业以及产业发展阶段颁布不同力度、不同规则的优惠政策。现如今，科技发展瞬息万变，科技成为带动经济发展的最强支柱，而科技创新最终的落脚点在于新的科技产品，高技术产业是科技产品的创造源头。总的来说，要加大资金投入，强调自主创新，提高转化率，扩大交易总额，重点发展高新技术产业，以期提升河南省的经济水平。

（4）强化政府职能，打造创新型政府

为弥补科技创新能力不足的现状，须根据河南省目前存在问题的实际情况，有条不紊地一一落实。要想提升科技创新政策效果，就需要强化政府职能。需要相关部门人员加强政策学习，同时注重部门之间的合作交流，进而才能促使各类创新发展政策精准发力。需求决定市场，要深入解读把握政府与市场的关系，为使经济产业全面整体创新，需要各级政府、各个行业将其放在应有的位置，高度重视，大力推进。建立创新型政府，打造便于创新活动开展的平台，营造适宜创新的氛围至关重要。要从政策方案本身出发，进一步优化市场投融资环境、加速企业信用评级体系建设；设立更为细化的各项政府产业引导资金，加大金融机构对科技扶持政策。同时还需搞好基础设施建设，注重研发机构和科技中介服务机构的相关建设等。要借鉴科技创新能力较好的省市的经验，结合河南省具体情况，制定适合河南省经济发展的一系列政策方案及配套措施。制定政策方案一定要落在解决微观问题的细小层面，不可大而空，不好贯彻落实。最后，要给予各级区市政府及相关部门一定的自由裁量权和决断权，使其因地制宜地制定出适合城市相关产业发展的科技创新支持政策。

第6章　河南省金融科技发展水平的测度

现阶段，我国经济发展方式发生了很大的变化，由侧重发展速度投向了发展质量。科技的发展促进了经济高质量增长，科技创新能够推动经济更好更快发展，调整经济结构，改善人民的生活环境。河南省作为中部的经济大省，河南省的一些金融机构积极响应国家政府制定的科技创新政策，实施了一系列促进经济高质量发展的措施，加大了在科技创新方面的投资，提高了金融科技的发展水平。科技与金融在社会发展历程中发挥着重要的作用，二者相互配合，相互交流，共同推动社会的进步。科技的发展可以提高金融资源利用的效率，金融的发展又能够促进科技的进一步发展，因此，二者的配合可以使社会资源得到合理利用，推动社会经济的发展。但是，当前我国金融科技的发展同国外相比，还存在着科技创新的产业结构不合理、服务不完善等问题，本章以河南省为研究对象，分析河南省金融科技的发展水平，结合各地市金融科技发展中存在的问题提出相应的对策，以提高河南省金融科技的发展水平，更好地促进河南省经济高质量发展。

6.1　河南省金融科技发展现状

随着金融科技相关理论的发展和各项国家政策的落实，我国的金融科技得到迅速地发展。为了贯彻落实国家的各项政策，改善河南省的金融科技水平，本章从金融科技的投入和产出两个方面来分析河南省的金融科技发展情况。

6.1.1　金融科技投入现状

金融科技的投入能够直接体现出政府对金融科技事业的态度，金融科技的投入形式有很多种，结合河南省金融科技发展水平，同时参考孙伟（2020）[①] 对山东省金融科技发展水平的测度研究以及陈芳（2019）[②] 对影响金融科技产业结构升级的研究，本章主要从金融科技经费资源和金融科技人力资源两方面分析河南省金融科技的投入现状，数据来源于《中国科技统计年鉴》和河南省统计局。

1. 金融科技经费资源

（1）政府财政科技支出情况

政府财政科技支出是指财政预算用在科技方面的支出，是支持科技研发的费用，通过政府财政科技支出可以看出政府对科技支出的支持力度。

表 6-1　2011—2020 年河南省财政科技支出状况

年份	财政科技支出（亿元）	财政科技支出同比增长（%）	财政支出（亿元）	财政科技支出占财政支出比重（%）	国家财政科技支出占国家财政支出比重（%）
2011	55.59	24.45	4 248.82	1.31	4.49
2012	69.64	25.27	5 006.40	1.39	4.45
2013	80.00	14.88	5 582.31	1.43	4.41
2014	81.25	1.56	6 028.69	1.35	4.25
2015	83.25	2.46	6 799.35	1.22	3.98
2016	96.10	15.44	7 453.74	1.29	4.13
2017	137.94	43.54	8 215.52	1.68	4.13
2018	155.67	12.85	9 217.73	1.69	4.31
2019	211.07	35.59	10 163.93	2.08	4.49
2020	254.28	20.47	10 372.63	2.45	4.11

数据来源：根据《中国科技统计年鉴》与河南省统计局提供数据计算整理而来。

根据表 6-1 可以看出，河南省从 2011 年到 2020 年的财政科技支出每年都在增加，从 2011 年的 55.59 亿元增加到 2020 年的 254.28 亿元，财政支出也由 2011 年4 248.82亿元增长到 2020 年的 10 372.63 亿元，呈上升趋势。虽然河南省财政科技支出在这十年中有所发展，但在河南省金融科技的发展中科技财政支出还有很大的提升空间。

① 孙伟．山东省科技金融发展水平测度研究［D］．济南：齐鲁工业大学，2020.

② 陈芳．山东省科技金融投入产出效率研究［D］．沈阳：辽宁大学，2019.

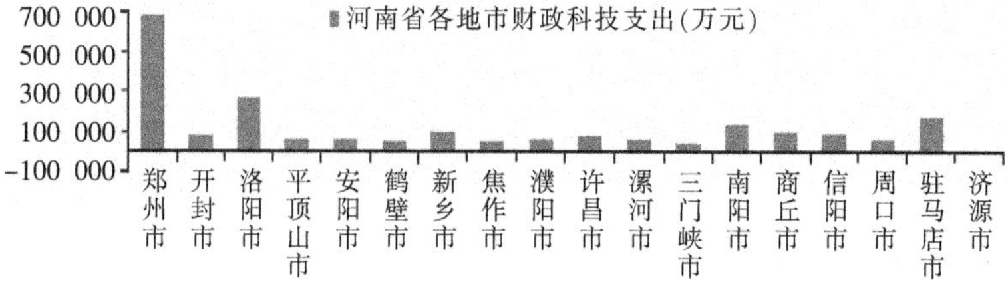

图 6-1　2020 年河南省各地市财政科技支出

根据图 6-1 可以看出，河南省各地级市的财政科技支出存在很大差异。郑州市的财政科技支出最高将近有 70 亿，大多数城市的支出都在 10 亿以下，仅有郑州市、洛阳市、新乡市、南阳市和驻马店市的财政科技支出在 10 亿以上，最低的是济源市的 1.24 亿元，这反映了河南省各地级市之间的财政科技支出存在较大差距，大部分城市在财政科技方面的投入力度较低。

(2) R&D 经费内部支出情况

R&D 经费是指用于研究与实验发展方面的费用，分为内部支出和外部支出。内部支出是指 R&D 活动在本单位所消耗的全部支出，本章所用的指标是指所有实施单位内部支出的总和。

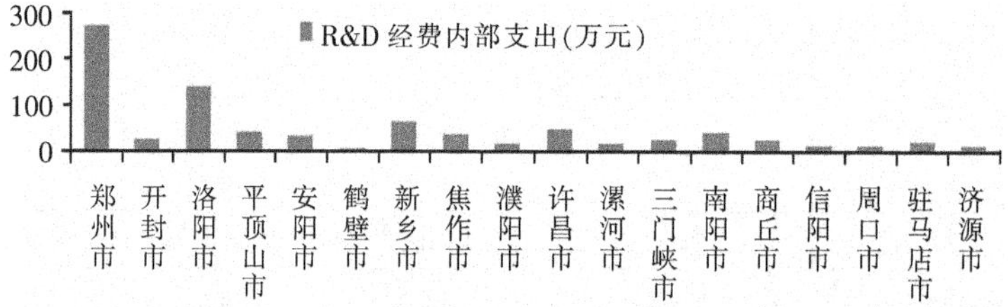

图 6-2　2020 年河南省各地市 R&D 经费内部支出

根据图 6-2 可以看出，2020 年河南省各地级市用于研究与实验发展经费内部支出中，郑州市是 276.67 亿元，鹤壁市为 8.68 亿元。其中大部分城市的研究与实验发展经费内部支出在 50 亿元以下，由此可见，河南省各地级市的研究与实验发展经费内部支出存在很大的差异，河南省各地级市的科技研发存在一定的差距。

(3) 金融机构科技贷款

金融机构科技贷款是指将科技专利、科技成果进行抵押的高新技术企业所获得的贷款，它能够推动科学技术创新活动和影响金融科技的发展。但是由于 2008 年《中国科技统计年鉴》不再统计金融机构科技贷款指标，所以此处参考张芷若（2019）[①] 的研究指标，用金融机构贷款余额代替。

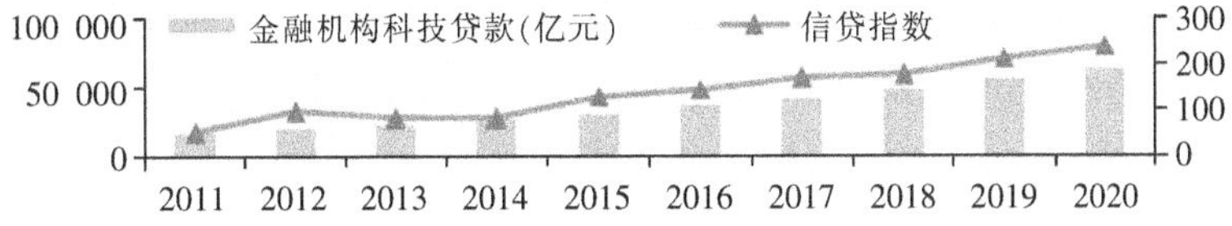

图 6-3　2011—2020 年河南省金融机构科技贷款及信贷指数

根据图 6-3 可以看到，河南省金融机构科技贷款从 2011 年的 1.75 万亿元上升到 2020 年的 6.29 万亿元，信贷指数在 2020 年时达到了 239.88，比 2011 年增长了 345.2%，说明河南省可用于支持金融科技的贷款规模正在逐年上升。

表 6-2　2020 年中部六省普惠金融指数及分类指数

省份	普惠金融指数	覆盖广度	企业投资	信贷指数
湖北省	358.64	336.54	478.21	241.33
湖南省	332.03	302.28	431.40	222.62
江西省	340.61	316.14	419.54	232.88
安徽省	350.16	323.75	418.40	245.22
河南省	340.81	331.16	343.53	239.88
山西省	325.73	327.29	287.49	220.11

数据来源：根据北京大学数字普惠金融指数整理计算得出。

通过对表 6-2 的分析，可以看出中部六省普惠金融发展水平的情况。在企业投资方面，河南省投资指数是 343.53，而湖北省的投资指数为 478.21，说明河南省在投资方面落后于除山西省外的其他中部省份；在信贷指数方面，各省份融资规模相似，河南省信贷指数是 239.88，低于湖北省和安徽省，说明河南省的金融发展水平比较高，在中部六省中排名靠前，但在全国范围内还有很大的上升空间。

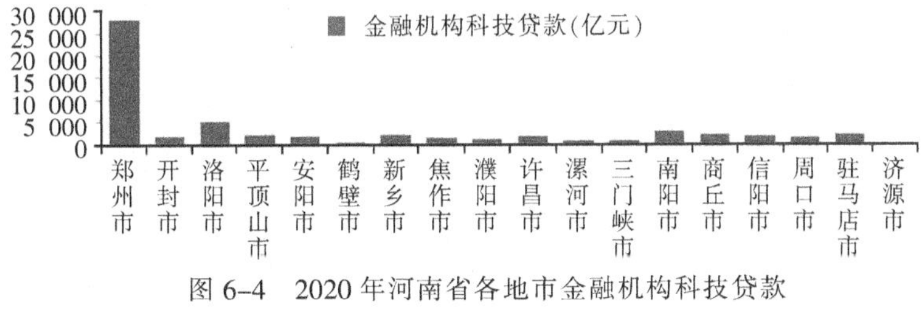

图 6-4　2020 年河南省各地市金融机构科技贷款

① 张芷若. 科技金融与区域经济发展的耦合关系研究［D］. 长春：东北师范大学，2019.

根据图 6-4 可以看到 2020 年河南省各地级市金融机构科技贷款的情况，郑州市金融机构科技贷款为 28 439.38 亿元，是洛阳市的 5 倍，是济源市的 81 倍。河南省金融机构科技贷款超过 5 000 亿元的城市只有郑州市和洛阳市，其他城市金融科技贷款普遍较低，说明河南省内金融机构科技贷款存在很大的差异。

（4）创业风险投资

创业风险投资指创新企业进行的能够获得融资的投资，企业孵化器能够为科技创新企业吸引各种资源和风险的投资。本章用单位孵化企业获得风险投资额来指代创业风险投资。

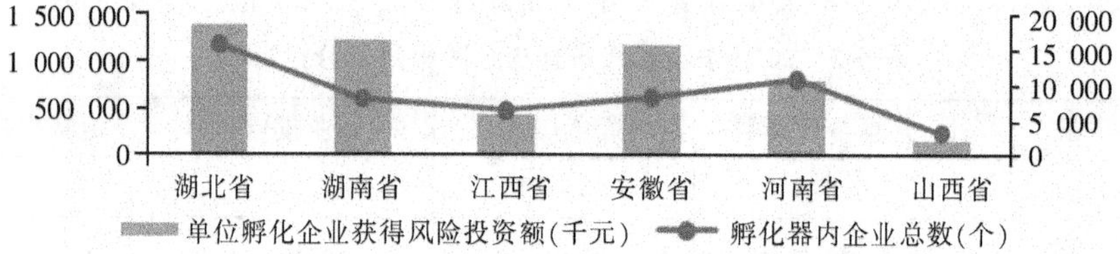

图 6-5　2020 年中部六省创业风险投资额

根据图 6-5 可以看出 2020 年中部六省创业风险投资额的情况，河南省的孵化企业总数为 1.08 万个，在中部六省中仅低于湖北省的 1.57 万个，但河南省获得的风险投资额为 7.97 亿元，比湖北省少了 6.08 亿元，说明河南省创新企业机制发展不完善，单位孵化企业获得风险投资额较低，河南省金融科技发展水平有待上升。

2. 金融科技人力资源

R&D 活动人员是指从事科技研发的人员，可用来反映企事业单位科技研发事业的人力规模和投入力度，本章用 R&D 折合全时当量作为金融科技投入人力指标。

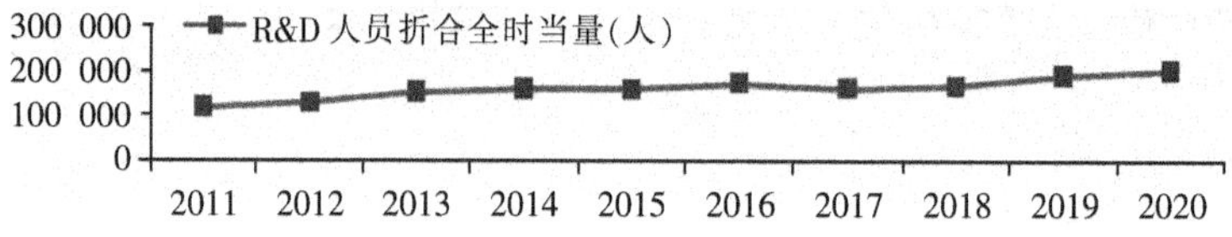

图 6-6　2011—2020 年河南省 R&D 折合当时全量

从图 6-6 可以看出，河南省 2011 年到 2020 年科技研发人员折合全时当量呈逐年上升的趋势，虽然在 2017 年人数有所下降，但是总体上科技研发人员折合全时当量呈现增长的态势，总体上占河南省总人口比例较小，说明金融科技事业还有很大的发展空间。

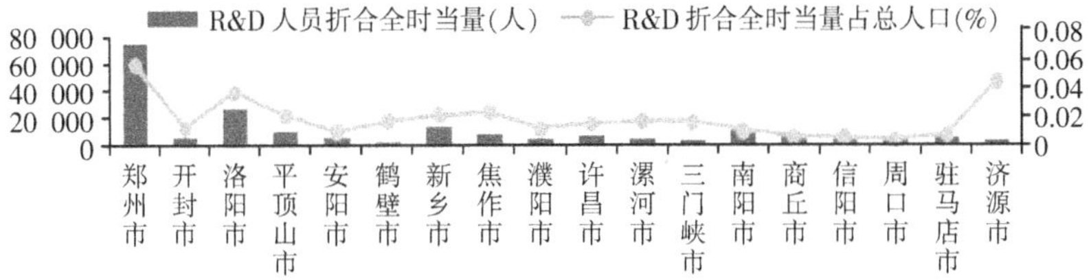

图 6-7　2020 年河南省各地市 R&D 人员折合全时当量

从图 6-7 可以看出 2020 年河南省投入科技研发的人数情况，郑州市最多有 74 978 人，依次是洛阳市 27 525 人，平顶山市 10 916 人，新乡市 14 145 人，南阳市 10 681 人，大多数城市投入的科技人员都在 10 000 人以下，鹤壁市人员最少，只有 2 803 人。整体来看，郑州市在投入人力资源方面占据优势，其他城市处于劣势。

6.1.2　金融科技产出现状

金融科技产出能够反映一个地区发展金融科技事业的情况，笔者借鉴张芷若等（2019）的研究，从专利申请量与授权量、科技论文发表量和研发机构数这三个方面来分析河南省金融科技的产出状况。

1. 专利申请量与授权量状况

专利申请量用来反映一个地区科技发展的情况，专利授权量可用来反映一个地区的科技成果与规模。

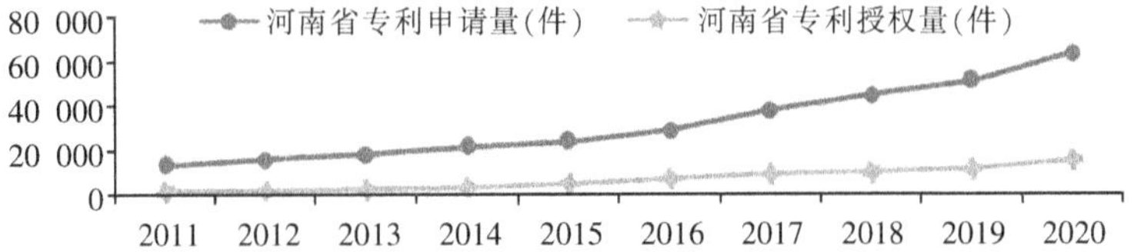

图 6-8　2011—2020 年河南省专利申请量与专利授权量状况

从图 6-8 可以看出，2011—2020 年河南省专利申请量和专利授权量不断增加，申请量高于授权量。河南省专利申请量从 2011 年的 13 172 件上升到了 2020 年的 63 514 件。河南省专利授权量从 2011 年的 1 279 件上升到 2020 年的 15 439 件，前几年增长平缓，从 2015 年开始增长幅度有所上升。

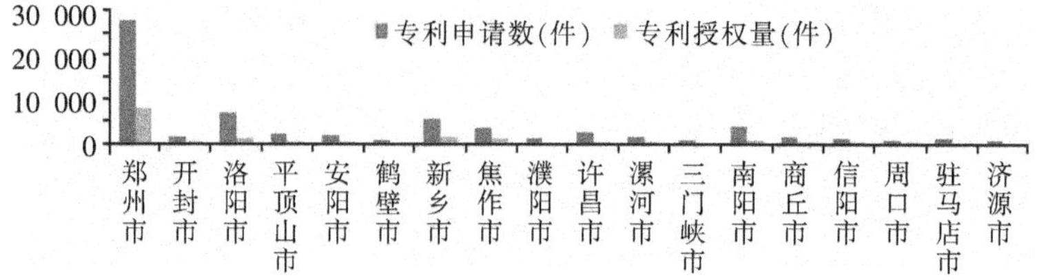

图 6-9　2020 年河南省各地市专利申请数和专利授权量状况

根据图 6-9 可以发现，河南省各地级市在专利申请与授权方面存在不平衡，各地级市的金融科技事业发展存在很大的差异。河南省各地级市专利申请量和专利授权量之间存在很大差距，郑州市在这两方面都是位居第一，大部分城市在专利授权方面普遍偏低。总体来说，河南省各地市在专利申请和授权方面有很大的上升空间。

2. 科技论文发表数状况

科技论文是指发表的有关科技方面的论文，能够从侧面表现一个地区金融科技事业的发展情况。

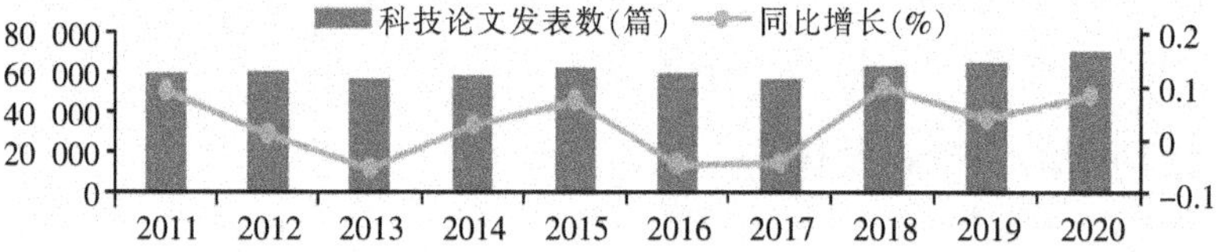

图 6-10　2011—2020 年河南省发表科技论文情况

根据图 6-10 可以看出 2011—2020 年河南省科技论文发表数都在 6 万篇左右，论文发表数量在 2013 年、2016、2017 年有过小幅度下降，之后又开始快速上升。科技论文发表数量也反映出河南省金融科技发展在 2011—2020 年一直保持一定水平，并在不断发展中。

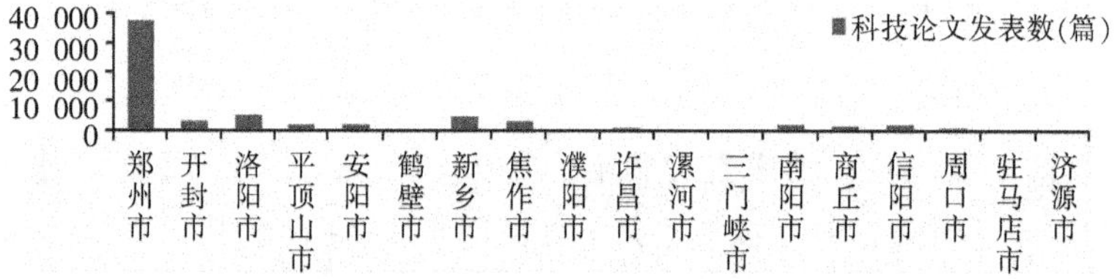

图 6-11　河南省各地市 2020 年发表科技论文数情况

从图 6-11 可知，郑州市在 2020 年的科技论文发表数量最多，有 37 494 篇，鹤壁市最低，只有 482 篇，开封市、洛阳市、新乡市、焦作市略高，其他城市普遍比较低。由此可见河南省各地市在科技论文发表方面的差异，其他城市金融科技的发展与郑州市也存在很大的差距。

3. 研发机构数状况

研发机构数量的多少能够反映该地区金融科技的发展状况，图 6-12 是截止到 2020 年河南省各地市研发机构的情况。

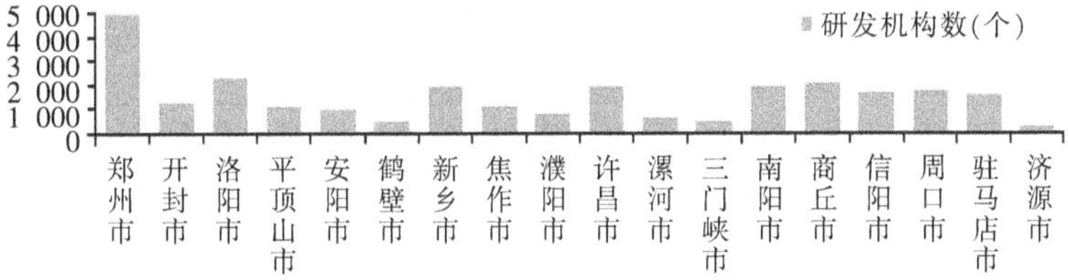

图 6-12　2020 年河南省各地市研发机构数

郑州市研发机构数最多，有 4 979 个，是济源市的 15 倍多，大部分城市研发机构数都在 1 000 个以上，仅有鹤壁市、濮阳市、漯河市、三门峡市、济源市这 5 个城市的研发机构数在 1 000 个以下，说明各地市研发机构分布不均衡，但整体上河南省的研发机构数量呈现逐年上升趋势，有很大的发展空间。

6.2　河南省金融科技发展水平测度

近年来，河南省积极贯彻落实国家金融科技政策，获取了不小的进步，但是各个城市的发展水平存在不平衡。笔者选取 2020 年河南省 18 个地级市的相关数据，使用因子分析法搭建金融科技的测度模型，再利用聚类分析对 18 个地级市金融科技的发展水平进行分类，分析各市发展的不足，并提出相应建议，以提高河南省金融科技的发展水平。

6.2.1　金融科技发展水平测度指标体系构建

1. 指标选取

如表 6-3 所示，笔者通过金融科技投入和产出两个层面来构建指标体系，建立模型，以掌握河南省 2020 年金融科技发展的情况。

表 6-3　金融科技发展水平测度指标体系

指标类别	指标变量
金融科技投入	财政科学技术支出 X_1（亿元）
	R&D 经费内部支出 X_2（亿元）
	金融机构科技贷款 X_3（亿元）
	R&D 人员折合全时当量 X_4（人）
金融科技产出	专利授权量/研发经费支出 X_5（%）
	科技论文发表数/研发经费支出 X_6（%）
	研发机构数/研发经费支出 X_7（%）

本章基于河南省金融科技发展的现状，借鉴文秀（2020）[①] 对于湖南省金融科技发展水平的研究，选取金融科技投入指标为财政科学技术支出 X_1、R&D 经费内部支出 X_2、金融机构科技贷款 X_3 和 R&D 人员折合全时当量 X_4；并参考张芷若（2019）[②] 关于金融科技与区域经济发展的耦合关系的研究，选取专利授权量/研发经费支出 X_5、科技论文发表数/研发经费支出 X_6 和研发机构数/研发经费支出 X_7 作为金融科技产出指标。

2. 数据来源

笔者选取 2020 年河南省 18 个地级市的相关数据进行研究，先对数据进行因子分析，计算样本的综合因子得分，然后根据综合得分对各城市进行分类，相关数据来源于《中国科技统计年鉴》和河南省统计局。

6.2.2　河南省金融科技发展水平测度分析

因子分析可以将多个相同性质的指标用少数几个公因子来指示，简化了实证分析的步骤，因子分析的一般模型为

$$\begin{cases} x_1 = \alpha_{11}F_1 + \alpha_{12}F_2 + \cdots + \alpha_{1n}F_n + \varepsilon_1 \\ x_2 = \alpha_{21}F_1 + \alpha_{22}F_2 + \cdots + \alpha_{2n}F_n + \varepsilon_2 \\ \cdots \\ x_m = \alpha_{m1}F_1 + \alpha_{m2}F_2 + \cdots + \alpha_{mn}F_n + \varepsilon_m \end{cases} \tag{6-1}$$

① 文秀. 湖南省基于 DEA 模型的金融科技投入产出效率分析 [J]. 经济研究导刊，2020 (21)：74—75.

② 张芷若. 科技金融与区域经济发展的耦合关系研究 [D]. 长春：东北师范大学，2019.

用矩阵的形式表示为

$$X = AF + \varepsilon \tag{6-2}$$

式中：X 为因子载荷阵；ε 为特殊因子；α_{mn} 为因子载荷。

1. 数据标准化处理

因为初始数据量化不同，需要对数据进行标准化处理，并根据处理后的数据进行描述性统计，如表 6-4 所示：

表 6-4　河南省金融科技发展水平测度描述性统计

指标名称	N	极小值	极大值	均值	标准偏差
X_1	18	1.237 3	69.071 4	12.542 1	15.264 7
X_2	18	2 803.01	74 978.2	11 282.19	16 939.16
X_3	18	349.801	28 439.379	3 448.184	6 334.098
X_4	18	86 099.4	2 766 726.1	500 707.9	642 850.6
X_5	18	0.001	0.029	0.001	0.007
X_6	18	0.002	0.013	0.006	0.003
X_7	18	0.001 6	0.011 2	0.004 6	0.002 9

2. 因子分析试验性检验

本章采用 KMO 和巴特利特对数据进行检验，一般情况下，KMO 值在 0.5 以上说明相关性比较强，因子分析得到的结果也具有研究价值。根据表 6-6 计算得出 KMO=0.735>0.5，显著性为 0，说明数据之间存在较强关联。

3. 提取公因式

表 6-5　解释的总方差

成分	初始特征值			提取载荷平方和			旋转载荷平方和		
	总计	方差百分比	累积（%）	总计	方差百分比	累积（%）	总计	方差百分比	累积（%）
1	4.547	64.9	64.95	4.5	64.9	64.95	4.19	59.95	59.95
2	1.559	22.3	87.22	1.6	22.3	87.22	1.91	27.28	87.22
3	0.537	7.7	94.7						
4	0.291	4.2	99.1						
5	0.041	0.6	99.7						
6	0.022	0.3	99.9						
7	0.003	0.1	100.0						

根据解释的总方差可以看到成分 1 和 2 的初始特征值为 4.547 和 1.559，方差贡献率为 59.95%和 27.28%，累积为 87.23%，根据提取公因子的原则可提取两个公因子。

表 6-6　旋转成分矩阵

指标名称	成分	
	1	2
财政科学技术支出 X_1	0.936	0.230
R&D 经费内部支出 X_2	0.977	0.186
金融机构科技贷款 X_3	0.939	0.272
R&D 人员折合全时当量 X_4	0.981	0.110
专利授权量/研发经费支出 X_5	0.323	0.818
科技论文发表数/研发经费支出 X_6	0.353	0.807
研发机构数/研发经费支出 X_7	−0.541	0.644

表 6-6 中不能对因子做出的解释不能直接应用，需要对其进行旋转，获得比之前更为精确的矩阵后，再对因子做有效解释。根据表 6-6 可知，第一个公因子在 X_1、X_2、X_3、X_4 具有较大的载荷量，第二个公因子在 X_5、X_6、X_7 具有较大的载荷量。因此，将第一个公因子命名为金融科技投入因子（F_1），第二个公因子命名为金融科技产出因子（F_2）。

4. 计算因子得分及其排名

表 6-7　因子得分矩阵

指标名称	成分	
	1	2
财政科学技术支出 X_1	0.221	0.009
R&D 经费内部支出 X_2	0.238	−0.022
金融机构科技贷款 X_3	0.216	0.034
R&D 人员折合全时当量 X_4	0.249	−0.068
专利授权量/研发经费支出 X_5	−0.024	0.441
科技论文发表数/研发经费支出 X_6	−0.014	0.430
研发机构数/研发经费支出 X_7	−0.233	0.455

本章使用回归分析法计算各因子得分系数，根据因子得分矩阵，计算得到 F_1 和 F_2 表达式为

$$F_1 = 0.221X_1 + 0.238X_2 + 0.216X_3 + 0.249X_4 - 0.024X_5 - 0.014X_6 - 0.233X_7$$

$$F_2 = 0.009X_1 - 0.022X_2 + 0.034X_3 - 0.068X_4 + 0.441X_5 + 0.430X_6 + 0.455X_7$$

将 F_1 和 F_2 的因子得分和旋转后因子的贡献率/累计贡献率作为权重，计算河南省 18 个地级市排名，各地级市金融科技发展水平综合得分为

$$F = \frac{59.95\% F_1 + 27.28\% F_2}{87.22\%}$$

根据上述公式，运用软件 SPSS 计算河南省各地级市金融科技发展水平得分，并对其进行排名，如表 6-8 所示。

表 6-8　2020 年河南省各地级市金融科技发展水平得分及排名

地级市	F_1	排名	F_2	排名	综合因子得分	排名
郑州市	3.597 25	1	1.109 78	2	2.82	1
开封市	−0.319 81	13	0.865 69	6	0.05	6
洛阳市	1.134 62	2	1.092 81	3	0.44	2
平顶山市	0.015 06	4	−0.655 07	14	−0.19	9
安阳市	−0.143 41	8	−0.281 23	11	−0.19	10
鹤壁市	−0.558 51	16	−0.293 30	12	−0.48	15
新乡市	0.146 83	3	0.201 58	8	0.16	3
焦作市	−0.134 03	7	0.526 09	7	0.07	5
濮阳市	−0.299 78	12	−1.010 22	17	−0.52	17
许昌市	−0.045 50	6	−0.924 13	15	−0.32	13
漯河市	−0.347 50	14	0.019 27	10	−0.23	11
三门峡市	−0.155 25	9	−1.439 29	18	−0.56	18
南阳市	−0.015 68	5	0.101 24	9	0.02	7
商丘市	−0.516 51	15	0.897 25	5	−0.07	8
信阳市	−0.905 07	17	2.414 97	1	0.13	4
周口市	−0.908 80	18	1.051 88	4	−0.3	12
驻马店市	−0.248 20	10	−0.521 98	13	−0.33	14
济源市	−0.295 69	11	−0.969 72	16	−0.51	16

根据表 6-8 可知，在金融科技投入（F_1）方面，郑州市、洛阳市、平顶山市、新乡市和南阳市排名比较靠前，说明金融科技投入因子对以上城市具有带动作用，能够促进城市金融科技发展；鹤壁市、周口市、信阳市、商丘市和漯河市的排名比较靠后，说明金融科技投入因子对其作用不太显著。

在金融科技产出（F_2）方面，郑州市、洛阳市、信阳市排名比较靠前，反映金融科技产出因子能够带动以上城市金融科技的发展水平；而濮阳市、三门峡市和济源市排名靠后，金融科技产出因子效果不显著。

6.3 河南省金融科技发展的评价

利用 SPSS 软件中的 Ward 方法对河南省各地级市金融科技发展水平综合因子得分进行分类，得到各城市聚类分析图，如图 6-13 所示。

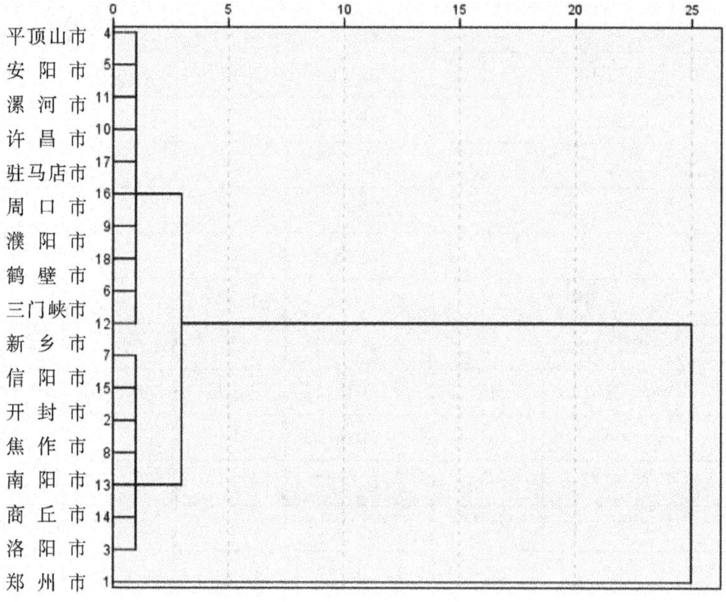

图 6-13 河南省各地市金融科技发展水平树形聚类图

根据 2020 年金融科技发展水平树形聚类图，按金融科技发展水平，可将河南省各地级市的发展分为三个类别。

第一类：郑州市

郑州市属于金融科技发展程度较高的城市，是河南省经济最为发达的地区，该市一直遵循河南省委省政府的指示，落实相关政策，制定措施，金融科技投入和产出力度不断加强。2020 年末，郑州市的发展水平一直位居河南省前列，引领省内其他城市金融科技事业的发展。

第二类：洛阳市、南阳市、信阳市、开封市、商丘市、新乡市、焦作市

以上城市属于金融科技发展水平较高的城市。从地理位置分析，这几座城市位于郑州市的周围，与郑州市经济文化交流密切，而且城市地理面积比较大，适合 R&D 机构成立与发展，促进 R&D 人员就业，推动了金融科技的发展。

第三类：驻马店市、济源市、漯河市、安阳市、濮阳市、三门峡市、许昌市、鹤壁市、平顶山市、周口市

以上属于金融科技发展水平较低的城市，由于交通、地理位置、人力资源、政策等原因，金融科技发展动力不足，金融科技发展水平较低，与郑州市金融科技发展水平相比存在很大差距。

综上所述，河南省金融科技发展水平区域差异较大，郑州市金融科技发展水平比较高，围绕在郑州市周围的城市其金融科技发展处于中等水平，地理面积比较小的城市其金融科技发展水平都比较低。虽然近几年河南省金融科技事业有所发展，但整体金融科技发展水平比较低。

本章小结

通过对河南省 18 个地级市的金融科技发展水平进行分析，得出：

第一，金融市场发展不完善，融资渠道单一。河南省融资主要依靠政府支持和银行贷款，规模较小，难以满足高新技术企业的融资需求，金融科技发展缓慢。

第二，区域发展水平不平衡。笔者将河南省各地级市金融科技发展水平分成三类，郑州市的金融科技发展水平高，其他城市低于郑州市，围绕在郑州市周围的城市其金融科技发展水平较高，但离郑州市较远的城市其发展水平较低。

第三，金融科技发展结构有待优化。河南省与其他省份相比，整体金融科技发展水平较低，因为河南省金融科技投入与产出规模不匹配，导致其效果结合不显著。

建议：

（1）发挥政府引领作用，加大金融科技投资力度

政府在金融科技事业的发展方面扮演着很重要的角色，发挥着引领作用，可

推动一个国家或地区的经济发展。对于提升金融科技发展水平，最有效的方法就是制定相关政策，坚持金融科技投入。政府要完善财政政策，制定金融科技发展方法，规划金融科技发展轨迹，发挥政府引领作用，带动河南省各地市金融科技事业的发展，加强对河南省各地市金融科技事业的帮助，发挥政府对发展金融科技的带头作用。

(2) 协调区域整体发展，建设区域金融市场中心

河南省各地市金融科技发展水平存在地域性差异，郑州市金融科技发展水平超过其他城市。要想提升河南省金融科技的整体发展水平，就要促使省内其他城市全面发展，以郑州市为中心来带动其他城市的发展。建设区域金融市场中心，辐射全省金融科技事业，带动河南省金融科技发展，深化各地市金融科技事业交流，促进河南省各地市金融科技事业互惠互利。

(3) 推动产业结构升级，实现金融科技资源优化配置

河南省作为中部经济大省，第一产业、第二产业在经济发展中占据较大比重，但是要想实现金融科技更好更快发展，就要升级并合理调整产业结构，优化配置金融科技资源。科技是第一生产力，经济的可持续发展离不开金融科技的发展，金融市场对经济平稳健康发展具有直接作用。提高金融科技资源利用率，能够促进金融科技市场长远的发展，推动产业结构优化升级，实现金融科技资源优化配置，构建多元化金融科技市场，打造具有河南省特色的金融科技产品，对河南省金融科技事业发展具有深远意义。

第7章 基于郑洛新自创区视角的河南省金融科技融合发展的路径探析

7.1 金融与科技交互作用在互联网三次发展浪潮中的历史检验

每一次经济转型与发展的背后都离不开技术创新与进步的推动，而金融在引导和促进技术的革新中发挥着重要作用。金融与科技互相促进、融合升级是必然之路。在互联网的三次发展浪潮中，金融与科技的交互作用为金融科技融合做了最好的诠释。

7.1.1 第一次互联网发展浪潮中金融产业电子化

未应用信息技术之前，传统的“存、贷、汇”金融业务处理都是依靠人工手动处理完成。随着经济的飞速发展，社会产生了巨大的资金流动需求，这对业务的处理速度也有了更高的需求，依靠传统的手工操作显然不能满足。

20世纪70年代，伴随着计算机的普及应用，银行开始采用计算机系统来处理部分手工业务。信息技术的应用使金融从业人员从重复的体力劳动中得以解放，同时计算机系统的应用也大大提高了金融后台业务的处理效率。为了分流银行网点的业务处理压力，各大银行开始布局ATM自动取款机，同时在前端业务也开始采用POS终端。ATM和POS的使用，打破时间和地点的限制，推动了金融业第一次腾飞。

在第一次互联网发展浪潮中，金融业以无纸化交易为起点实现了金融后台业务的电子化，ATM和POS的使用也让金融前台业务实现电子化。

7.1.2 第二次互联网发展浪潮中金融产业网络化

20世纪90年代中期，互联网开始了大规模商用化进程，借助第一次信息技术实现电子化的金融业，开始尝试将一些标准化业务借助信息技术实现网络化。进入20世纪90年代后期，中、农、工、建四大国有银行，在金融电子化的基础上，相继建立网上银行，让人们可以随时随地享受金融服务。

随着互联网的快速应用和普及，证券业也开始进入互联网交易的时代，投资人可以在网上随时随地进行证券交易，证券公司柜台交易系统也在1993年前后建立完成。1996年，在央行的主持下，国有银行开始立项建设支付清算系统。随后，商业银行、保险公司、证券公司、基金公司相继与支付清算系统对接，保障了整个金融体系的健康平稳运行。

在第二次互联网发展浪潮中，金融业纷纷通过搭建在线业务系统，将客户和信息汇聚于互联网上，实现了信息共享。互联网给金融带来的变化是巨大而深刻的，金融的新业态也不断涌现。

7.1.3 第三次互联网发展浪潮中金融产业移动化

进入21世纪，移动互联网开始兴起，互联网企业纷纷开始布局移动终端应用，推动了传统互联网和移动互联网的快速融合。移动互联网的兴起，标志着中国互联网进入第三次发展浪潮。

金融机构积极运用移动互联技术，围绕新的社交工具——微信，纷纷推出自己的微信公众号。中信银行推出微信银行的全新概念，不仅将常用的金融服务应用在移动平台上，还将消费者日常的生活服务也应用于微信银行，极大方便了客户。同时，证券行业的业务也开始从线下走向线上，以云计算、大数据、区块链和人工智能为代表的新一代科学技术对传统的证券业进行了升级改造，诞生了诸如智能投顾、大数据基金等新型金融产品和服务。

在第三次浪潮中，信息技术的革新，移动互联的兴起，带动了大数据、云计算平台的建立，已经成为推动金融变革的主要力量。回顾互联网三次发展浪潮，金融发展史本身就是一部科技的进步史和创新史。随着信息技术的不断深化，金融业得到了快速发展，金融业的不断升级也推动着科技的不断进步和创新。

7.2　郑洛新自创区金融科技融合发展的成效

2016 年 4 月，郑洛新国家自主创新示范区正式获批。成立六年来，郑洛新自创区在创新驱动发展的战略部署下，大胆进行体制创新，大力培育创新主体，积极引进创新人才，不断聚焦创新优势产业发展，取得了阶段性的成效。郑洛新自创区是河南省实施创新驱动战略的核心引擎，在实施金融和科技的融合发展上，具有制度变革与创新的天然优势。

笔者从经济基础状况、创业主体数量、发明专利数量、创新机构分布状况、科技与金融融合情况等角度对郑洛新自创区实施金融科技融合发展的可行性进行分析。

1. 经济基础扎实

自郑洛新国家自主创新示范区获批以来，郑、洛、新三地的经济发展均实现稳步增长。据数据显示，三个地级市国内生产总值年均增长速度超过 10%。2021 年，郑州市遭遇百年不遇重大汛情，同时疫情也对经济造成了巨大冲击，即便在各种不利因素的叠加影响下，郑洛新自创区依然保持着经济运行总体稳步增长的态势。2021 年郑洛新自创区生产总值到达 1 025.37 亿元，首次突破千亿元大关，同比增长 4.8%；一般公共预算收入达到 93.65 亿元，同比增长 4.2%；税收收入 78.73 亿元，同比增长 2.1%。

2021 年，在自创区主导产业中，企业营收同比增长 29.0%，其中核心区增长 19.4%，辐射区增长 30.1%；企业利润同比增长 21.2%，其中核心区增长 24.0%，辐射区增长 20.3%。郑洛新自创区规模以上高技术制造业营业收入同比增长 26.2%，增幅提升 17.7 个百分点，其中核心区增长 9.2%，辐射区增长 27.1%，企业利润同比增长 17.8%，其中核心区增长 11.4%，辐射区增长 20.9%。

2. 创新主体数量稳步上升

自 2017 年以来，自创区大力实施“四个引领”专项行动计划，持续推进“科技金融融合、军工民用融合、科研机构与企业融合、地方与国家融合”四个融合，取得了较好的发展成果，如表 7-1 所示。

表 7-1 2021 年郑洛新自创区高层次创新平台发展情况

平台层次	数量（家）	同比增长率	核心区增长率	辐射区增长率
省级及以上创新平台载体	1 339	14.9%	21.0%	9.6%
省级及以上重点实验室	110	4.8%	2.5%	6.2%
省级及以上企业技术中心	351	14.0%	12.4%	15.1%
省级及以上科技企业孵化器	66	10.0%	7.4%	18.8%
院士工作站	105	5.0%	8.0%	2.0%
高新技术企业	2 882	26.3%	28.3%	22.8%

数据来源：中国产业经济信息网。

3. 发明专利增长率逐年增加

“十三五”规划期间，河南省技术合同成交额实现迅速增长，总体达 7 倍以上。截止到 2020 年，郑洛新自创区技术合同成交额达 306.8 亿元，占全省的 79.8%，是获批前的 7.29 倍。如表 7-2 所示。

表 7-2 2021 年郑洛新自创区发明专利增长率

区域	当年专利授权量同比增长率	发明专利授权量同比增长率
自创区核心区	30.8%	54.3%
郑州市片区核心区	34.0%	49.9%
洛阳市片区核心区	27.5%	59.7%
新乡市片区核心区	13.2%	116.7%

数据来源：中国产业经济信息网。

4. 产业集群优势明显

创新平台作为推进科技创新能力建设的重要抓手，对促进科学创新，支撑社会经济发展有着重要作用，已成为提高综合竞争力的重要力量。郑洛新自创区利用各方面的创新优势，通过专项计划，引导培育了涵盖智能装备、物联网及信息安全、轨道交通装备、新型药物及医疗器械、新能源汽车及动力电池、硅材料及光伏、钛钼金属材料、超硬材料及制品共 8 个专项产业集群，实现累计申请专利 609 项，其中发明专利 251 项，突破产业共性关键技术 143 项。部分产品打破了国外垄断，填补了国内空白，有力支撑了郑洛新自创区的优势创新产业。

5. 建立多层次金融科技投融资体系

近年来，河南省高度重视金融与科技的融合发展。2016 年，河南省科技厅联合财政厅在国内率先推出河南省科技金融“科技贷”业务。截至 2021 年 11 月，2021 年放款 29.36 亿元 537 家次，五年来“科技贷”累计放款 67.27 亿元 1 405家次。此业务在科技企业和合作银行中拥有良好的口碑，成为河南省支持科技企业的标志性金融产品，让河南省探索出一条金融支持科技创新的新路径。

河南省不断探索金融科技的发展模式，构建金融科技的投融资体系。通过完善拟上市企业的辅导程序、强化后备企业的培育力度、落实“绿色通道制度”等一系列措施，支持自创区科创型企业多渠道上市融资。截至目前，郑洛新自创区拥有上市公司 15 家，在证监会审核的企业 4 家；新三板挂牌企业 69 家，中原股权交易中心挂牌展示企业 667 家。

7.3　郑洛新自创区金融科技融合发展中存在的问题

创新驱动发展，是当前和今后推动我国经济发展的重大举措。郑洛新自创区成立时间不长，取得了一系列不错的成绩，但是和国内其他自创区相比，还存在一定差距。

1. 协作机制未形成战略合力

一是协作机制还不够紧密，片区之间、各有关职能部门之间的沟通与衔接运转不够顺畅，各自为战、唱“独角戏”的格局尚未打破，握指成拳、协调出击的局面尚未形成。二是创新资源整合、共享、融合发展机制不够健全，经过近几年政府的引导和扶持，自创区内部分高新技术企业通过技术合作研发的形式，加快了与高校、科研机构、同行之间的合作，但在合作规模、深度、频率上还远远不够。科研院所与企业作为协同创新的主体，政府与中介组织作为协调创新的桥梁，多方广泛开展密切合作的机制还很不通畅。三是郑洛新自创区作为创新驱动发展战略的重要承载地，尤其是作为自创区和自贸区机制改革的策源地，“双自联动”的叠加效应未得到显现。

2. 科技金融市场体系不完善

科技金融市场体系是推进金融和科技融合发展的重要支撑。而郑洛新自创区当前的金融市场体系难以为自创区内的科技型中小企业提供全面服务。科技与银行体系建立迟缓，自创区内首家科技银行，即中国建设银行股份有限公司郑州市科技支行成立于2018年，成立较晚。河南省风险投资起步晚、投资人才短缺、市场化不足、运作机制不健全等，不能为科技型中小企业的发展提供良好的资金保障。此外，区域性资本市场不健全、交易不活跃、融资不顺畅，不能有效衔接主板市场。

3. 高层次科技创新人才短缺

首先在创新企业方面，截至2021年，郑洛新自创区高新技术企业总计6 333家，不及湖南省长株潭的6 756家、上海张江的9 000多家、北京中关村的10 550家。其次在创新科研院所方面，以郑州市高新区为例，现仅有郑州大学、解放军信息工程大学两所一本高校，中船重工713研究所、郑州市磨料磨具磨削研究所、郑州市机械研究所等8个部属院所，与发达自创区相比，科研院所数量明显偏少。最后在高层次人才方面，截至2019年，郑洛新自创区高层次创新创业人才535人，其中两院院士14人，专利申请量1.28万件。与武汉东湖、成都、北京中关村、上海张江等这些具有国际竞争力的自创区相比，高层次科技创新人才数量差距明显。

7.4 郑洛新自创区“五链融合”的内涵式融合路径探析

在制度变革与创新上，自创区天然具有优势，通过深刻把握金融和科技创新的客观规律，基于政策链、资本链、技术链、人才链、产业链，探索金融科技“五链融合”内涵式融合路径，奋力突破瓶颈障碍，创新金融科技的融合发展模式，形成适合河南省情且可在全省推广复制的金融创新服务模式、金融与科技融合体系，以促进河南省产业结构优化升级，推动经济发展新旧动能转换，实现金融科技创新融合发展。

1. 政策链融合提升人才链的稳定性

一是通过政策实现人才的“引进来”。创新驱动的实质就是人才驱动，自创区要实现金融科技的融合发展，首先要把人才作为第一资源。要以更加务实、更加精准、更加开放、更加灵活的思路，建立更具竞争力的人才引进制度。

二是通过政策实现人才的“留得住”。通过建立人才综合服务平台，为高层次人才在住房、社会保障、户籍办理、子女入学、配偶随迁、创业扶持等方面，提供便利化一站式服务，实现服务留人。此外，通过打造高水平高科技的创新平台，为科技人才提供平台空间。支持科技人员创新创业，不断增强自创区创新创业的原动力，以平台聚人才、育人才、出成果。

2. 促进产业链和政策链相互支撑

郑洛新自创区是跨行政区域的自创区，要敢于打破现有行政区划限制，突出优势互补和竞争合作，做好顶层设计和整体规划，建立协调、高效、合作的区域创新体系。

一是要精准供给政策，产业优势互补。郑、洛、新三区应该立足于资源禀赋、聚焦主导产业、壮大特色产业优势，通过打造一批空间上高度集聚、上下游紧密协同、供应链集约的区域性产业集群，最终实现错位竞争、资源共享、要素集聚、联动发展。

二是要优化企业服务，建立合作机制。郑洛新自创区现存大量大型企业集团和基地，具备成为链主企业的实力；围绕链主企业，向上、下游延伸，形成一条主链、数条侧链，实现联动发展。通过政府主导，引导资本介入，支持链主形成，统一规划，形成资本、土地、政策等优势，招引企业落地，在某单一产业基础上，链条延伸、延长，形成产业聚集区。实施“一链一策”，提升关键产业链，支持链主企业牵头建立产业链合作机制。

3. 围绕产业链建强人才链

聚焦河南省十大战略新兴产业和六大战略支柱产业，着力打造一批洞察力强、判断力强、组织力强的战略科学家，善于利用“揭榜挂帅”等方式来实现引进和培育。实施科技创新专项行动计划，着力打造一批一流科技领军人才，一流创新团队。探索校企联合培养高素质、复合型人才的长效机制，着力打造一大批卓越工程师。

4. 推动技术链引领产业链的优化升级

一是要集中核心力量对关键核心技术进行攻关。关键核心技术的突破，对实现产业优化升级至关重要。围绕产业链梳理急需攻关的核心技术清单，构建开放、协同、自主的攻关体系，聚焦自创区专项产业集群，围绕战略性新兴产业布局产业链，持续提升产业链的科技创新能力，为产业链升级提供先进技术支撑。

二是要加快技术到产业的成果转化。以重大科技攻关项目为抓手，打通技术链接产业的快车道，加快科研成果从技术形态到产业升级的应用。

三是加快创新平台的布局。要立足产业链，以政府为主导，以龙头企业为核心，整合高校和科研院校，优先建设产业创新中心，推动创新链向技术端移动，加大科技创新源头供给能力。

5. 促进产业链和资本链良性循环

科技的创新和发展离不开资本的支持，只有提高资本市场对科创的服务能力，推动金融发展和科技创新紧密结合，才能实现金融和科技的同步增值。当前，科技创新支撑引领产业发展，面临着新形势和新任务，需要不断探索产业与资本的有效对接模式，多管齐下破解科技企业融资难题，推动产业链和资本链有机融合，构建良性互动循环的格局。

一是要发挥政府引导作用，在郑洛新自创区组建郑洛新科技成果转化创业投资基金，不断创新信用贷款模式，引导社会资本与风险投资进入科技创新领域。用资本高效推进郑、洛、新三区实现资源、项目、成果的互通共享，提升郑洛新自创区科技与金融协同创新的深度和广度。

二是创新财政投入方式，充分发挥资金的带动效益。变革科技资金的投入和使用方式，强化以提高产业价值链为导向的分配政策，健全科技成果转化机制，构建郑洛新自创区特色的科技创新奖励体系。

三是支持设立科技支行。鼓励自创区内金融机构针对科创企业开展投贷联动试点，为科创企业提供债权融资、股权融资、上市培育、再融资等一体化服务。加大对自创区新兴战略产业、高层次科创人才所创企业的有效金融供给。通过资本支持，加大对龙头企业的培育力度，提升产业链的纵深优化。

四是着力发展区域性股权交易市场。加大拟上市企业的培育和储备，构建完善的挂牌和上市奖励机制，针对区内企业情况设立“中原科创板”，积极对接主板、创业板、科创板，支持科创企业逐鹿资本市场。

五是探索建立郑洛新自创区乃至整个中部地区的知识产权、创业投融资服务中心，保护科技成果转化，保障创新发展的公平。探索多元化的知识产权融资业务体系，鼓励根据自创区内产业集群设立专业化科技中介机构，加快科创成果的产业转化。

第三篇　河南省生态文明研究

第8章　河南省农业生态承载力与农业生态效率分析

河南省地处我国中东部平原地区，呈现出西高东低的地势，其中东部地区主要以平原为主，北部和南部地区拥有大量的山地，盆地和平原、丘陵、山地分别约占总面积的56%、18%、26%。主要受温带季风性气候影响，6月到8月降雨最多，年平均降水量为408～1 296毫米，年平均日照时间为1 286～2 293小时，全省南北年均气温为10～17 ℃，每年拥有201～285天的无霜期。全年气候相对温和，拥有十分充足的日照时间和降水量，非常适合发展河南省的农、牧、林、渔业。

淮河发源于河南省，在河南省内的流域面积比重占比相当大，水资源相对丰富。黄河在河南省也有711千米的河道，经过8个市和28个县区。河南省也是南水北调工程中线的核心发源地，拥有大小河流1 500多条，河流流域总面积达到100平方公里以上的有493条。河南省在2018年的水资源监测中，Ⅰ～Ⅲ类标准的水质占水资源总量的60.4%，Ⅳ类标准的水质占总量的26.2%，Ⅴ类标准的水质占总量的9.9%，而处于劣质Ⅵ类标准的水资源仅占3.5%，说明河南省水质总体较优。

截至2020年3月底，河南省新造林面积为213.3万亩，人工造林和封山育林已完成100.7万亩，自2018年省委省政府实施“国土绿化提速行动、建设森林河南”以来，共完成新造林1 067万亩，森林抚育1 357万亩。近年来，河南省森林覆盖率不断提升，从2000年的14%增长到2020年的25.07%。截至2021年初，全省现有林地面积7 811.1万亩，其中森林面积6 047.7万亩。丰富的林业资源以及较高的森林覆盖率能够有效地保护耕地，防止水土流失。

河南省农业产业较为发达，从事农业产业的人口相对较多，但在发展农业的过程中，由于过度灌溉，导致水资源匮乏；过度使用农药，环境遭到一定程度的破坏；土地被大量的肆意开垦，使得自然生态环境不断恶化，这些农业生态问题严重影响着农业可持续发展。为了更好地利用有限的生态资源，最大效率地发展河南农业经济，实现农业生态系统的健康可持续发展，笔者通过利用生态足迹模型，研究河南省农业生态系统的可持续发展能力①，为河南省农业经济在发展中所面临的问题提出相应的建议，对河南省农业生态系统的可持续发展具有重要意义。

8.1　河南省农业生态足迹与生态承载力分析

8.1.1　河南省农业可持续发展中存在的问题

近年来，随着工农业发展水平的迅速提高，所带来的环境问题也愈发严重，主要体现在以下方面：

1. 河南省农业自然环境承载压力越来越大

一是随着工农业的发展，用水量不断增加，部分河流水量出现萎缩现象；河流水位线下降、河道宽度变窄，部分靠近河岸线的土地，水土流失严重。二是工业化水平的提高，导致全球变暖，我国近年来夏季气温明显增高，降水量大幅减少，农业灌溉过度依赖于地下水，水稻产量受到明显的影响。冬季降雪量减少、气温降低，对于小麦影响显著。降水量逐年减少，水资源的循环利用减缓，可用水资源减少，对河南省工农业发展都有严重影响。三是部分居民用水、工业废水排放到小溪、河流和湖泊导致水体富营养化，水质严重下降，大大降低了河南省的生态承载力。面对上述问题可以看出河南省的生态压力十分大，并且随着自然环境问题的不断增多，如果生态系统中存在的问题不能得到有效治理，将很难支撑农业的可持续发展。

2. 河南省农业生产发展中存在较多局限

河南省在农业发展过程中存在的问题也比较多，主要包括：一是河南省农业生产规模小、集约化程度低、生产机械化水平不高，属于生产效率低下的传统粗放农业发展模式。二是农业人口转向第二、第三产业，土地出现了相当规模的荒废。三是留在农村的人口主要以老人为主，农业生产人员文化水平不高，农业发

① 蓝盛芳，钦佩，陆宏芳．生态经济系统能值分析［M］．北京：化学工业出版社，2002.

展知识水平停留在粗放农业时期，导致发展过程中出现过度开垦、过度灌溉、过度使用农药等问题，部分农村河湖干枯、河流富营养化。四是由于近年局部降水量的减少，部分农业生产只能使用地下水，长期使用地下水灌溉会导致农业生产的不可持续。

8.1.2 生态足迹模型和生态承载力模型的测算

1. 生态足迹模型①

生态足迹，即能够持续地提供资源或消纳废物的、具有生物生产力的地域空间，它代表了既定技术条件和消费水平下特定人口对环境的影响规模和持续生存对环境提出的需求。其公式如下：

$$EF = N \times ef = N \times \sum_{i=1}^{n}(r_i c_i / p_i) \tag{8-1}$$

式中：EF 为总生态足迹；N 为人口数量；ef 为人均生态足迹；r_i 为均衡因子；c_i 为第 i 种物品的人均消费量；p_i 为第 i 种物品的平均生产能力；i 为物品的种类。

生态足迹的具体计算步骤如下：

第一步：求出各项消费类型的人均生态足迹，即

$$A_n = C_n / Y_n = (P_n + I_n - E_n)/(Y_n \times N) \tag{8-2}$$

式中：n 为消费项目的类型；A_n 为人均第 n 种消费项目折算的生物生产面积；C_n 为第 n 种消费项目的人均消费量；Y_n 为第 n 种消费项目的世界平均生产能力；P_n 为第 n 种消费项目的年生产量；I_n 为第 n 种消费项目的年进口量；E_n 为第 n 种消费项目的年出口量（计算时，I_n 和 E_n 分别表示外地区的调入量和调出量）；N 为人口数。

第二步：计算人均生态足迹，即

$$ef = \sum b_m A_n = \sum b_m (P_n + I_n - E_n)/(Y_n \times N) \tag{8-3}$$

式中：b_m 为均衡因子，$m=1$，2，3，4，5，6，分别对应为耕地、牧地、林地、化石燃料用地、建筑用地和海洋。

第三步：计算区域总人口的生态足迹，即

$$EF = N \times ef \tag{8-4}$$

① 谢鸿宇，王羚郦，陈贤生. 生态足迹评价模型的改进与应用［M］. 北京：化学工业出版社，2008.

2. 生态承载力模型

生态承载力指的是生态系统通过自我维持、自我调节，所能支撑的最大社会经济活动强度和具有一定生活水平的人口数量。世界环境与发展委员会指出，每一个地区至少要留 12%的生态容量来保护生物物种的多样性，在计算河南省生态承载力时，应该扣除 12%的生态承载力来保护各种生物的生存。

$$EC = N \times ec = N \times \sum_{j=1}^{6} a_j r_j y_j \tag{8-5}$$

式中：EC 为区域总人口的生态足迹供给；N 为人口数；ec 为区域人均生态承载力；a_j 为人均生物生产土地面积；r_j 为均衡因子；y_j 为产量因子；j 为生物生产性土地类型。

具体计算步骤如下：

第一步，计算河南省的人均生态承载力，即

$$ec = a_m \times b_m \times y_m \tag{8-6}$$

式中：ec 为人均生态承载力；a_m 为人均生物生产面积；b_m 为均衡因子；y_m 为产量因子。

第二步，直接利用生态承载力模型计算河南省区域的相关数据。生物资源消费账户及能源消费账户的数据统计如表 8-1、8-2 所示：

表 8-1　2008—2020 年河南省生物资源消费账户基本信息　（单位：万吨）

指标	2008	2010	2012	2014	2016	2018	2019	2020
人口（万人）	9 918	10 800	10 923	11 102	11 370	11 444	11 486	11 526
粮食总产量	5 365.5	5 437.1	5 898.4	6 133.6	6 498	6 648.9	6 695.4	6 825.8
猪牛羊肉产量	481.8	507.6	518.2	553.7	515.9	540.7	408.8	390.2
油料	484.0	533.0	530.4	531.4	549.8	631.0	645.5	672.6
蔬菜	6 394.3	6 624.3	6 839.9	6 848.1	7 238.2	7 260.7	7 368.7	7 612.4
鲜蛋	370.7	370.1	380.6	372.3	401.2	414.0	442.0	449.0
水产品	50.6	57.9	71.7	91.8	94.8	98.38	99.08	98.05
家禽	91.5	101.3	114.6	108.3	110.1	121.9	145.2	148.1
瓜果	1 415.5	1598.0	1 515.7	1 468.8	1 613.9	1 585.4	1 638.9	1 561.6
奶	203.6	241.9	220.6	227.3	223.3	208.9	208.55	214.72
食糖	20.7	26.1	21.9	20.7	16.7	15.4	11.9	10.7

表 8-2　2008—2020 年河南省能源消费账户基本信息　(单位：万吨)

指标	2008	2010	2012	2014	2016	2017	2018	2019	2020
原煤日消费量	73.41	73.33	76.69	73.79	71.14	74.04	66.11	60.91	60.94
焦炭日消费量	1.08	4.78	4.64	7.4	8.34	6.13	3.9	3.92	4.06
原油日消费量	1.93	2.29	2.63	2.32	1.94	1.8	2.27	2.19	2.44
汽油日消费量	0.53	0.81	1.11	1.45	1.92	1.86	2.09	2.11	2.09
煤油日消费量	0.05	0.08	0.12	0.14	0.2	0.2	0.22	0.25	0.26
柴油日消费量	1.49	1.54	2.03	2.19	2.21	2.54	2.72	2.76	2.81
燃料油日消费量	0.13	0.05	0.04	0.14	0.19	0.08	0.09	0.03	0.01
天然气日消费量（亿立方米）	0.1	0.13	0.2	0.21	0.25	0.28	0.29	0.29	0.29
电力日消费量（亿千瓦时）	5.73	7.0	8.04	8.66	8.81	8.97	10.03	9.88	9.87
液化石油气人均消费量（千克）	2.26	13.4	8.71	8.06	10.77	12.68	12.84	13.53	13.08

从表 8-1 中的数据可得，2008—2020 年，河南省粮食总产量、猪牛羊肉产量、油料、鲜蛋、家禽等呈现出逐年增长趋势，粮食总产量从 2008 年的 5 365.5 万吨增加至 2020 年的 6 825.8 万吨，年均增长率 2.03%。猪牛羊肉产量从 2008 年的 481.8 万吨增加至 2018 年的 540.7 万吨，年均增长率 1.16%，但 2019 年、2020 年有所下降。油料产量从 2008 年的 484 万吨增加至 2020 年的 672.6 万吨，年均增长率 2.78%。鲜蛋产量从 2008 年的 370.7 万吨增加至 2020 年的 449 万吨，年均增长率 1.61%。家禽产量从 2008 年的 91.5 万吨增加至 2020 年的 148.1 万吨，年均增长率 4.09%。而蔬菜、水产品、瓜果、奶等生物资源产量呈现出波动上升的特征。

3. 河南省生态足迹和生态承载力的测算

在使用生态足迹计算的过程中，主要把其划分为生物资源消费账户和能源消费账户两个方面进行分析。生物资源消费账户细分为牧草地、水域、林地、耕地四个消费大类，以此对相关数据计算分析；能源消费账户划分为化石能源地和建筑用地两个消费账户来进行相关的数据计算和处理。计算生态足迹可采用综合法或成分法，笔者采用综合法计算各项消费账户。数据来源于《河南统计年鉴（2008—2020 年）》、联合国粮农组织数据库等公布的相关数据。在生态足迹计算过程中有关生产面积折算的数值根据联合国粮农组织于 1993 年发布的生物资源全球平均产量中的数值计算分析得出。化石能源地与建筑用地的平均能源足迹和能源折算系数均采用 Wackernagel 在国家足迹报告中的数值。产量因子采用 Willian E. Rees 和 Wackernagel 在计算世界生态足迹时使用的数值，即耕地 1.66、草地 0.19、林地 0.91、建筑用地 1.66、水域 1.00。均衡因子采用 Chambers (2000)，即耕地 2.82、草地 0.54、林地 1.10、化石能源地 1.14、水域 0.20，建筑用地 2.82。以 2020 年为例，计算出河南省生态足迹和生态承载力如表 8-3、表 8-4 所示，计算结果见表 8-5、表 8-6。

表 8-3　2020 年河南省生态足迹生物资源消费账户

分类项目	全球平均生产力 (kg/hm^2)	人均消费量 (kg)	人均足迹 (hm^2/cap)	生产面积类型
粮食	2 744	601.11	0.617 8	耕地
猪牛羊肉	457	49.47	0.058 5	草地
油料	1 856	54.08	0.082 2	耕地
蔬菜	18 000	669.00	0.104 8	耕地
鲜蛋	400	38.11	0.051 4	草地
水产品	2 800	8.72	0.000 6	水域
家禽	74	10.96	0.080 0	草地
瓜果	18 000	153.92	0.009 4	林地，耕地
奶	502	19.61	0.021 1	草地
食糖	18 000	1.50	0.000 2	耕地

表 8-4　2020 年河南省生态足迹能源消费账户

能源种类	全球平均足迹 (GJ/hm^2)	折算系数 (GI/t)	人均消费量 ($10^4 t$)	人均足迹 (hm^2/cap)	生产面积类型
原煤	55	20.934	52.126 9	1.080 4	化石能源地
焦炭	55	28.470	5.869 4	0.121 7	化石能源地
原油	93	41.868	2.534 5	0.031 1	化石能源地
汽油	93	43.124	2.697 6	0.033 1	化石能源地
煤油	93	43.124	0.290 1	0.003 6	化石能源地
柴油	93	42.705	3.648 0	0.044 7	化石能源地
燃料油	71	50.200	0.135 1	0.002 2	化石能源地
液化石油气	93	50.200	0.063 7	0.001 9	化石能源地
天然气	93	840(1)	7.910 1(2)	0.097 0	化石能源地
电力	1000	3.6(3)	1.086 0(4)	0.001 2	建筑用地

注：(1) 处的单位为 $GJ/10^4 m^3$；(2) 处的单位为 $10^8 m^3$；(3) 处的单位为 GJ/kWh；(4) 处的单位为 $10^8 kWh$。

表 8-5　2020 河南省生态承载力计算结果汇总表

土地类型	人均面积（hm^2/cap）	产量因子	均衡面积（hm^2/cap）
耕地	0.103 6	1.66	0.214 7
林地	0.032 1	0.19	0.006 1
草地	0.001 9	0.91	0.001 7
化石能源地	0	0	0
建筑用地	0.093	1.66	0.153 2
水域	0.007 3	1.00	0.007 3
人均生态承载力			0.383 0
减去生物多样性保护面积（12%）			0.046 0
可利用的人均生态足迹			0.337 0

表 8-6　2020 年河南省生态足迹计算结果汇总表

土地类型	人均面积（hm^2/cap）	均衡因子	均衡面积（hm^2/cap）
耕地	0.285 5	2.82	0.805 0
草地	0.391 1	0.54	0.211 2
林地	0.008 5	1.10	0.009 4
化石能源地	1.241 8	1.14	1.415 6
建筑用地	0.000 4	2.82	0.001 2
水域	0.003 0	0.20	0.000 6
人均生态足迹	—	—	2.443 1

通过计算得出河南省 2020 年的人均生态足迹数值为 2.443 1，可利用的人均生态承载力数值为 0.337 0，通过比较，得出生态赤字为 2.106 1。在生态足迹中各项影响因素从小到大的排序依次为：水域、建筑用地、林地、草地、耕地、化石能源地。其中，化石能源的消耗占生态足迹总量的 57.94%，是影响生态足迹需求的主要因素；其他所有项目类型共占据 42.06%。由此可知，河南省的生态承载力正在遭到破坏，生态环境的发展正处于不可持续中。在 2020 年的生态环境分析中，耕地生态足迹数值高的原因也与河南省人均可耕地面积高有关。

8.1.3　河南省生态足迹和生态承载力的时序演变

1. 河南省生态足迹的时序演变

通过上述计算方法分别计算出 2008—2020 年河南省的人均生态足迹，计算结果如表 8-7 所示。

表 8-7　2008—2020 年河南省人均生态足迹汇总表

年份	耕地	草地	林地	水域	建筑用地	化石能源地	人均合计
2008	0.731 4	0.197 3	0.008 7	0.000 4	0.000 9	1.317 8	2.256 5
2009	0.733 2	0.202 3	0.009 0	0.000 4	0.000 9	1.513 5	2.459 4
2010	0.712 8	0.201 1	0.009 4	0.000 4	0.001 0	1.347 0	2.271 7
2011	0.721 9	0.200 5	0.009 2	0.000 4	0.001 1	1.456 0	2.389 2
2012	0.755 3	0.208 6	0.008 8	0.000 5	0.001 1	1.410 5	2.382 8
2013	0.761 7	0.207 2	0.008 8	0.000 6	0.001 2	1.445 1	2.424 6
2014	0.767 8	0.205 6	0.008 4	0.000 6	0.001 2	1.433 5	2.417 1
2015	0.795 0	0.205 9	0.008 6	0.000 7	0.001 2	1.392 6	2.404 0
2016	0.802 5	0.203 6	0.009 2	0.000 6	0.001 2	1.420 8	2.437 9
2017	0.805 0	0.211 2	0.009 4	0.000 6	0.001 2	1.415 6	2.443 1
2018	0.810 0	0.211 6	0.009 8	0.000 6	0.001 2	1.416 0	2.449 2
2019	0.814 0	0.212 0	0.010 1	0.000 6	0.001 2	1.420 2	2.458 1
2020	0.818 0	0.212 8	0.010 7	0.000 7	0.001 3	1.421 0	2.464 5

由表 8-7 可知：

（1）河南省人均生态足迹呈现曲折上升

河南省人均生态足迹从 2008 年的 2.256 5 上升到了 2020 年的 2.464 5，13 年内增加了 0.208。河南省人均生态足迹整体处于较高水平，呈现出曲折上升趋势，生态压力逐渐增大，2020 年维持在一个较高水平，说明政府需要制定相关政策来减缓生态足迹的上升趋势。

（2）林地、水域和建筑的人均生态足迹占比相对小

河南省林地人均生态足迹近年来在 0.009 上下浮动，说明近些年河南省的瓜果产量不稳定，人们对瓜果的需求量也不稳定。在后续农业发展中，瓜果的供应量应当尽量满足人们的需求量，使人们的需求量和生态足迹保持一个稳定水平。水域

生态足迹发展水平相对稳定，因为河南省位于内陆，渔业发展有限，大部分水产品依赖于从外省采购，且饮食习惯差异，导致渔业需求量也相对较低，使得河南省水域生态足迹较低，水域的生态足迹常年平稳也有利于渔业的健康可持续发展。建设用地生态足迹呈现平稳小幅度上升趋势，可以看出，河南省电网建设比较完善，近年来对电力系统的铺设占地面积相对稳定，人均生态足迹也相对平稳。

（3）耕地和草地人均生态足迹发展平稳

河南省耕地的人均生态足迹总体水平在 0.7 以上，呈现稳步上升的状态，这与河南省大力发展农业产业有关。河南省粮食的生产量位于全国前列，全国人口总量的不断增加，对粮食的需求量也持高不下，河南省农业产业生产压力也相对较大。

从人均生态足迹可以看出，耕地的人均生态足迹相对稳定，说明河南省在农业发展上要更加注重科技化、机械化。近些年人们对于家禽、猪牛羊肉等肉类食品的需求量相对稳定，追求各种肉类产品的同时也注重饮食的多元化，对蔬菜类产品的需求量也有所增长，因此，河南省经济水平的提高并没有导致草地人均足迹上升。

（4）化石能源人均生态足迹占比较大且呈现逐步上升趋势

化石能源的人均足迹在总体呈现波动上升趋势，这与河南省近年来经济水平明显提高有关。随着经济水平的提高，小轿车普及到千家万户，汽油的使用量也随之增加。部分工业发展水平的提高，企业生产效率和生产速度的增加，促使用煤量的突增。化石能源的加速消耗将会带来一系列的环境污染问题。

2. 河南省生态承载力的时序演变

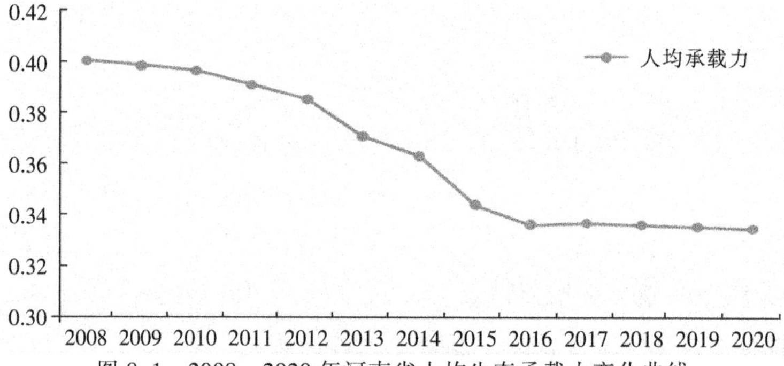

图 8-1　2008—2020 年河南省人均生态承载力变化曲线

从图 8-1 可知，河南省人均生态承载力在 2011—2016 年近六年间呈现加速下降的趋势，说明在这六年间，河南省在发展经济时是以牺牲生态环境为代价的。造成河南省人均生态承载力下降的主要原因有：一是在“十二五”规划时期，国务院要求全国经济增长速度是 7%，而河南省实际增速达到了 9%，明显高于国家规划要求，说明河南省在这五年间，在一定程度上，经济高速发展是以破坏环境为代价换来的；二是河南省在 2008—2016 年间重视基建工程的发展，占用了部分优质土地资源，且开采河沙严重，破坏了生态环境；三是近年来人们生活条件得到改善，对各类产品的需求量也在增长，相关产业发展也迅速崛起，农业种植、畜牧业迅速扩大，发展速度严重超越了自然环境所能承受的最大压力，导致生态环境被破坏；四是近年来农村居民用水依旧以地下水为主，地下水过度开采使土地生产力降低、河流水位下降，生态承载力遭到破坏。

3. 河南省农业生态赤字与生态盈余

生态赤字和生态盈余是衡量一个国家或者地区可持续发展程度的重要指标，如果生态足迹超过了其生态承载力，则表现为生态赤字；反之，则表现为生态盈余。

表 8-8　河南省 2008—2020 年人均生态赤字　（单位：hm^2/cap）

年份	人均生态足迹	人均生态承载力	生态赤字
2008	2.256 5	0.400 5	1.856 0
2009	2.459 4	0.398 6	2.060 8
2010	2.271 7	0.396 6	1.875 1
2011	2.389 2	0.391 1	1.998 1
2012	2.382 8	0.385 4	1.997 4
2013	2.424 6	0.370 8	2.053 8
2014	2.417 1	0.363 1	2.054 0
2015	2.404 0	0.343 8	2.060 2
2016	2.437 9	0.336 4	2.101 5
2017	2.443 1	0.337	2.101 6
2018	2.449 2	0.336 2	2.113 0
2019	2.458 1	0.335 5	2.122 6
2020	2.443 1	0.337 0	2.106 1

从表 8-8 可知，2008—2020 年河南省生态赤字一直处于较高水平，从 2008 年的 1.856 0 到 2020 年的 2.129 7，增加了 0.273 7，增加量是 2020 年人均生态

承载力的0.82倍。人均生态足迹曲线和生态赤字曲线两者的上升幅度趋于相对平衡，且每年的增长幅度也相对一致。生态承载力相对于其他而言，下降幅度较小，生态足迹的改善带动了生态赤字，增长幅度的不断提升。生态赤字近年的不断扩大，说明河南省目前的生态足迹水平已经严重超越了当前河南省的生态承载力，自然生态系统的变化不利于农业的健康可持续发展，需要积极采取相应措施减小生态赤字。

表8-9　河南省2008—2020年各土地类型的人均生态赤字/盈余　（单位：hm^2/cap）

年份	耕地	林地	草地	水域	建筑用地	化石能源地
2008	−0.440 9	−0.001 2	−0.195 7	0.007 4	0.146 8	−1.317 8
2009	−0.446 3	−0.001 8	−0.200 7	0.007 5	0.148 4	−1.513 5
2010	−0.427 6	−0.001 9	−0.199 4	0.007 3	0.147 6	−1.347 0
2011	−0.444 5	−0.002 1	−0.198 6	0.007 3	0.149 2	−1.456 0
2012	−0.481 2	−0.001 9	−0.206 9	0.007 0	0.148 7	−1.410 5
2013	−0.506 2	−0.002 3	−0.205 5	0.007 0	0.148 9	−1.445 1
2014	−0.524 1	−0.001 6	−0.203 8	0.006 9	0.151 6	−1.433 5
2015	−0.572 8	−0.002 1	−0.204 3	0.006 6	0.151 9	−1.392 6
2016	−0.587 6	−0.002 9	−0.202 0	0.006 8	0.151 6	−1.420 8
2017	−0.590 3	−0.003 3	−0.209 5	0.006 7	0.152 0	−1.415 6
2018	−0.595 6	−0.003 9	−0.210 0	0.006 6	0.151 8	−1.416 0
2019	−0.599 9	−0.004 4	−0.210 4	0.006 6	0.151 5	−1.420 2
2020	−0.604 1	−0.005 2	−0.211 3	0.006 4	0.151 2	−1.4210

注："−"代表赤字。

由表8-9可知，

（1）水域和建筑用地均表现为生态盈余，其中建设用地近年来总体表现为上升趋势。从2008年的0.146 8增加到2020年的0.151 2，说明建筑用地目前处于可持续发展状态，保持这种稳定增长的状态，将更加有利于建筑用地的可持续性。水域总体保持稳定，说明水域正处于健康可持续发展中，需要保持这种发展状态，防止其生态盈余减少。由此可知，应采取相应措施防止该状态继续恶化。

（2）2008年到2020年化石能源地、耕地和草地均表现为生态赤字，其中草地的生态赤字相对较小，化石能源地的赤字占比最大，并且逐年提高。化石能源地生态赤字与经济发展水平连续性提高有关，全省汽车拥有量的增加导致汽油使用量逐年提高。工业发展导致煤炭使用量的增加。化石能源生态赤字也是人均生态足迹逐年增高最主要的原因，寻找能够代替化石能源的可再生能源是目前解决生态赤字最有效的办法。草地在近年发展过程中一直处于生态赤字，但没有明显增加，说明只要加强管理，防止草场沙化，减少过度放牧便可以维持目前的状态。

8.2　河南省农业生态效率的测度及空间分布

农业是促进经济发展、维护社会稳定的基础性产业。2020 年是全面建成小康社会的关键一年，农业低碳发展是实现全面小康、改善人民生活水平的影响因素之一。2019 年，河南省粮食总产量达到 1 339.08 亿斤，连续 14 年粮食总产量突破 1 000 亿斤。河南省虽然是农业大省和经济大省，但其农业一直是“粗放式”生产，生产资料投入量大、资源消耗大、碳排放强度高，且河南省农业资源相对不足、人多地少，农村农业劳动力供给过剩，加之农村劳动力中受教育程度较高的青年转移到其他产业，现代农业技术人员大量缺乏。因此，不仅要着眼于推进河南省农业高质量发展，还要妥善处理经济发展、资源利用和生态污染的关系，争取解决大气环境质量下降、生态环境形势严峻等问题。农业生态效率是以“适量、优质、减污、节源”为农业发展理念，在保证农产品能够安全、有效供给的前提下，最大限度地减少农业生产中的资源消耗和生态污染。

8.2.1　模型构建

通过测算河南省的生态效率，处理好地区经济、资源与生态环境间的关系，有助于农业生态系统和经济系统协调发展。国家经济长期稳定发展的前提是保证生态系统绿色可持续发展，处理好生态和经济之间的关系，才能实现良性循环发展。农业生态效率是指在某一投入要素确定的前提下，以最小的环境污染谋求最大的经济效益，笔者通过在非期望产出中引入农业碳排放和农业面源污染，以深入分析农业生态效率。

1. 非期望产出 SBM 模型

非期望投入产出的 SBM 模型表达式中，假设考虑 n 个决策单元（DMU），每个 DMU 均有相同的 q_1 项期望产出指标、q_2 项非期望产出指标和 m 项投入指标，记作 x_i（$i=1, 2, \cdots, n$）构成。含有非期望产出的 SBM 模型表示为

$$\min\rho = \frac{1-\frac{1}{m}\sum_{i=1}^{m}S_i^-/x_{ik}}{1+\frac{1}{q_1+q_2}(\sum_{r=1}^{q_1}S_r^+/y_{rk}+\sum_{t=1}^{q_2}S_t^{b-}/b_{rk})} \tag{8-7}$$

$$\text{s. t. } X\lambda + S^- = x_k$$
$$Y\lambda - S^+ = y_k$$
$$B\lambda + S^{b-} = b_k$$
$$\lambda, S^-, S^+, S^b \geqslant 0$$

式中：S^+ 为期望产出不足；S^{b-} 为非期望产出冗余；ρ 为决策单元的生态效率，$0\leqslant\rho\leqslant1$。当 $\rho=0$ 时，可认为该被测算单元的生态效率是无效的；当 $\rho=1$ 时，则可认为该被测算单元的生态效率是完全有效的。

2. 测算方法

常用的农业生态效率测算方法包括比值法、生态足迹法和生命周期法等。随着研究的逐渐丰富，农业生态效率的评价方法随之进步，目前普遍使用的主要是数据包络分析法。数据包络分析（简称 DEA）是一种基于 Farrell 的相对效率思想，最早由 Chaines、Cooper 和 Rhodes 提出，属于传统的 DEA 径向模型，并不能很好地体现对无效率松弛变量的部分改进，易造成计算结果不准确。Tone (2001) 提出一种非角度、非径向的 DEA 模型。无角度、无径向的 DEA 模型可以弥补传统 DEA 模型无法计算出决策单元全部效率值的缺陷，能够基于松弛变量同时从投入与产出两个角度进行测算。同时，Tone 还给出了包含非期望产出的 SBM-DEA 模型，为了更好地体现测算结果与低碳农业实际生产效率的一致性，本节采用包含非期望产出的 SBM 模型。

3. 指标体系

低碳视角下，农业生态效率是指在保证农业经济获得高额收益的前提下，通过尽可能减少农业碳排放来实现农业的可持续发展。在指标体系构建时应符合科学性和数据可得性等基本原则，以客观评价农业生态效率。

本部分选取狭义农业，即种植业为研究对象；选定的研究样本是河南省 18 个地级市；选取的时间区间是 2008—2020 年；确定 5 项投入指标，1 项期望产出指标和 2 项非期望产出指标。河南省农业生态效率测算指标体系的构建见表 8-10。

表 8-10　河南省农业生态效率测算指标体系

指 标	变 量	变量表示
投入指标	农业资本投入	农业固定资产投资额（亿元）
	农业劳动力投入	农业从业人数（万人）
	农业自然资源投入	农作物播种面积（万公顷） 有效灌溉面积（万公顷）
	农业化学物质投入	化肥折纯量（万吨） 农药使用量（万吨） 农膜使用量（万吨）
	农业机械投入	农业机械总动力（万千瓦） 农业柴油使用量（万吨） 翻耕面积（万公顷）
期望产出指标	农业经济产出	农业总产值（亿元）
非期望产出指标	农业碳排放	农业碳排放总量（万吨）
	农业面源污染	TN、TP（万吨） 农膜残留（万吨） 农药残留（万吨）

（1）投入指标

农业生产过程的投入主要包括农业资本、农业劳动力和农业化学类物质等。用农业固定资产投资额表示农业资本投入指标；确定农业从业人数为农业劳动力投入指标；确定农作物播种面积和有效灌溉面积为农业自然资源投入指标可有效避免因耕地复种指数不同导致结果产生偏差的现象；为使获得的数据真实可靠，用化学肥料施用量和农用药品、农用薄膜使用量作为化学物质投入指标，其中化肥施用量用折纯量表示；农业机械化投入指标则通过农业机械总动力、农业柴油使用量和翻耕面积加以确定，表 8-11 为 2020 年河南省各地级市农业投入数据。

表 8-11　2020 年河南省各地市农业投入数据

地区	农业就业人数（万人）	农作物播种面积（万公顷）	有效灌溉面积（万公顷）	化肥施用量（万吨）	农药使用量（万吨）	农膜使用量（万吨）	农业机械总动力（万千瓦）	农业柴油使用量（万吨）
郑州市	66.3	386.6	194.2	179 886	2 675	5 141	435.5	36 971
开封市	78.6	870.9	343.7	317 695	4 259	12 697	596.3	48 646
洛阳市	66.9	663.6	163.3	228 207	3 847	4 630	529.9	43 615

续表

地区	农业就业人数（万人）	农作物播种面积（万公顷）	有效灌溉面积（万公顷）	化肥施用量（万吨）	农药使用量（万吨）	农膜使用量（万吨）	农业机械总动力（万千瓦）	农业柴油使用量（万吨）
平顶山市	62.4	557.5	218.0	337 530	3 270	3 229	415.3	55 195
安阳市	58.5	721.4	303.2	401 205	5 206	19 157	494.6	41 220
鹤壁市	14.0	197.9	89.8	69 650	892	957	239.4	10 326
新乡市	67.2	880.2	364.9	511 282	7 992	3 362	786.8	69 312
焦作市	24.0	353.1	172.2	189 129	3 528	2 054	256.6	32 907
濮阳市	44.0	518.4	228.0	284 178	3 107	7 097	386.2	26 246
许昌市	56.5	579.6	247.1	200 265	3 063	3 254	393.2	26 166
漯河市	33.3	369.9	147.7	172 113	2 197	2 735	262.4	24 558
三门峡市	34.7	258.8	59.0	82 244	2 325	3 066	122.0	18 355
南阳市	158.2	2 020.56	501.3	743 413	13 763	24 763	1448.4	142 265
商丘市	106.6	1452.0	628.6	697 871	9 393	12 159	879.1	65 051
信阳市	105.5	1202.0	539.5	452 183	10 258	14 338	700.9	69 820
周口市	137.8	1842.6	598.2	863 564	18 726	19 863	1 003.3	154 495
驻马店市	103.7	1816.9	641.8	725 374	7 443	12 725	1 441.9	99 576
济源市	4.9	54.3	22.7	24 042	457	500	72.0	8 991

（2）期望产出指标

结合生态效率的定义，低碳视角下生态效率包括农业生态效率和农业经济效益两个部分，笔者将农业生态效率作为研究对象，在选取期望产出指标时，仅考虑农业经济效益，选取农业总产值作为期望产出指标。2008—2020 年河南省农业总产值数据如表 8-12 所示 。

表 8-12　2008—2020 年河南省农业总产值（亿元）

地区	2008	2010	2012	2014	2016	2017	2018	2019	2020
郑州市	94.7	122.8	142.4	147.1	156.35	151.59	147.05	152.86	176.29
开封市	153.66	219.31	257.66	275.69	272.45	279.12	273.2	381.13	438.37
洛阳市	167.57	187.62	223.76	231.99	234	220.11	237.07	285.25	308.18
平顶山市	101.4	114.72	145.85	167.14	176.75	166.32	160.7	180.44	200.20
安阳市	143	159.07	187.32	205.21	212.44	193.61	195.1	255.64	311.68
鹤壁市	42.54	48.83	58.13	63.47	61.99	58.44	60.05	45.27	59.15
新乡市	130.77	157.15	200.34	223.29	222.89	217.17	226.29	263.23	312.68
焦作市	83.66	101.3	122.42	136.93	133.95	131.34	134.92	187.81	194.24

续表

地区	2008	2010	2012	2014	2016	2017	2018	2019	2020
濮阳市	90.85	107.62	137.76	155.67	161.87	151.83	163.93	212.17	259.94
许昌市	133.93	149.96	177.82	184.67	162.48	149.06	148.38	154.29	182.05
漯河市	79.28	86.66	98.01	109.11	113.87	109.7	110.98	123.91	138.64
三门峡市	54.77	70.0	90.57	111.35	123.5	118.96	119.09	188.0	204.26
南阳市	344.48	401.18	423.62	468.88	515.5	512.95	524.02	692.69	822.45
商丘市	254.62	299.51	323.22	374.78	386.26	372.46	381.84	531.82	635.18
信阳市	222.29	288.04	377.64	432.71	446.05	437.91	446.28	630.23	705.66
周口市	298.22	365.64	417.56	447.18	457.63	446.63	448.97	612.36	719.09
驻马店市	226.39	290.67	365.91	397.29	412.86	402.99	412.58	493.51	557.93
济源市	14.8	15.98	19.55	21.73	23.27	19.09	18.87	18.00	18.84

（3）非期望产出指标

低碳农业的发展目标是在农业生产经营中最大限度地减少因使用农药、化肥、农膜等化学物质产生出来的碳排放量，当化学类生产要素的使用出现冗余时还会造成农业面源污染，故笔者将农业面源污染和农业碳排放同时选取为非期望产出指标。其中通过借鉴田云（2015）① 的研究成果计算农业碳排放量，农业面源污染的相关计算则通过借鉴赖斯芸等人（2004）② 的研究成果。

4. 农业碳排放测算

农业碳排放量的测算方法尚未有统一的标准，但农业碳排放是由农业耕种和化肥施用等因素所导致。笔者以种植业为总体研究对象，在农业生产过程中，碳排放源可能由以下四种原因导致：一是在农业生产种植过程中，土壤中的有机碳流失；二是使用农业机械时消耗电能和燃烧化石燃料所产生的碳排放；三是生产过程中化学品的使用，如农用药物、化学肥料和农用薄膜的使用会产生碳排放；四是农业灌溉过程中产生的碳排放。农业碳排放的估算公式如下：

$$C = \sum C_i = \sum E_i \times \zeta_i \tag{8-8}$$

式中：C 表示农业碳排放总量；E_i 表示第 i 种碳排放源的使用量；ζ_i 表示第 i 种

① 田云．中国低碳农业发展：生产效率、空间差异与影响因素研究［D］．华中农业大学，2015.

② 赖斯芸，杜鹏飞，陈吉宁．基于单元分析的非点源污染调查评估方法［J］．清华大学学报（自然科学版），2004（09）：1184－1187.

碳源的碳排放系数。

鉴于数据的可得性，翻耕面积用农作物播种面积替代表示，农药使用量、柴油使用量、农膜使用量和农机总动力用耕作过程中实际使用的量代入计算，化肥施用量用折纯量代入计算。农业主要碳源的碳排放系数如表 8-13 所示，由此可计算 2008—2020 年河南省各地级市农业碳排放量如表 8-14 所示。

表 8-13　农业主要碳源的碳排放系数

碳源	排放系数	单位	数据参考来源
化肥	0.895 6	(kgce①/kg)	ORNL（美国橡树岭国家实验室）
农药	4.934 1	(kgce/kg)	ORNL（美国橡树岭国家实验室）
农膜	5.180 0	(kgce/kg)	IREEA（南京农业大学农业资源与生态环境研究所）
柴油	0.592 7	(kgce/kg)	IPCC（联合国政府间气候变化专门委员会）
农机	0.180 0	(kgkw/h②)	IPCC（联合国政府间气候变化专门委员会）
翻耕	312.600 0	($kgce/km^2$)	IABCAU（中国农业大学农学与生物技术学院）
有效灌溉	20.476 0	($kgce/km^2$)	等标排放系数＝等标排放量/区域国土面积③

表 8-14　2008—2020 年河南省各地级市农业碳排放量（单位：千克）

地区	2008	2010	2012	2014	2016	2018	2020
郑州市	443 297	470 594	479 543	465 555	435 451	386 432	347 759
开封市	590 688	627 919	637 272	652 717	663 789	664 519	679 520
洛阳市	463 456	501 974	513 300	507 784	520 347	504 628	484 078
平顶山市	515 331	563 043	577 217	593 418	592 165	569115	546 680
安阳市	653 804	774 289	804 785	852 447	834 204	789 868	740 477
鹤壁市	132 435	149 040	151 035	153 558	156 946	148 690	141 600
新乡市	750 005	812 697	830 418	853 178	874 364	866 660	838 606
焦作市	351 444	349 327	347 715	355 317	349 300	344 942	330 883
濮阳市	435 173	458 973	470 217	495 456	474 230	525 998	488 948
许昌市	508 647	538 657	539 318	519 906	500 557	443 031	413 155
漯河市	277 051	316 231	314 605	322 622	317 964	312 563	312 393

① kgce 代表综合能耗；

② kgkw/h 代表二氧化碳排放量；

③ 段华平，张悦，赵建波，卞新民．中国农田生态系统的碳足迹分析［J］．水土保持学报，2011，25（05）：203—208.

续表

地区	2008	2010	2012	2014	2016	2018	2020
三门峡市	189 593	199 964	212 141	207 457	210 790	201 938	194 023
南阳市	1 497 308	1 617 583	1 698 890	1 714 945	1 744 205	1 659 028	1 588 454
商丘市	1 099 558	1 264 684	1 347 022	1 400 197	1 409 587	1 412 768	1 239 815
信阳市	860 026	966 543	1 034 341	1 048 518	1 047 018	945 074	958 173
周口市	1 369 372	1 479 042	1 478 294	1 557 982	1 572 119	1 659 837	1 648 696
驻马店市	1 191 256	1 281 350	1 316 533	1 345 386	1 377 965	1 412 358	1 392 677
济源市	45 292	49 432	51 331	50 488	52 312	50 062	49 170

5. 农业面源污染相关计算

在农业生产过程中，使用农药、化肥等所产生的冗余和废弃农膜未被合理处置是形成农业面源污染的主要原因。构成农业面源污染的污染物不仅污染大气、水和土壤，而且会对农产品造成污染。农业非点源污染水平主要是通过土壤中化学肥料的流失量、农用药物和农用薄膜的残留量来估算的。笔者将氮、磷和复合肥确定为三个污染单元。污染单元的排放系数可由污染生产系数和肥料损失率的乘积得到。化肥污染是由总氮和总磷造成的，故用 TN 和 TP 进行核算；农药污染用农药残留量表示；农膜污染用农膜残留量表示。农业面源污染量计算具体方法如下：

$$K_j = \sum M_{ij} \times \delta_{ij} \times (1 - \omega_i) \tag{8-9}$$

式中：K_j 为污染物 j 的流失量；M_{ij} 为第 i 单元含第 j 种污染物的量；δ_{ij} 为第 j 种污染物的产污强度系数；ω_i 表示单元 i 的利用系数。

各污染单元的产污系数借鉴已有研究氮肥、磷肥和复合肥的产物系数，如表 8-15 所示，氮肥和磷肥的利用系数分别为 35％和 20％，参照彭奎等（2001）[①] 的研究，总氮（TN）与总磷（TP）之和为化肥产污流失量；农药残留量用农药使用量与农药残留系数的乘积表示；农用薄膜残存量用农膜使用量与农膜残留系数的乘积表示。其中，农药残留系数参照相关成果确定为 50％，综合各类有关河南省农膜污染的研究成果，将农膜残留系数确定为 30％。

① 彭奎，朱波．试论农业养分的非点源污染与管理［J］．环境保护，2001（01）：15—17.

表 8-15　各类化肥产污系数

化肥种类	TN 产污系数	TP 产物系数
氮肥	1	0
磷肥	0	0.44
复合肥	0.33	0.15

为了避免运用 DEA 模型测算效率时出现大部分甚至全部 DUM 均有效的结果，笔者采用熵值法将农业面源污染指标 TN、TP、农膜残留量和农药残留量综合为一项综合指数来表示农业面源污染这个非期望产出指标，以提高农业生态效率测算结果的准确性。

表 8-16　2008—2020 年河南省各地级市农药残留量（单位：万吨）

地区	2008	2010	2012	2014	2016	2018	2019	2020
郑州市	2 182	2 155.5	2 212.5	2 082	1 914	1 578	1 455	1 337.5
开封市	3 052	3 210.5	3 101.5	3 042.5	2 963	2 154	2 164.5	2 129.5
洛阳市	1 919.5	2 093.5	2 232.5	2 311	2 329.5	2 114	2 069.5	1 923.5
平顶山市	1 695	1 922.5	2 069	2 226	2 110	1 761.5	1 689	1 635
安阳市	2 563	2 846.5	2 958	3 131	3 172	2 706	2 816.5	2 603
鹤壁市	760	730.5	737	735	684.5	581	490	446
新乡市	4 278	4 433.5	4 192.5	4 540.5	4 882	4 300	4 154.5	3 996
焦作市	2 249	2 395	2 327.5	2 366	2 045	1 930	1 847	1 764
濮阳市	2 194.5	2 217.5	2 223	2 188	1 941	1 740	1 616.5	1 553.5
许昌市	2 717	2 696	2 482	2 029	1 787.5	1 630.5	1 573.5	1 531.5
漯河市	1 140.5	1 220.5	1 240	1 231	1 265	1 120	1 102.5	1 098.5
三门峡市	1 118	1 281.5	1 382.5	1 495.5	1 504.5	1 359.5	1 255	1 162.5
南阳市	9 295.5	9 584	9 832	9 660	9 204	7 669	7 310	6 881.5
商丘市	7 171.5	8 584.5	9 574	10 135	10 063	7 335.5	5 738	4 696.5
信阳市	4 079.5	4 299	4 911	4 958	5 106.5	5 741	5 185.5	5 129
周口市	9 881.5	9 451	9 353.5	9 347	9 027.5	8 926.5	9 096	9 363
驻马店市	3 008	3 055	3 112.5	3 206	3 317	3 903	3 806.5	3 721.5
济源市	260	257	261	250	282.5	252	247.5	228.5

由表 8-16 数据可知，郑州市、开封市、濮阳市、许昌市等地 2008—2020 年

农药残留量整体呈现下降趋势。洛阳市、平顶山市、安阳市、鹤壁市、新乡市、漯河市、三门峡市、南阳市、商丘市、信阳市、周口市、驻马店市、济源市等地农药残留量呈现先升后降趋势，整体情况趋好。

表 8-17　2008—2020 年河南省农膜残留量（单位：万吨）

地区	2008	2010	2012	2014	2016	2018	2019	2020
郑州市	1 085.4	2 487.6	2 340.9	2 451	2 287.5	1 841.4	1 603.8	1 542.3
开封市	2 159.7	2 961	3 083.7	3 115.5	3 153	3 423.6	3 765.3	3 809.1
洛阳市	673.2	1 421.4	1 480.8	1 486.8	1 608.9	1 559.7	1 407.9	1 389
平顶山市	446.1	1 231.2	1 324.8	1 123.5	1 081.2	998.4	972.3	968.7
安阳市	576.9	5 247.3	5 943	6 341.4	6 270.9	5 453.7	5 448	5 747.1
鹤壁市	44.7	262.5	265.5	308.4	437.1	336.6	301.5	287.1
新乡市	349.2	1 310.7	1 243.2	1 118.1	1 148.1	971.1	988.5	1 008.6
焦作市	231.9	526.5	595.5	747.9	669.9	657.3	636.3	616.2
濮阳市	403.8	1 517.1	1 800.9	2 382.3	2 100.6	2 242.8	2 175.9	2 129.1
许昌市	432	1 123.5	1 140.9	1 026.3	1 011	972.9	993.9	976.2
漯河市	482.1	1 053.6	1 083	1 191	962.1	849.9	820.8	820.5
三门峡市	562.8	938.1	1 054.5	1 073.1	1 108.8	978	978.3	919.8
南阳市	4 220.1	7 897.8	8 280.6	9 015.3	8 847.9	7 930.5	7 587.9	7 428.9、
商丘市	1 769.7	3 594.6	3 708.9	3 850.2	4 008.9	3 988.5	3 628.2	3 647.7
信阳市	1 044.6	3 578.4	3 956.1	4 067.7	4 236.3	4 011	4 190.1	4 301.4
周口市	2 626.8	5 556.6	5 637.3	5 884.8	5 935.5	5 739.9	5 804.1	5 958.9
驻马店市	1 314.3	3 263.1	3 454.2	3 693.9	3 861.3	3 724.5	3 775.8	3 817.5
济源市	34.2	122.7	156.9	165.9	215.4	171.3	151.2	150

由表 8-17 可知，平顶山市、新乡市 2008—2020 年农膜残留量整体呈现下降趋势。洛阳市、安阳市、鹤壁市、漯河市、三门峡市、南阳市、商丘市、信阳市、周口市、驻马店市、济源市等地农膜残留量整体呈现先升后降趋势。

表 8-18　2008—2020 年河南省总氮（TN）流失量（单位：万吨）

地区	2008	2010	2012	2014	2016	2018	2020
郑州市	69 724	70 353	71 571	69 776	63 738	62 617	60 516
开封市	91 011	97 734	98 022	101 368	103 207	85 241	90 000
洛阳市	69 200	75 397	75 230	72 894	71 717	62 593	67 057

续表

地区	2008	2010	2012	2014	2016	2018	2020
平顶山市	107 743	108 912	109 769	115 546	111 320	96 025	103 118
安阳市	133 475	141 827	146 605	144 865	140 722	127 308	125 237
鹤壁市	21 194	25 301	26 505	26 622	27 643	20 576	22 880
新乡市	162 246	170 295	173 890	177 604	195 569	152 779	155 763
焦作市	71 641	67 476	64 317	65 685	65 231	63 586	57 838
濮阳市	89 772	94 149	94 151	97 760	91 649	82 457	81 402
许昌市	88 490	92 016	90 854	87 676	98 266	78 262	80 529
漯河市	48 870	61 543	56 149	54 258	51 095	40 618	46 363
三门峡市	25 919	26 806	28 610	27 898	27 669	25 176	24 798
南阳市	230 254	242 483	259 676	258 502	258 854	220 915	223 798
商丘市	166 578	200 808	216 983	230 989	226 734	166 456	176 848
信阳市	166 105	185 032	207 276	197 578	193 431	155 101	168 585
周口市	252 950	242 023	232 360	248 939	249 939	220 044	231 950
驻马店市	171 779	173 179	178 220	185 658	192 237	172 867	180 149
济源市	6 660	7 159	7 531	7 068	7 187	6 372	6 671

由表 8-18 可知，2008—2020 年郑州市、开封市、洛阳市、安阳市、平顶山市、鹤壁市、濮阳市等市总氮流失量呈现出先升后降趋势，焦作市总氮流失量总体呈现下降趋势。2008—2020 年河南省总磷（TP）流失量如表 8-19 所示。

表 8-19　2008—2020 年河南省总磷（TP）流失量（单位：万吨）

地区	2008	2010	2012	2014	2016	2018	2020
郑州市	24 955	25 064	26 955	26 120	24 757	25 385	25 725
开封市	26 785	29 555	30 939	31 593	33 846	27 603	30 487
洛阳市	22 548	23 980	24 435	23 702	26 277	22 322	25 009
平顶山市	34 385	38 393	38 725	40 837	41 391	33 724	36 404
安阳市	37 699	41 578	43 648	52 303	49 380	36 161	43 228
鹤壁市	5 863	7 664	7 819	7 877	8 230	6 447	8 115
新乡市	46 279	50 233	52 623	54 588	55 678	46 507	50 971
焦作市	22 029	21 121	21 067	21 456	21 147	23 361	22 768
濮阳市	28 280	25 794	26 687	28 383	27 764	25 323	25 856
许昌市	32 379	34 220	34 214	31 746	26 888	32 649	34 990

续表

地区	2008	2010	2012	2014	2016	2018	2020
漯河市	12 980	16 050	16 658	180 73	18 402	14 110	18 151
三门峡市	9 044	9 099	9 672	9 905	9 692	8 970	9 475
南阳市	81 506	86 437	95 576	95 879	99 608	81 647	88 358
商丘市	60 477	76 880	83 741	88 901	91 311	64 056	80 672
信阳市	40 219	46 120	50 377	51 709	52 265	41 359	46 349
周口市	64 691	77 381	81 534	87 086	89 707	71 405	77 134
驻马店市	72 785	81 059	84 153	85 023	86 265	71 221	76 829
济源市	2 301	2 595	2 740	2 779	2 867	2 359	2 667

结合熵值法的具体运算可得出河南省18个地级市的农业面源污染相关数据，结果如表8-20所示。

表8-20 2008—2020年河南省各地级市农业面源污染

地区	2008	2010	2012	2014	2016	2018	2020
郑州市	24 693	25 241	26 002	25 333	23 236	23 024	22 818
开封市	31 037	33 676	34 099	35 103	35 893	29 819	28 363
洛阳市	23 797	25 967	26 088	25 334	25 552	22 310	21 863
平顶山市	36 398	37 974	38 334	40 315	39 084	33 382	32 471
安阳市	44 003	48 323	50 251	52 125	50 027	43 215	42 181
鹤壁市	7 034	8 572	8 918	8 972	9 275	7 037	6 918
新乡市	53 806	57 121	58 553	60 042	64 506	51 531	50 873
焦作市	24 262	23 099	22 287	22 778	22 335	22 554	21 584
濮阳市	30 441	31 221	31 517	32 991	30 954	28 148	27 406
许昌市	31 266	32 818	32 474	30 909	32 084	28 596	27 134
漯河市	16 026	20 163	18 963	18 864	17 980	14 280	13 551
三门峡市	9 239	9 616	10 271	10 182	10 019	9 185	9 018
南阳市	82 005	87 381	94 181	94 099	94 378	80 114	78 512
商丘市	59 495	73 127	79 216	84 229	83 240	60 901	58 170
信阳市	53 412	60 344	67 286	65 205	63 947	51 928	50 454
周口市	83 370	84 380	82 974	88 621	88 890	77 086	76 119
驻马店市	62 694	65 727	67 840	70 023	71 609	63 402	62 108
济源市	2 334	2 557	2 697	2 589	2 645	2 305	2 214

由表 8-20 可知，2008—2020 年河南省各地级市农业面源污染呈现先升后降的趋势，且 2016—2020 年下降幅度较大。

6. 数据来源

本节研究对象选取河南省 18 个地级市的农业劳动力、农业机械总动力、化肥折纯量、农药使用量、农膜使用量和农业总产值等农业投入产出数据，均来自 2008—2020 年的《河南统计年鉴》、河南省各地市统计局，部分经计算所得。所有指标的统计性描述结果如表 8-21 所示。

表 8-21　河南省面板数据的描述性统计

指标	变量	平均值	标准差	最大值	最小值
投入指标	农业资本投入	78.95	84.11	493.71	1.93
	农业劳动力投入	146.66	89.72	351.01	12.28
	农作物播种面积	798.35	542.61	2 020.56	49.45
	有效灌溉面积	287.62	180.17	641.78	20
	化肥折纯量	373 598	250 980	913 410	20 969
	农药使用量	6 762	5 641.65	20 270	457
	农膜使用量	7 911	7 201.06	30 051	107
	农业机械总动力	582	370.28	1 468.7	72
	农用柴油使用量	59 892	39 030.6	164 718	8 451
期望产出指标	农业总产值	225	129	822.45	14.54
非期望产出指标	农业碳排放	699 999	470 457	1 747 473	45 292
	农业面源污染	40 216	26 220.8	95 301.2	2 214.4

8.2.2 农业生态效率差异分析

1. 农业生态效率整体差异分析

笔者综合考虑农业碳排放和农业面源污染，利用 DEA Solver Pro 5.0 软件建立非期望产出模型，测算出河南省 18 个地级市 2008—2020 年的农业生态效率，结果如表 8-22 所示。

表8-22　2008—2020年河南省各地级市农业生态效率

地区	2008	2010	2012	2014	2015	2016	2017	2018	2019	2020
郑州市	0.308	0.406	0.459	0.471	0.492	0.555	0.598	0.569	0.540	0.513
开封市	0.519	0.742	1.000	1.000	0.843	0.860	1.000	1.000	1.000	1.000
洛阳市	1.000	0.720	0.891	0.862	0.779	0.748	0.671	0.711	0.751	0.793
平顶山市	0.466	0.419	0.549	0.506	0.450	0.512	0.471	0.444	0.416	0.390
安阳市	0.506	0.409	0.472	0.454	0.428	0.438	0.384	0.405	0.427	0.450
鹤壁市	1.000	0.692	1.000	1.000	1.000	1.000	1.000	1.000	1.000	1.000
新乡市	0.417	0.407	0.612	1.000	0.673	0.559	0.708	0.704	0.699	0.695
焦作市	0.524	0.612	0.868	0.881	0.803	1.000	1.000	1.000	1.000	1.000
濮阳市	0.440	0.406	0.537	0.570	0.560	0.597	0.561	0.567	0.574	0.580
许昌市	0.828	0.770	1.000	1.000	0.641	0.663	0.674	0.618	0.562	0.511
漯河市	0.690	0.695	1.000	1.000	0.732	1.000	1.000	1.000	1.000	1.000
三门峡市	0.464	0.571	0.711	1.000	1.000	1.000	1.000	1.000	1.000	1.000
南阳市	0.848	0.802	0.914	0.683	0.716	0.738	0.742	0.745	0.748	0.751
商丘市	0.533	0.552	0.642	1.000	0.925	0.979	1.000	1.000	1.000	1.000
信阳市	0.819	0.690	1.000	1.000	0.927	0.866	0.953	1.000	1.047	1.097
周口市	0.484	0.529	0.632	0.621	0.626	0.539	0.519	0.494	0.468	0.444
驻马店市	0.500	0.626	1.000	1.000	1.000	0.793	0.708	0.591	0.475	0.382
济源市	0.453	0.453	0.303	0.303	0.303	0.303	0.303	0.303	0.303	0.303
平均值	0.600	0.583	0.755	0.797	0.716	0.731	0.738	0.731	0.723	0.717
标准差	0.203	0.137	0.227	0.239	0.207	0.214	0.230	0.238	0.251	0.266
CV	0.338	0.235	0.301	0.300	0.289	0.293	0.312	0.326	0.347	0.371

注：*CV*表示变异系数。

由表8-22可知：一是河南省18个地级市中，开封市、焦作市、许昌市、商丘市、信阳市和驻马店市6个城市在2008至2020年中，有3～5年农业生态效率达到有效值，说明以上城市在生态环境保护方面具有相对完善的措施且能够起到一定的效果；二是2008至2020年中，鹤壁市、漯河市和三门峡市至少有6年以上（含6年）农业生态效率达到有效值1，表明在农业碳排放和农业面源污染方面具备良好的治理能力，可以长期有效地控制污染，维持农业环境与农业经济的和谐稳定；三是郑州市、平顶山市、安阳市和济源市的农业生态效率均值不足0.5，处于较低的农业生态效率水平，说明这些城市在生态与经济发展方面存在十分突出的问题。

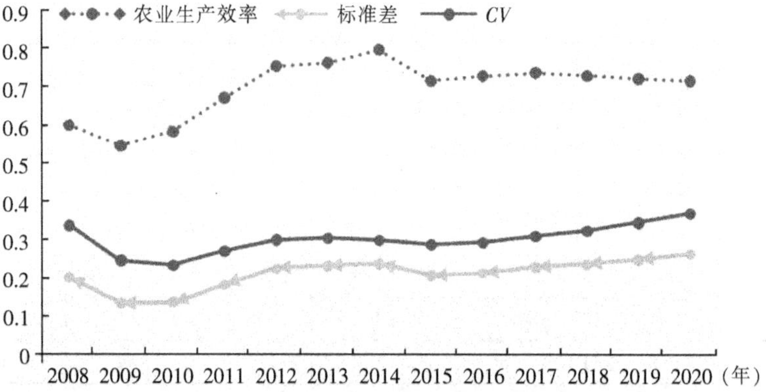

图 8-2 河南省农业生态效率变动趋势

通过图 8-2 可以看出河南省农业生态效率有如下特点：第一，河南省农业生态效率均值均未达到有效值 1，说明河南省农业生态效率整体水平较低；第二，农业生态效率标准差呈现出先下降后上升趋势，表明河南省各地级市之间农业生态效率差异较大，发展不均衡；第三，河南省 2016—2020 年农业生态效率虽较 2009 年有大幅度提高，但每年的农业生态效率水平基本处于 0.7 左右，距离生态效率较高范围（0.8～1.0）还存在相当大的提升空间，需要在原发展政策的基础上结合现实情况进一步完善，制定出更加符合现阶段农业生态发展的方案，积极推进实施，加快提高农业生态效率步伐，尽早把河南省整体农业生态效率稳定在较高水平范围内。

2. 农业生态效率区域差异分析

河南省各地级市农业生态效率差异较大，开封市、洛阳市、鹤壁市、焦作市、漯河市、三门峡市和信阳市农业生态效率均值处于 0.8～1 之间。其中，表现最为优异的是鹤壁市，农业生态效率均值达到 0.954，说明这些地区在农业经济、农业环境和农业资源三者的协调发展方面具有一定的可借鉴性，能够使三者达到良好的平衡状态，有利于农业生态的绿色可持续发展。但同时，郑州市、平顶山市、安阳市和济源市农业生态效率均值不足 0.5，远低于有效值 1，说明这些城市生态经济发展较差，污染排放量远高于其他城市，是应该治理的关键地区。

结合地形地势可以发现，河南省南部地区山地居多，具有地形崎岖和土壤贫瘠的特点，又加上大量年轻劳动力流失，十分缺乏劳动力，但是农业播种面积远比北部地区农业播种面积多。虽然近年来南部地区在种植过程中的化学化投入和机械化投入均比以往有所增加，但农业面源污染和农业碳排放都基本稳定且有小幅度下降，由于对农业固定资产投资额的不断增加，如信阳市农业固定资产投资额从 2008 年的 54.57 亿元增加到 2018 年的 239.89 亿元，说明农业生态效率高效的地区通过增加固定资产投资对原有农业设备进行更新，使用新技术、新型生产要素等，对农业生态效率稳定在较高水平做出了一定的贡献，取得了可观的效果。

8.2.3　农业生态效率空间分布

通过利用农业效率空间分布方法，可以得出以下结论：第一，河南省 18 个地级市的农业生态效率均未达到有效值 1，表明河南省低碳农业尚未实现整体有效发展；第二，信阳市、南阳市、洛阳市、鹤壁市和许昌市长期保持在农业生态效率一般水平以上，说明污染防治体系比较完善，能够有效地控制污染；第三，安阳市、新乡市、焦作市、三门峡市、开封市、漯河市、周口市和驻马店市在“十二五”期间将重点放在生态保护方面，增加了农业固定资产投资额，加大了农用设备和技术的革新力度，使农业面源污染和农业碳排放量逐年递减，农业生态效率得到提高；第四，2013—2018 年期间，濮阳市、郑州市、周口市、商丘市和南阳市在农业环境、经济平衡发展方面取得进步，达到了农业生态效率的较高水平范围。但许昌市和驻马店市农业生态效率有所下降，退出了高农业生态效率的范围，部分原因是农业机械总动力的增加、化肥施用量的增多以及农药、农膜使用量增加造成农业碳排放量增加。

值得重视的是，济源市和平顶山市在 2008—2020 年，其农业生态效率一直处于较低水平，出现这种现象是因为农民在种植农作物的过程中大量使用化学肥料、农用药品以及农用塑料薄膜等，这些包含有化学成分的物品在使用过程中会产生以一氧化二氮和二氧化碳为主的温室气体。在土壤中残留的农用药品和化学肥料不仅污染水源，形成水体的富营养化，还会造成土壤板结、土壤酸化，最终形成农业面源污染；不仅影响水生动植物的数量和农作物的产量，还会降低水产品和农产品的质量。因此，济源市和平顶山市应严格管控在农业生产中农用药品和化学肥料等含有化学物质的生产要素的使用，从根源上治理农业碳排放，减少农业非点源污染，以提高该地区的农业生态效率。

本章小结

本节通过建立包含非期望产出的SBM模型，运用DEA Solver Pro 5.0软件测算出2008—2020年河南省各地级市的农业生态效率，并利用ArcGIS绘制出空间分布图，用以分析河南省18个地级市的农业生态效率分布情况，结论如下：

第一，从农业生态效率的测算结果分析，2008—2012年河南省农业生态效率呈现较为明显的上升趋势，2013—2020年有小幅下降，整体水平不高。

第二，从农业生态效率的空间分布情况来看，河南省2008年至2013年农业生态效率低下的地区显著减少，但在2013年至2018年期间，存在个别地区农业生态效率恶化的情况，表明农业生态效率的发展并不稳定。

第三，结合农业生态效率的测算结果和空间分布情况来看，河南省北部地区不如南部地区，南部地区的农业生态效率值普遍较高、稳定性较强，比如信阳市和南阳市。

第四，整体来看，河南省农业生态效率可以得到进一步提高。虽然农业面源污染程度得到逐年减轻，但是河南各地区的农业碳排放量仍然呈现高排放的特点，有效控制碳排放是需高度重视的问题。

综上，笔者提出如下建议：

（1）大力推广低碳农业，提高农业劳动者的生态意识

农民是农业生产劳动的主要贡献者，受人口老龄化问题的影响，从事农业劳动的主要劳动人员也呈现老龄化的倾向。由于中老年农民受教育程度普遍不高，生态意识极为薄弱，农民期望在农业生产中获取高额的收益以提高生活水平，因此，在农业耕种过程中加入大量化肥农药等化学生产要素，同时增加农业柴油等的机械化投入，这些生产要素的使用和冗余对生态环境造成了严重污染，甚至造成了不可逆的破坏。为了有效解决这一问题，建议政府向农业劳动者普及生态保护的方法及其重要性，提高农民生态保护意识，共同为降低农业领域温室气体排放做贡献。

（2）强化低碳技术支撑，促进农业现代化技术进步

我国目前低碳技术的使用还不广泛，主要原因在于低碳技术的普及程度不够、低碳技术的实用性不强。政府应深入了解农民种植过程中遇到的实际问题，加大科研机构在农业科技研发相关方面的资金支持，并提供相应的技术支撑，加大教育投资和鼓励政策的实施，培养现代化农业人才，以此促进农业新技术迅速

发展。另外，应大力宣传发展低碳农业的优势，向广大农民普及低碳农业知识，使得农民能够更好地接受并合理使用新型技术。在实际实施的过程中，可以采用网格化管理，每个网格匹配相应的专业技术人员，这样不仅能够指导农民合理运用，还能及时解决突发情况，为后续技术发展总结实用经验。

(3) 倡导农业碳减排，保障农业绿色循环发展

实行农业碳减排可从这几方面入手：第一，推进畜禽生态化养殖，集中处理禽畜养殖过程中的排泄物，以减少氮排放；第二，倡导回收废弃农用薄膜，减少白色污染；第三，避免秸秆焚烧污染大气，鼓励秸秆能源化利用；第四，革新农业生产技术，比如推广使用可降解农膜、选用新型喷雾器等。在保证粮食安全、有效供给的前提下，鼓励农民减少使用化肥农药等，促进生态农业和循环农业的发展，提高农业资源利用率，使农业经济和农业生态处于相对平衡的状态，保障农业绿色循环发展。

(4) 做好农业面源污染防治工作，强化农业生态化发展

造成农业面源污染的根本原因是农业生产规模、方式发生变化，内部种植与养殖业的商业化分离。全面有效地治理农业面源污染存在一定难度，因为其不仅分布面广泛，还有很强的随机性。因此，应当积极探索符合河南省农业发展现状的防治措施，建立农业面源污染防治体系。此外，引导农民主动采用新的生产技术和农作物新品种，通过优化农作物的生产经营模式来处理好农作物销路的有关问题，拓宽农民对农作物的销售渠道，也可以选择更适合当地种植的作物，鼓励构建农、林、牧、渔生态循环农业养殖模式，既降低了农业面源污染，又符合低碳农业的发展路径，强化了农业生态化发展。

第 9 章　河南省生态文明建设对产业结构升级的影响

近年来，人们对于生态文明建设的认识逐渐提高，对于建设生态文明的要求也相应地在不断提高。有关研究中心提出了以数字化推动传统产业升级，可见对于产业结构升级的重视程度。改革开放以来，河南省认识到了第三产业的重要性，但是由于历史原因，河南省的经济发展水平比较低，产业竞争能力弱，技术水平低，对基本能源消耗的严重依赖程度并未得到实质性改善，这反映出经济发展的低水平和不合理的产业结构。要改变这种局面，必须从根本上改变其“高耗能、高排放、高污染”的方式，以促进经济的增长。

本章选取 2009—2019 年河南省 18 个地级市的数据，从人民的物质生活水平、生态服务资源和生态认知水平三个维度衡量生态文明建设水平，从产业结构合理化和高级化两个层面衡量产业结构升级水平，以此来考察河南省生态文明建设对其的影响。

9.1　生态文明建设与产业结构升级的机理分析与测度

9.1.1　机理分析

1. 生态文明是产业发展的必然结果

生态文明的进步离不开相关结构和产业的发展。农业文明的发展是基于旧工业，工业文明的发展是基于第二产业。当前我国正在建设的生态文明取决于经济发展、文化结构、社会政治条件和人口素质等因素，它们为建设社会主义生态文明铺平了道路。生态文明建设的核心是统筹人与自然的和谐发展，以实现经济、社会、环境共同发展。它要求人们改革现有生产方式，建立基于技术创新和环境友好的产业结构模型。产业结构中对生态文明的需求促进了产业结构的优化和可持续发展。社会经济的发展使自然资源逐渐减少，环境受到了破坏，也使环境问题成为人类高度关注的问题。生产方法发生的重大变化，产业发展已经不再是传统的工业发展，不能走“先污染，后管理”的方式，必须用全新的重组产业结构的思路，走可持续发展的道路，实现自然与工业、人类之间的和谐发展。

2. 优化产业结构是建设生态文明的必由之路

产业结构是构成生产要素的各个产业之间相对稳定、相互支持和有限的关系。生态文明要求满足人们需求并实现自然世界的健康可持续发展。利用生态文明建设对产业结构进行优化和现代化，这是实现产业结构与供给结构之间协调的重要工具。改善和优化产业结构是实现经济可持续发展、节约资源、实现生态文明的必要条件，建设新型工业要减少资源消耗和环境污染，避免和杜绝“先发展，后规范”“先污染，后治理”的套路，尽可能减少资源占用与损耗。因此，优化和更新产业结构是建设生态文明的必由之路。

9.1.2 生态文明建设与产业结构升级的测度

1. 生态文明建设的指标体系与数据来源

笔者从物质生活水平、生态服务资源、生态认知水平3个维度，以及经济发展、民生福利、生态服务保育、生态能源损耗、政府生态认知和居民生态认知6个系统层面综合测度河南省生态文明建设发展水平；以河南省18个地级市为研究单元，以2009—2019年为研究样本区间，所使用的数据均来源于2010—2020年的《河南统计年鉴》。

如表9-1所示，2019年郑州市人均GDP为113 139元，为全省人均GDP最高地级市，而周口市人均GDP仅为36 891元，是全省最低水平。洛阳市R&D经费支出占GDP的比重为2.46%，而周口市R&D经费支出占GDP的比重为0.47%，两地R&D经费支出差距较大。济源市人口自然增长率最高，为5.65%，而信阳市人口自然增长率仅为3.11%。洛阳市的城镇登记失业率为3.8%，居全省最高，而漯河市城镇登记失业率仅为1.3%。

表 9-1　2019 年河南省经济发展、民生福利数据统计表

地区	人均 GDP（元）	R&D 经费支出占 GDP 的比重（%）	人均可支配收入（元）	人口自然增长率（%）	城镇登记失业率（%）
安阳市	43 002	1.33	34 959	4.24	3.4
鹤壁市	60 678	0.90	32 836	4.49	1.80
济源市	93 693	2.00	36 039	5.65	3.00
焦作市	76 828	1.69	33 956	4.21	2.90
开封市	51 733	1.19	31 305	4.33	3.00
洛阳市	72 912	2.46	38 630	4.69	3.80
漯河市	59 190	0.86	31 169	4.22	1.30
南阳市	38 064	1.10	33 442	3.18	2.80
平顶山市	47 201	1.65	34 266	4.75	2.20
濮阳市	43 810	1.04	21 592	4.32	3.00
三门峡市	63 473	1.38	32 178	3.24	2.60
商丘市	39 719	0.95	32 336	4.55	2.30
新乡市	50 277	2.18	33 626	3.99	3.70
信阳市	42 641	0.59	30 425	3.11	2.50
许昌市	76 312	1.57	34 376	4.49	3.00
郑州市	113 139	2.10	42 087	5.53	1.80
周口市	36 891	0.47	28 231	3.83	3.50
驻马店市	38 943	0.52	30 409	3.19	2.00

如表 9-2 所示，2019 年商丘市建成区绿化覆盖率为 47.1%，处于全省较高水平，而三门峡市建成区绿化覆盖率较低，仅为 36.8%。许昌市城市人均公园绿地面积为 15.8 平方米，处于全省最高水平，而洛阳市城市人均公园绿地面积为 11.9 平方米。周口市单位 GDP 能耗为 0.05；而济源市为 1.06，是周口市单位 GDP 能耗的 21 倍。

表 9-2　2019 年河南省生态服务保育、生态能源损耗数据统计表

地区	建成区绿化覆盖率（%）	城区人口密度（人/平方公里）	城市人均公园绿地面积（平方米）	单位 GDP 能耗（吨标准煤/万元）
安阳市	41.9	5 000	12.1	0.69
鹤壁市	43.2	3 760	14.8	0.46
济源市	42.1	3 974	13	1.06
焦作市	42	5 779	15.1	0.37

续表

地区	建成区绿化覆盖率（%）	城区人口密度（人/平方公里）	城市人均公园绿地面积（平方米）	单位 GDP 能耗（吨标准煤/万元）
开封市	40.9	5 332	12.2	0.13
洛阳市	40.2	7 206	11.9	0.27
漯河市	42.3	5 799	15.6	0.14
南阳市	42.3	2 504	14.3	0.18
平顶山市	41.6	3 495	13.1	0.44
濮阳市	40.6	4 014	14.8	0.36
三门峡市	36.8	6 699	13.1	0.48
商丘市	47.1	9 367	14.4	0.25
新乡市	40.1	5 647	12	0.31
信阳市	44.6	2 441	14.1	0.16
许昌市	41.5	3 046	15.8	0.12
郑州市	41.1	8 793	14.5	0.12
周口市	39	4 463	13.9	0.05
驻马店市	45.1	2 786	15.3	0.15

如表 9-3 所示，济源市在城镇居民文教娱乐支出占家庭消费支出比重、百人拥有公共图书馆藏书、污水处理率、生活垃圾无害化处理率等方面都处于全省较高水平；而漯河市、濮阳市、周口市等地则在处于较低水平。

表 9-3　2019 年河南省政府生态认知和居民生态认知数据统计表

地区	城镇居民文教娱乐支出占家庭消费支出比重（%）	财政性教育经费支出（万元）	生活垃圾无害化处理率（%）	污水处理率（%）	百人拥有公共图书馆藏书（册）
安阳市	12.9	947 779	100	98	28
鹤壁市	10.1	281 238	100	96	45
济源市	15.7	165 675	100	98.9	95
焦作市	12.2	521 335	100	99	40
开封市	9.3	760 390	100	95.9	25
洛阳市	11.9	1 236 576	96.6	99.5	64
漯河市	9.3	431 899	100	98	24
南阳市	11.5	1 760 068	100	99.4	17
平顶山市	10.2	846 847	100	98.3	35
濮阳市	9.7	770 612	100	96.2	28

续表

地区	城镇居民文教娱乐支出占家庭消费支出比重（%）	财政性教育经费支出（万元）	生活垃圾无害化处理率（%）	污水处理率（%）	百人拥有公共图书馆藏书（册）
三门峡市	11.7	507 924	100	97.6	70
商丘市	13.4	1 112 317	100	98.6	11
新乡市	12.1	975 617	100	96.3	26
信阳市	9.7	1 332 264	99.1	97	16
许昌市	11.9	771 333	100	98	28
郑州市	11.8	2 749 521	100	98	54
周口市	9.8	1 398 367	98.6	96.7	8
驻马店市	10.8	1 396 965	100	98.8	9

笔者通过6个系统层面综合测度河南省生态文明建设发展水平，避免了过去使用单个索引，同时采用熵值法来确定每个指标的权重（表9-4）。

表9-4 河南省生态文明建设指标体系

<table>
<tr><th>系统层</th><th>目标层</th><th>分项指标</th><th>基础指标</th><th>权重</th><th>指标属性</th></tr>
<tr><td rowspan="14">生态文明建设水平</td><td rowspan="5">物质生活水平</td><td rowspan="2">经济发展</td><td>人均地区生产总值（元）</td><td>0.099</td><td>+</td></tr>
<tr><td>R&D经费支出占GDP比重（%）</td><td>0.118</td><td>+</td></tr>
<tr><td rowspan="3">民生福利</td><td>人均可支配收入（元）</td><td>0.023</td><td>+</td></tr>
<tr><td>城镇登记失业率（%）</td><td>0.010</td><td>−</td></tr>
<tr><td>人口自然增长率（%）</td><td>0.041</td><td>+</td></tr>
<tr><td rowspan="4">生态服务资源</td><td rowspan="3">生态服务保育</td><td>建成区绿化覆盖率（%）</td><td>0.027</td><td>+</td></tr>
<tr><td>城区人口密度（人/平方公里）</td><td>0.196</td><td>+</td></tr>
<tr><td>城市人均绿地面积（平方米）</td><td>0.074</td><td>+</td></tr>
<tr><td>生态能源损耗</td><td>单位GDP能耗（吨标准煤/万元）</td><td>0.020</td><td>−</td></tr>
<tr><td rowspan="5">生态认知水平</td><td rowspan="3">政府生态认知</td><td>百人拥有公共图书馆藏书（册）</td><td>0.175</td><td>+</td></tr>
<tr><td>财政性教育经费支出（万元）</td><td>0.132</td><td>+</td></tr>
<tr><td>污水处理率（%）</td><td>0.021</td><td>+</td></tr>
<tr><td rowspan="2">居民生态认知</td><td>生活垃圾无害化处理率（%）</td><td>0.010</td><td>+</td></tr>
<tr><td>城镇居民文教娱乐支出占家庭消费支出的比重（%）</td><td>0.055</td><td>+</td></tr>
</table>

注："+"指正向指标，"−"指负向指标，下同。

2. 产业结构升级的指标体系与数据来源

借鉴车明好等（2019）[①] 的研究方法，采用两个层面构建产业结构升级综合指标。产业结构合理化的数值越大，产业结构越不合理，反之，产业结构越合理。由于泰尔指数是负向指标，笔者采用干春晖等人（2011）[②] 的方法对泰尔指数进行处理，取泰尔指数的倒数；产业结构高级化用比值表示，比值越大，说明第三产业越发达，产业结构越高级，反之，说明第三产业越落后，产业结构越低级（表 9-5）。

表 9-5　河南省产业结构升级指标体系

系统层	目标层	基础指标	权重	指标属性
产业结构升级	产业结构合理化	1/泰尔指数	0.050	+
	产业结构高级化	第三产业产值/第二产业产值	0.950	+

产业结构合理化是指跨部门整合的质量。一方面反映了行业之间的协调水平；另一方面反映了资源效率的水平，它是产品结构的组成部分和结构的组合。研究人员通常使用结构差异来衡量工业结构的平衡程度。结构性失衡指数对所有部门均一视同仁，而与每个部门在经济中的重要性无关，并且增加了计算绝对值的复杂性，同时增加了研究的难度。为此对泰尔指数进行了重新的定义：

$$TL = \sum_{i=1}^{n}\left(\frac{Y_i}{Y}\right)\ln\left(\frac{Y_i}{L_i}/\frac{Y}{L}\right) \tag{9-1}$$

式中：TL 为泰尔指数；Y 为产值；L 为就业；i 为产业；n 为产业部门数。

如表 9-6 所示，2019 年南阳市、商丘市、信阳市、周口市、驻马店市第一产业占 GDP 比重较大；鹤壁市、济源市、焦作市、许昌市第二产业占比较高；洛阳市、南阳市、濮阳市、郑州市、开封市等地第三产业占比较高。从整体来看，第二、第三产业占比远高于第一产业。

① 车明好，邓晓兰，陈宝东．产业结构合理化、高级化与经济增长：基于门限效应的视角［J］．管理学刊，2019，32（04）：12－20.

② 干春晖，郑若谷，余典范．中国产业结构变迁对经济增长和波动的影响［J］．经济研究，2011，46（05）：10－16＋31.

表 9-6 2019 年河南省三大产业占比

地区	地区 GDP（亿元）	第一产业产值（亿元）	第二产业产值（亿元）	第三产业产值（亿元）	第一产业占 GDP 比重	第二产业占 GDP 比重	第三产业占 GDP 比重
安阳市	2 229.3	198.0	998.4	1 032.9	0.09	0.45	0.46
鹤壁市	988.7	63.8	593.2	331.7	0.06	0.60	0.34
济源市	687.0	24.4	421.9	240.7	0.04	0.61	0.35
焦作市	2 761.1	149.8	1 480.2	1 131.2	0.05	0.54	0.41
开封市	2 364.1	318.2	949.2	1 096.7	0.13	0.40	0.46
洛阳市	5 034.9	245.1	2 330.6	2 459.2	0.05	0.46	0.49
漯河市	1 578.4	137.8	729.9	710.7	0.09	0.46	0.45
南阳市	3 815.0	569.5	1 267.8	1 977.7	0.15	0.33	0.52
平顶山市	2 372.6	173.7	1 092.6	1 106.4	0.07	0.46	0.47
濮阳市	1 581.5	193.1	570.9	817.5	0.12	0.36	0.52
三门峡市	1 443.8	136.2	704.9	602.8	0.09	0.49	0.42
商丘市	2 911.2	428.9	1 193.5	1 288.8	0.15	0.41	0.44
新乡市	2 918.2	253.6	1 338.6	1 326.0	0.09	0.46	0.45
信阳市	2 758.5	497.7	1 008.9	1 251.9	0.18	0.37	0.45
许昌市	3 395.7	162.3	1 834.4	1 399.0	0.05	0.54	0.41
郑州市	11 589.7	140.9	4 617.1	6 831.8	0.01	0.40	0.59
周口市	3 198.5	474.5	1 406.0	1 318.0	0.15	0.44	0.41
驻马店市	2 742.1	467.9	1 101.9	1 172.3	0.17	0.40	0.43

如表 9-7 所示，2019 年南阳市、商丘市、郑州市、周口市、驻马店市等地总从业人数突破 500 万人；其中济源市、三门峡市、许昌市、郑州市、鹤壁市等地第二产业产值/第二产业从业人数占比较高，而济源市、焦作市、许昌市、郑州市等地第三产业产值/第三产业从业人数占比较高。

表 9-7　2019 年河南省三大产业占比统计表

地区	总从业人数（万人）	第一产业从业人数（万人）	第二产业从业人数（万人）	第三产业从业人数（万人）	第一产业产值/第一产业从业人数	第二产业产值/第二产业从业人数	第三产业产值/第三产业从业人数
安阳市	356.86	113.88	127.53	115.45	1.74	7.83	8.95
鹤壁市	97.42	27.35	32.48	37.59	2.33	18.26	8.82
济源市	45.85	13.60	16.65	15.61	1.79	25.34	15.42
焦作市	235.23	67.53	88.15	79.55	2.22	16.79	14.22
开封市	322.71	130.51	84.14	108.07	2.44	11.28	10.15
洛阳市	421.75	117.39	123.74	180.62	2.09	18.83	13.62
漯河市	176.29	68.39	47.18	60.72	2.01	15.47	11.70
南阳市	654.11	295.53	161.22	197.37	1.93	7.86	10.02
平顶山市	318.85	127.41	84.49	106.95	1.36	12.93	10.34
濮阳市	242.53	84.53	62.31	95.70	2.28	9.16	8.54
三门峡市	136.09	53.98	27.56	54.55	2.52	25.58	11.05
商丘市	549.60	190.84	157.28	201.48	2.25	7.59	6.40
新乡市	350.16	111.04	121.62	117.50	2.28	11.01	11.29
信阳市	479.94	211.30	116.05	152.58	2.36	8.69	8.20
许昌市	275.94	99.46	84.81	91.66	1.63	21.63	15.26
郑州市	635.01	91.07	171.55	372.39	1.55	26.91	18.35
周口市	687.11	254.53	238.28	194.30	1.86	5.90	6.78
驻马店市	576.30	219.09	174.04	183.17	2.14	6.33	6.40

9.1.3　数据处理

1. 确定各指标的权重

数据标准化的主要功能就是消除变量间的量纲关系，从而使数据具有可比性。根据生态文明建设和产业结构升级评价指标体系可以看出，指标具有正向作用和负向作用。所谓正向作用，就是积极的作用，指该数值越高，系统越好，正向指标由公式（9-2）进行标准化处理。所谓负向作用，就是消极的作用，负向指标由公式（9-3）进行标准化处理。

$$x_{ij} = \frac{x_{ij} - \min(x_{ij})}{\max(x_{ij}) - \min(x_{ij})} \tag{9-2}$$

$$x_{ij} = \frac{\max(x_{ij}) - x_{ij}}{\max(x_{ij}) - \min(x_{ij})} \tag{9-3}$$

式中：x_{ij} 表示无量纲处理前的原始指标值；max（x_{ij}）、min（x_{ij}）分别表示 x_{ij} 的最大值和最小值。计算第 j 项指标下第 i 个记录所占比重的方法如下：

$$P_{ij} = \frac{x_{ij}}{\sum_{i=1}^{n} x_{ij}} \tag{9-4}$$

式中：n 表示 18 个地级市；x_{ij} 表示坐标平移后的标准化值。以此计算第 j 项指标的熵值为

$$E_j = -\ln(n)^{-1} \sum_{i=1}^{n} P_{ij} \ln P_{ij} \tag{9-5}$$

计算信息熵冗余度为

$$g_i = 1 - E_j \tag{9-6}$$

确定各指标的权重为

$$W_{ij} = \frac{g_i}{\sum_{j=1}^{m} g_i} \tag{9-7}$$

式中：m 表示 14 个指标，$m=1$，2，…，14。

2. 熵值法赋权

为了避免人为因素带来的偏差，使用熵值法来确定每个指标的权重，得到 18 个地级市的各项指标的权重，进而计算得到两个系统各自的综合发展得分。

$$U_n = \sum_{j=1}^{m} W_{ij} x_{ij} \tag{9-8}$$

式中：U_n 表示两系统的综合评价得分；W_{ij} 表示各项指标上的权重。

9.1.4 生态文明建设指数与产业结构升级指数的计算

笔者根据熵值法计算出 2009—2019 年河南省 18 个地级市生态文明建设和产业结构升级的综合评分，如表 9-8、表 9-9 所示。

表 9-8　2009—2019 年河南省生态文明建设综合评分

地区	2009	2010	2011	2012	2013	2014	2015	2016	2017	2018	2019
安阳市	0.79	0.72	0.77	0.87	0.83	1.00	0.90	0.83	0.84	0.96	0.89
鹤壁市	0.79	0.90	0.89	0.93	0.8	0.96	0.87	0.85	0.83	0.78	0.84
济源市	1.03	1.06	1.17	1.27	1.42	1.53	1.53	1.43	1.5	1.47	1.44
焦作市	0.92	0.92	0.97	1.07	1.09	1.25	1.16	1.17	1.21	1.19	1.03
开封市	0.75	0.60	0.80	0.95	0.91	1.13	0.87	0.86	0.88	0.86	0.84
洛阳市	0.94	1.01	1.02	1.24	1.16	1.19	1.31	1.32	1.39	1.09	1.43
漯河市	0.85	0.88	0.85	0.87	0.83	1.01	0.91	0.88	0.90	1.00	0.79
南阳市	0.58	0.71	0.72	0.80	0.84	0.77	0.83	0.76	0.80	0.77	0.70
平顶山市	0.91	0.83	0.83	1.00	0.95	1.05	1.00	0.93	0.99	1.09	0.92
濮阳市	0.82	0.84	0.76	0.83	0.83	0.94	0.93	0.89	0.9	0.91	0.77
三门峡市	1.26	1.18	1.26	1.40	1.35	1.26	1.04	1.09	1.16	1.11	1.06
商丘市	0.87	0.80	0.79	0.93	0.95	1.05	1.02	0.99	1.07	1.18	1.02
新乡市	0.96	0.91	1.02	1.20	1.14	1.24	1.17	1.13	1.10	1.14	0.97
信阳市	0.73	0.67	0.62	0.66	0.66	0.79	0.73	0.64	0.66	0.65	0.57
许昌市	1.02	0.96	0.97	1.15	1.08	1.21	1.16	1.17	1.08	1.05	0.90
郑州市	1.10	1.08	1.22	1.41	1.46	1.57	1.59	1.66	1.69	1.84	1.79
周口市	1.05	0.54	0.55	0.58	0.57	0.67	0.67	0.66	0.68	0.72	0.65
驻马店市	0.70	0.63	0.57	0.68	0.58	0.71	0.69	0.62	0.66	0.66	0.81

从表 9-8 可以看出，河南省生态文明建设城市以济源市、焦作市、洛阳市、三门峡市、商丘市、郑州市为主。

表 9-9　2009—2019 年河南省产业结构升级综合评分

地区	2009	2010	2011	2012	2013	2014	2015	2016	2017	2018	2019
安阳市	0.16	0.14	0.20	0.22	0.23	0.35	0.57	0.48	0.50	0.57	0.60
鹤壁市	0.02	0.01	0.01	0.02	0.02	0.09	0.37	0.14	0.15	0.19	0.25
济源市	0.02	0.01	0.03	0.02	0.03	0.13	0.38	0.19	0.18	0.20	0.26
焦作市	0.09	0.07	0.07	0.10	0.10	0.21	0.45	0.27	0.29	0.33	0.40
开封市	0.39	0.40	0.40	0.41	0.41	0.51	0.68	0.62	0.66	0.75	0.69
洛阳市	0.24	0.22	0.20	0.23	0.27	0.44	0.60	0.58	0.60	0.67	0.62

续表

地区	2009	2010	2011	2012	2013	2014	2015	2016	2017	2018	2019
漯河市	0.01	0.01	0.02	0.03	0.04	0.12	0.42	0.16	0.19	0.22	0.56
南阳市	0.22	0.21	0.22	0.25	0.29	0.41	0.52	0.51	0.55	0.62	1.00
平顶山市	0.11	0.10	0.11	0.18	0.23	0.33	0.53	0.46	0.49	0.53	0.59
濮阳市	0.05	0.04	0.06	0.06	0.06	0.22	0.44	0.30	0.35	0.41	0.90
三门峡市	0.11	0.07	0.07	0.08	0.11	0.17	0.55	0.28	0.29	0.33	0.47
商丘市	0.27	0.26	0.27	0.31	0.32	0.43	0.65	0.54	0.55	0.60	0.64
新乡市	0.22	0.20	0.18	0.22	0.24	0.36	0.58	0.44	0.48	0.50	0.57
信阳市	0.39	0.38	0.40	0.45	0.44	0.46	0.50	0.56	0.62	0.70	0.76
许昌市	0.05	0.04	0.05	0.07	0.08	0.21	0.30	0.27	0.27	0.31	0.40
郑州市	0.42	0.37	0.34	0.37	0.38	0.51	0.67	0.65	0.74	0.76	0.94
周口市	0.24	0.23	0.24	0.23	0.20	0.31	0.33	0.39	0.42	0.46	0.53
驻马店市	0.37	0.37	0.35	0.36	0.35	0.47	0.32	0.60	0.60	0.66	0.63

从 9-9 可以看出，河南省产业结构升级城市以南阳市、濮阳市、郑州市为主。

9.2 生态文明建设对产业结构升级影响的实证分析

9.2.1 模型构建及检验

本节的重点是研究河南省生态文明建设对产业结构升级的影响并进行实证分析。因此，两个变量的模型构建如下：

$$y = \alpha + \beta x + \mu \tag{9-9}$$

式中：y 为产业结构升级水平；x 为生态文明建设水平；μ 为随机扰动因素。

1. 单位根检验

在进行面板数据回归分析时，为了防止出现伪回归，必须要对每个变量进行单位根检验，以保证每个变量的平稳性。

单位根检验的方法较多，例如 LLC、IPS、Breitung、ADF-Fisher 和 PP-Fisher，一般采用 LLC 和 ADF-Fisher 这两种检验方法。如果两种方法都拒绝存在单位根的原假设，接受备择假设，就可以说此序列是平稳的。对产业结构升级水平进行单位根检验，面板数据检验结果见表 9-10、表 9-11。

表 9-10　产业结构升级水平的单位根检验

Method	Statistic	P 值	sections	Obs
LLC 检验	−10.640 3	0.000 0***	18	161
ADF 检验	93.696 0	0.000 0***	18	161

注：*、**、*** 分别表示 10%、5%、1%的水平下显著。

产业结构升级水平序列经过一阶差分，得出的检验结果达到要求。从检验结果看出 LLC 检验的系数为−10.640 3，P 值为 0.000，所以拒绝原假设，通过了 LLC 检验。对于 ADF-Fisher 检验，P 值小于置信度 0.05，则认为拒绝了存在不同根单位根的原假设，通过了 ADF-Fisher 检验。这说明产业结构升级水平序列是平稳的。

表 9-11　生态文明建设水平的单位根检验

Method	Statistic	P 值	sections	Obs
LLC 检验	−15.622 2	0.0000***	18	159
ADF 检验	138.879	0.0000***	18	159

注：*、**、*** 分别表示 10%、5%、1%的水平下显著。

生态文明建设水平序列经过一阶差分，得出检验结果达到要求，从检验结果看出 LLC 检验的系数为−15.622 2，P 值为 0.000，所以拒绝原假设，通过了 LLC 检验。对于 ADF-Fisher 检验，P 值小于置信度 0.05，则认为拒绝了存在不同根单位根的原假设，通过了 ADF-Fisher 检验。这说明生态文明建设水平序列也是平稳的。

2. 协整检验

由单位根检验可以知道 X 序列和 Y 序列都是经过了一阶差分，检验结果达到要求，序列平稳，属于同阶单整，可以进行检验。由于 LLC 检验是同质面板单位根检验，协整检验也采取了基于残差的同质面板协整检验中的 Kao 检验，结果如表 9-12、表 9-13 所示。

表 9-12　协整检验

	Statistic	Prob.	Statistic	Prob.
Panel PP-Statistic	−4.255 628	0.000 0	−4.871 787	0.000 0
Panel ADF-Statistic	−4.376 133	0.000 0	−3.826 020	0.000 1

由表 9-12 的协整检验结果可知，经过一阶差分的生态文明建设水平序列和产业结构升级水平序列通过了 ADF 检验和 PP 检验，说明生态文明建设水平序列和产业结构升级水平序列存在协整关系。

表 9-13　Kao 检验

	t-Statistic	Prob.
ADF	2.910 810	0.001 8

由表 9-13 的检验结果可知，*P* 值小于相应显著性水平，表示经过一阶差分的生态文明建设水平序列和产业结构升级水平序列通过了检验，即两个变量之间存在着长期稳定的关系。

9.2.2　回归分析

通过构建面板模型研究河南省生态文明建设对产业结构升级的影响。经过检验笔者得出两者之间具有长期稳定的关系，借鉴屈韵奇（2020）[①] 对于豪斯曼检验的应用来确定模型，检验结果见表 9-14。

表 9-14　豪斯曼检验

Test Summary	Chi-Sq. Statistic	Chi-Sq. d. f.	Prob.
Cross-section random	9.011 857	1	0.002 7

由表 9-14 可以看出，豪斯曼统计量的值是 9.011 857，相对应的概率是 0.002 7，所以本节应该建立两者的个体固定效应模型，以此对生态文明建设对产业结构升级的影响进行实证分析，模型结果见表 9-15。

表 9-15　模型结果

地级市	系数	地级市	系数	地级市	系数
安阳市	1.382 57	漯河市	−0.166 83	新乡市	0.369 14
鹤壁市	−0.300 38	南阳市	0.343 18	信阳市	−1.080 5
济源市	0.480 67	平顶山市	1.333 62	许昌市	0.123 44
焦作市	0.683 55	濮阳市	0.204 09	郑州市	0.657 36
开封市	0.209 56	三门峡市	−1.193 26	周口市	0.081 54
洛阳市	0.818 68	商丘市	1.100 13	驻马店市	0.679 75

① 屈韵奇．人口老龄化对金融业发展影响区域差异统计分析［D］．辽宁大学，2020.

由 F 值可知模型方程的显著性明显。当 P 值小于 0.1 时，生态文明建设对产业结构升级的影响显著。由各地级市相对应的 P 值可以看出，安阳市、济源市、洛阳市、平顶山市、三门峡市、商丘市、郑州市的生态文明建设对产业结构升级的影响显著，而其他地级市生态文明建设对产业结构升级的影响不太显著。

由表 9-15 的系数可以看出，安阳市、焦作市、开封市、济源市、南阳市、平顶山市、濮阳市、洛阳市、商丘市、许昌市、郑州市、周口市、新乡市和驻马店市的生态文明建设对产业结构升级有积极的促进作用。鹤壁市、信阳市和漯河市的系数为负，说明生态文明建设对产业结构升级的影响有负向作用，但是这三个市相对应的 P 值大于 0.1，说明生态文明建设对于产业结构升级的影响并不显著。三门峡市的系数为负，对应的 P 值小于 0.1，表明该市生态文明建设对产业结构升级的影响显著，但是生态文明建设对产业结构升级的影响有负向作用，说明三门峡市在经济发展、民生福利、生态服务保育、生态能源损耗、政府生态认知和居民生态认知这 6 个系统层面的发展并不充分，不足以支撑生态文明建设推动产业结构升级。

第四篇　河南省农业高质量发展研究

第 10 章　河南省农业高质量发展水平测度

自 20 世纪 90 年代以来，河南省在农业方面取得了突破性进展，主要表现为：农林牧渔业生产总值持续增加，农村经济走向繁荣，农民生活质量得到明显改善，农村社会和谐安定。河南省位于中原腹地，肩负着保障国家粮食安全的重大使命，省政府对推进本省的农业现代化进程十分重视。然而，河南省农业经济虽然得到了快速提升，但同时也面临着越来越多的问题，主要表现为：农村劳动力大量流失，土地资源遭到占用，农业生态环境被破坏，农产品价格低迷等。如果想要发展农业经济，就需要解决这些问题。只有调整农业产业布局，转变农业发展方式，促进农业均衡发展，努力提升农业经济增长，才能够突破农业发展瓶颈，使农业从数量增长型向质量增长型转变，助力中原经济区域发展。

10.1　河南省农业发展现状分析

河南省作为全国第一人口大省和重要的粮食生产大省，对我国农业经济发展具有非常重要的作用。近年来，河南省在农业改革方面取得了一定的成效，农业经济也得到快速提升。为了分析河南省农业经济增长的现状，以 2002—2020 年为时间截面，比较农林牧渔业总产值增加值，分析农林牧渔业生产总值的增加率，具体结果见表 10-1。

表 10-1　2002—2020 年河南省农业经济增长量

时间	农林牧渔总产值（亿元）	农林牧渔总产值增加率（%）	时间	农林牧渔总产值（亿元）	农林牧渔总产值增加率（%）
2002	2 192.02	104.61	2012	6 473.70	104.45
2003	2 193.09	97.95	2013	6 938.24	104.36
2004	2 963.92	112.87	2014	7 244.34	104.24
2005	3 309.70	107.54	2015	7 299.58	104.63
2006	3 348.94	107.43	2016	7 405.42	104.49
2007	3 879.93	103.88	2017	7 562.53	104.63
2008	4 669.54	105.82	2018	7 757.94	103.9
2009	4 871.51	104.46	2019	8 541.77	103.0
2010	5 619.70	104.59	2020	9 956.35	102.7
2011	6 055.54	103.78			

由表 10-1 可以看出：河南省农林牧渔业总产值从 2002 年的 2 192.02 亿元增加为 2020 年的 9 956.35 亿元，总体上呈现出“阶梯式”增长，农林牧渔生产总值增加率在 2002—2006 年间波动较大，但 2006 年后大致趋于稳定，说明河南省农业经济自 2002 年起在波动中前进并渐渐走向稳定。总体而言，河南省农业得到了快速发展，农产品产量增加，农村社会走向繁荣，农民生活质量明显提升，农业生产结构得到了一定的调整，农业生产总值稳定增长。但随着农业经济的快速发展，河南省在农业上所面临的问题也逐渐显露。

截至 2020 年，全省总人口达到 1.15 亿人，随着人口的增加，建设用地需要占用大量的土地资源，从而导致河南省的耕地面积逐年减少。河南省作为耕地面积位于全国第三的省份，而人均耕地面积却小于全国平均水平。人均耕地面积不足，成为河南省长期存在并有待解决的一大问题。河南省农业经济在数量上虽然取得飞速发展，但由于人口基数大，人均产量仍然低于全国平均水平。因此，河南省必须要着重解决现有农业问题，提高资源利用率，依靠地处中原的地理环境优势、便利的交通运输系统和深厚的农业历史文化底蕴，大力发展农产品生产加工一体化的现代农业产业化集群，积极推动现代化农业发展。

10.2 对河南省农业经济增长质量的评价

10.2.1 指标体系的构建

笔者在参考同类文献对衡量经济增长质量所建立的指标体系和评价模型的基础上，主要从农业经济增长、农业经济结构、农村社会发展水平和农村可持续发展四个不同的维度构建农业经济增长质量综合评价指标体系（表10-2）。

表10-2 河南省农业经济增长质量综合评价体系

维度指数	要素指标	基础指标	度量方式	方向
农业经济增长	经济增长稳定性	农业经济增长波动率（%）	农林牧渔生产总值增长率变动幅度的绝对值	逆指标
		农业经济增长率（%）	农林牧渔生产总值增长率	正指标
		消费价格指数	农村居民消费价格指数	逆指标
	经济增长效率	劳动生产率（亿元/万人）	第一产业总产值/第一产业从业人员	正指标
		投资效果系数（%）	农林牧渔业总产值增值/上年农林牧渔业投资总额	正指标
		耕地产出率（亿元/千公顷）	第一产业总产值/耕地面积	正指标
农业经济结构	产业结构	农经占比（%）	农林牧渔生产总值/地区生产总值	正指标
		农业服务业占比（%）	农林牧渔服务业生产总值/农林牧渔生产总值	正指标
		第一产业比较生产率（%）	第一产业产值比重/第一产业从业人员比重	正指标
	投资消费结构	农业投资（亿元）	财政投入+农村固定资产投入	正指标
		农村居民消费率（%）	农村居民消费/支出法生产总值	正指标

续表

维度指数	要素指标	基础指标	度量方式	方向
农村社会发展水平	农村发展水平	城镇化率（%）	城镇化率	正指标
		城乡二元化结构强度	（第二、三产业 GDP 占比/第二、三产业就业人员占比）/（第一产业 GDP 占比/第一产业就业人员占比）	逆指标
		农民收入水平（元/人）	农民人均纯收入	正指标
		农村生活水平	农村恩格尔系数	正指标
	农业生产水平	机械化水平（亿瓦/千公顷）	农机总动力/耕地面积	正指标
农村可持续发展	资源情况	有效灌溉面积比重（%）	耕地有效灌溉面积/耕地面积	正指标
		农村人口有效转移	城镇化率/农民非农就业率	逆指标
	环境状况	单位面积化肥使用量（吨/公顷）	化肥施用量/农作物总播种面积	逆指标
		单位面积农药使用量（吨/千公顷）	农药使用量/农作物总播种面积	逆指标

10.2.2　数据来源与指标处理

基于数据的准确性和可获得性，并且要能够与同类研究进行对比，笔者以 2002 年为基年，重点研究河南省 2002—2020 年的农业经济增长质量。所采用的数据均来自历年的《中国统计年鉴》《河南统计年鉴》和各市统计公报。由于 2013 年河南省各直辖市的农村居民消费价格指数数据缺失，因此采用线性插值法进行补充。以主成分分析法为主要研究方法，通过对逆指标采用标准化处理，使得所有基础指标对农业经济增长质量的作用力方向相同，并且采用均值化进行量纲处理，以此对河南省农业经济增长质量进行分析评价。如果计算结果为正值，说明此指标对农业经济增长质量的提升起促进作用；如果计算结果为负值，说明此指标对农业经济增长质量的提升起制约作用。

10.2.3　基础指标与维度指数的权重确定

主成分个数的选取是主成分分析进行多指标综合评价时的关键所在，现有研究一般根据前 m 个主成分的累计贡献率大于 85%来提取，以前 m 个主成分来反映全部指标的信息。因此，采用前 m 个主成分 F_m 来确定基础指标的权重，将第 m 个主成分中第 j 个基础指标的系数除以其相应主成分 F_m 的特征根开方后所得到的单位特征向量作为每个基础指标对应的系数 X_{mj}，再将 X_{mj} 乘以 F_m 所对应的贡献率后再除以所提取 m 个主成分的 j 个贡献率之和得到 F_{mj}，最后求和得到每个基础指标的权重，由此求得各基础指标指数，再以同样的方法计算各维度指数的权重，最终求得农业经济增长质量指数。

农业经济增长质量中 4 个维度指数的第一主成分方差贡献率均小于 85%。因此，对农业经济增长和农村可持续发展水平采用前 3 个主成分来确定相应权重，对农业经济结构和农村社会发展水平采用前 2 个主成分来确定权重，最终使 4 个维度的累计方差贡献率均超过 85%，确保整个指标体系中主成分的选取具有较强的合理性（表 10-3）。

表 10-3 各级指标的统计特征

维度	成分	初始特征值	方差贡献率（%）	累积方差贡献率（%）
农业经济增长	1	2.336	38.927	38.927
	2	2.122	35.368	74.295
	3	1.028	17.136	91.432
农业经济结构	1	3.532	70.635	70.635
	2	0.914	18.284	88.919
农村社会发展水平	1	3.638	72.763	72.763
	2	1.011	20.222	92.985
农村可持续发展水平	1	2.583	64.568	64.568
	2	0.759	18.968	83.536
	3	0.599	14.969	98.505
农业经济增长质量	1	0.565	64.547	64.547
	2	0.215	24.574	89.120

10.2.4 河南省农业经济增长质量的总体趋势分析

从维度指数权重来看（表 10-4），农业经济增长这个维度在农业经济增长质量指数中的权重最高，这意味着在 2002—2020 年农业经济增长对河南省农业经济增长质量变化的影响最大，其次是农业经济结构和农村社会发展水平，说明这两个维度对河南省农业经济增长质量的变化也具有一定的促进作用。而农村可持续发展维度的权重在 4 个维度权重中最小，而且为负值（—0.689），说明农业可持续发展水平对农业经济增长质量的提高具有较大的制约作用。同时，表 10-4 所计算的各基础指标权重表明，农村人口的有效转移、农民生活水平、消费价格指数、单位面积农药使用量以及农村居民消费率等基础指标权重略大，对农业经济增长质量的贡献比较突出，而农业经济增长波动率、农民收入水平、耕地产出率和城乡二元化结构强度等基础指标则对农业经济增长质量指数的贡献比较小，尤其是农业经济增长和农业服务业占比等指标，则在一定程度上抑制着农业经济增长质量的提高。

表 10-4　各基础指标、维度指数的系数向量与相应权重

基础指数	主成分系数			权重
	1	2	3	
农业经济增长波动率	—0.085	0.443	—0.084	0.078
农业经济增长率	0.026	—0.462	0.082	—0.100
消费价格指数	0.039	0.185	0.841	0.215
劳动生产率	0.404	0.098	—0.203	0.101
投资效果系数	0.302	—0.105	0.410	0.132
农经占比	0.268	0.138		0.143
农业服务业占比	—0.264	0.245		—0.059
第一产业比较生产率	0.233	0.277		0.158
农业投资	—0.174	0.849		0.109
农村居民消费率	0.239	0.466		0.201
耕地产出率	0.406	0.086	—0.205	0.098
城镇化率	0.269	—0.050	—	0.099
城乡二元化结构强度	0.253	—0.064	—	0.090
农民收入水平	0.259	—0.158	—	0.072
农民生活水平	0.045	0.973	—	0.229
有效灌溉面积比重	—0.277	0.280	1.113	0.168
农村人口的有效转移	0.249	1.005	—0.042	0.316
单位面积化肥施用量	0.334	—0.477	0.536	0.136
单位面积农药使用量	0.370	—0.036	0.376	0.217
机械化水平	0.264	0.100	—	0.130

续表

维度指数	主成分系数			权重
	1	2	3	
农业经济增长	0.245	0.436	—	0.495
农业经济结构	−0.294	0.627	—	0.090
农村社会发展水平	0.322	−0.387	—	0.081
农村可持续发展	−0.381	−0.542	——	−0.689

10.3 河南省农业经济增长质量的时空特征分析

笔者试图从河南省农业经济增长质量的时序特征差异和空间特征差异两方面来探索农业经济增长质量变动的轨迹。

10.3.1 河南省农业经济增长质量的时序特征分析

首先，根据各基础指标的权重计算求得各维度指数，进而综合求得农业经济增长质量指数，所得结果如表 10-5 所示。

表 10-5 河南省 2002—2020 年农业经济增长质量指数

时间	农业经济增长指数	农业经济结构指数	农村社会发展水平指数	农村可持续发展指数	农业经济增长质量指数
2002	−0.092	1.269	−0.664	0.399	−0.260
2003	0.224	0.336	−0.755	0.282	−0.114
2004	−0.761	0.761	−0.526	0.198	−0.487
2005	−0.158	0.346	−0.484	0.213	−0.232
2006	−0.272	−0.184	0.040	0.416	−0.434
2007	−0.362	−0.269	−0.375	0.477	−0.563
2008	−0.623	−0.279	0.282	0.390	−0.580
2009	0.149	−0.180	−0.122	0.278	−0.144
2010	−0.114	−0.199	0.473	0.243	−0.204
2011	−0.195	−0.294	0.056	0.163	−0.231
2012	0.147	−0.343	0.587	0.084	0.031

续表

时间	农业经济增长指数	农业经济结构指数	农村社会发展水平指数	农村可持续发展指数	农业经济增长质量指数
2013	0.204	−0.175	0.274	−0.655	0.558
2014	0.524	−0.299	0.664	−0.890	0.899
2015	0.647	−0.133	0.356	−0.736	0.844
2016	0.683	−0.357	0.195	−0.863	0.916
2017	0.694	−0.324	0.251	−0.651	0.921
2018	0.706	−0.216	0.367	−0.523	0.925
2019	0.711	−0.211	0.369	−0.520	0.927
2020	0.715	−0.208	0.373	−0.518	0.930

1. 农业经济增长水平

农业经济增长指数由2002年的−0.092增长到了2020年的0.715，除了在2003年以及2009年农业经济增长质量指数出现了比较大的波动之外，农业经济增长在之后的2012—2020年处于稳定上升阶段。从基础指标方面来看，消费价格指数、投资效果系数以及劳动生产率对农业经济增长的贡献比较大，而农业经济增长率则对农业经济增长起到了抑制作用。可见，农林牧渔生产总值增长率的变动幅度越大，农业经济增长的稳定性就越差。在农林牧渔业中一味追求高收益，不但不能促进农业经济增长，反而会成为制约农业经济增长的枷锁，要尽快从追求数量型转变为追求质量型。

2. 农业经济结构

农业经济结构指数由2002年的1.269基本持续下降为2020年的−0.208，成为制约河南省农业经济增长质量的主要因素，调整农业经济结构成为现在河南省农业经济发展的首要任务。从基础指标来看，农村居民消费率逐步上升，对河南省农业经济增长质量的提升做出较大贡献，而农业服务业占比则制约农业经济增长质量的提升。因此，转变农业发展模式，优化农业产业结构，着重发展农业衍生产业成为河南省的主要任务。

3. 农村社会发展水平

农村社会发展水平指数由2002年的−0.664增长到了2020年的0.373。具体来看，农民生活水平和机械化水平这两个基础指标对农村社会发展水平做出了重大贡献，农民社会发展水平不断提高，说明河南省响应国家号召，加大对农村建设的力度；机械化水平的大幅度提高，意味着河南省农业在从传统手工农业向机械化农业的转变中已经取得了初步成效。而农民收入水平对农业经济增长质量的提高贡献较小，说明农民收入水平虽然也有所提升，但幅度不大，仍需要更加关心农民生活水平、提高农民收入、增加对农村基础设施的建设，以提升农民生活质量。

4. 农村可持续发展水平

农村可持续发展水平指数由 2002 年的 0.399 降到 2020 年的 －0.518，整体呈下降趋势，这在一定程度上遏制了河南省农业经济增长质量指数的上升。就基础指标而言，单位化肥施用量和单位农药使用量是通过影响环境进而对农业经济增长质量产生影响，单位面积化肥施用量和单位面积农药使用量数值越高，对环境的不利影响越大。遵循农业可持续发展成为现代农业发展的必然趋势，河南省要继续转变农业生产方式，发展循环农业经济，推动人和自然协调发展以及互利共赢的农业发展。

5. 农业经济增长质量水平

河南省农业经济增长质量指数由 2002 年的 －0.260 增长为 2020 年的 0.930，虽有小幅度回落，但自 2012 年后便开始快速提升，原因在于 2005 年国家颁发了一系列农业改革文件，要求继续减免农业赋税，提高农业补贴力度，加大对农业的财政投入，加快转变农业生产方式等。由于农业政策在农业实践上的滞后性，使得前期河南省农业增长质量的提升并不明显，在后期才慢慢体现出来。2012 年，为响应国家号召，河南省又进一步加大强农惠农富农政策，合理促进农民较快增收、稳定民生，加快农业科技进步，提高农业生产专业化、标准化、规模化、集约化水平等，使农业经济得到快速增长，农业经济增长质量得到稳定提升，农民生活质量普遍得到提高。

10.3.2 河南省农业经济增长质量的空间特征分析

为了进一步判断河南省农业经济增长质量的状态，考虑到从 2012 年开始河南省农业经济增长质量得到了快速提升，笔者选取了 2012—2020 年数据，对各市农业经济增长质量进行更为细致的研究分析。如表 10-6 所示。

表 10-6　2012—2020 年河南省各地市农业经济增长质量指数

地区	2012	2013	2014	2015	2016	2017	2018	2019	2020
郑州市	0.019	0.078	0.253	0.147	0.197	0.199	0.181	0.197	0.213
开封市	−0.136	−0.130	−0.050	0.043	−0.036	−0.014	−0.002	−0.003	−0.003
洛阳市	−0.150	−0.272	−0.178	−0.021	0.003	−0.065	−0.028	−0.031	−0.033
平顶山市	0.142	0.221	0.275	0.409	0.374	0.353	0.379	0.420	0.454
安阳市	−0.038	0.081	0.037	−0.013	−0.010	0.005	−0.006	−0.007	−0.007
鹤壁市	−0.075	0.157	−0.018	−0.066	0.056	−0.009	−0.006	−0.007	−0.008
新乡市	0.032	0.127	0.151	0.100	0.122	0.124	0.115	0.129	0.140
焦作市	0.383	0.447	0.475	0.411	0.292	0.393	0.365	0.405	0.454
濮阳市	−0.095	0.143	0.099	0.108	0.031	0.079	0.073	0.081	0.090
许昌市	−0.102	−0.105	0.053	0.036	0.019	0.036	0.030	0.034	0.038
漯河市	−0.063	−0.077	0.039	−0.161	0.109	−0.004	−0.019	−0.021	−0.023
三门峡市	0.233	0.614	0.390	0.447	0.533	0.457	0.479	0.532	0.595
南阳市	−0.373	−0.233	−0.312	−0.201	−0.225	−0.246	−0.224	−0.258	−0.289
商丘市	−0.036	0.271	0.051	0.359	0.091	0.167	0.206	0.175	0.196
信阳市	−0.357	−0.317	−0.330	−0.273	−0.280	−0.294	−0.282	−0.309	−0.346
周口市	−0.463	−0.402	−0.310	−0.379	−0.327	−0.339	−0.348	−0.356	−0.398
驻马店市	−0.623	−0.578	−0.587	−0.624	−0.498	−0.570	−0.564	−0.598	−0.670
济源市	0.166	0.032	0.147	0.206	0.318	0.224	0.249	0.235	0.263

1. 各市农业经济增长质量指数的计算结果分析

总体来看，2012—2020 年各市的农业经济增长质量指数与河南省农业经济增长质量指数基本一致，但各市的农业经济增长质量指数还有所差异。部分原因是个别城市在某一时间某一个指标出现大幅度的波动，从而导致该市整个指标评价体系的变动。如 2013 年三门峡市的农业经济增长质量指数出现了大幅度波动，从而导致三门峡市的整个农业经济增长质量受到影响，指数也出现了比较大的变化。对农业经济增长质量指数贡献比较突出的城市有：济源市、平顶山市、焦作市、三门峡市和郑州市；而信阳市、周口市以及驻马店市虽然农业耕地面积大、从业人数多，但农业经济增长质量指数依然偏低，原因在于这些城市的机械化水平较低以及农村社会发展水平较为缓慢，严重影响其农业经济增长质量的提升。

2. 河南省农业经济增长质量的差异特征

笔者使用4个维度指数及农业经济增长质量的平均水平和绝对差异来衡量各市农业经济增长质量的空间差异，平均水平和绝对差异分别通过均值和标准差测度，均值反映了各年度农业经济增长质量在时间上的高低水平，而标准差则反映了各市农业经济增长质量变化的稳定程度。如表10-7所示。

表10-7　2012—2020年河南省农业经济增长质量的差异结果计算

时间	农业经济增长		农业经济结构		农村发展水平		农村可持续发展		农业经济增长质量	
	均值	标准差	均值	标准差	均值	标准差	均值	标准差	均值	标准差
2012	−0.128	0.352	−0.035	0.483	−0.075	0.427	−0.176	0.466	−0.085	0.250
2013	0.130	0.525	−0.061	0.454	−0.084	0.421	−0.111	0.498	0.003	0.300
2014	−0.014	0.355	−0.015	0.466	0.018	0.437	0.053	0.552	0.010	0.272
2015	0.033	0.463	0.091	0.518	0.078	0.405	0.116	0.550	0.029	0.289
2016	0.038	0.388	0.114	0.448	0.041	0.380	0.170	0.566	0.043	0.259
2017	0.039	0.355	0.126	0.452	0.038	0.350	0.182	0.542	0.027	0.256
2018	0.042	0.342	0.134	0.431	0.035	0.381	0.191	0.556	0.033	0.260
2019	0.044	0.351	0.145	0.405	0.032	0.363	0.205	0.564	0.034	0.279
2020	0.047	0.339	0.149	0.389	0.030	0.352	0.217	0.572	0.037	0.310

结果显示：河南省农业经济增长质量在各年度的平均水平相差不大，总体上处于上升趋势，说明河南省各市的农业经济增长质量虽然有所差异，但近年来平均水平均有所提高。总的来说，河南省农业经济增长质量在各市之间虽有所差异，但就全省范围而言，农业经济增长质量得到了一定的提升。对于4个维度来说，农业经济增长和农村发展水平的绝对差异在波动中逐渐下降，而农业经济结构和农村可持续发展的绝对差异在波动中呈上升趋势。可见，影响农业经济增长质量发展不平衡的主要原因是农业经济增长的效率、农业经济结构的稳定性、农村发展水平的速度和农村可持续发展战略的实施，因此，河南省在农业上仍需优化产业布局，坚持改革创新和农村可持续发展战略，提高农业资源利用率，降低环境污染，缩小地区差异，使农业经济实现更稳定、更高质量、更绿色健康的发展。

3. 各市时空变化差异分析

根据前文建立的农业经济增长质量的评价模型及指标体系，截取2014、

2016、2018三个时间点，对河南省各市的农业经济增长质量指数进行对比排序，由高到低共分为3个等级。其中，将质量指数大于等于0.1的划分为第一等级，这是农业经济增长质量水平较高的市；将质量指数大于0而又小于0.1的划分为第二等级，这是农业经济增长质量水平一般的市；将质量指数小于等于0的划分为第三等级，这是农业经济增长质量水平较低的市。

通过空间变化分析可知，河南省农业经济增长质量水平较好的城市在逐年增多，说明农业经济增长质量提升的空间在扩大。在空间上显示出以下特点：农业经济增长质量水平较高的城市多集中在河南省西北部地区，农业经济增长质量水平偏低的城市普遍位于河南省南部地区，而东北部地区农业经济增长质量水平则提升较快。

本章小结

第一，要通过深化改革来解决农业、农村及农民问题，切实保护农民自身的权益，加大对农业的补贴力度和财政投入，加强对农村基本设施的建设，落实一系列惠农政策的实施。在处理好城乡关系矛盾的基础上，充分发挥农民智慧，形成"农业—农村"互相依靠、互相促进、和谐共生的良性发展机制。

第二，进一步促进农业经济结构调整，注重农业经济结构的稳定性，改善农业发展模式，侧重发展农业服务业，积极推进农副业发展，加快农村社会的发展步伐，发挥城市对农村的带动效应，促进城镇化进程，切实打破城乡隔阂，逐步缩小城乡差距。

第三，调整农业生产结构，注重发展绿色农业，促进农业可持续发展，做到"三提高"：提高资源利用率，提高劳动生产率，提高农民收入。以此吸引农民工回乡务农，增加农村劳动力数量，调动农民积极性。

第四，使农业经济保持持续稳定增长，避免波动带来的结构性失衡，要重视各市之间农业经济增长的差异性，针对每个市不同的农业问题提出各自的改进措施，促进河南省农业经济在各市各地区的均衡发展。

第五，河南省农业经济的增长不能只看数量上的发展，更要重视质量上的提升，要使河南省尽快从数量型农业经济转换为质量型农业经济，提升农业资源的利用率，积极推动农业稳定、经济、高效发展。

第11章　河南省农村一二三产业融合发展分析

为夺取全面建设小康社会的决定性胜利、实现第二个百年奋斗目标，党中央做出了相关的战略决策，其中最关键的就是乡村振兴战略。这一战略再次把全党全社会的注意力集中到“三农”问题上来。农业的重要性显而易见，国家的现代化离不开农业农村的现代化。2015年，中央一号文件首次提出农村一二三产业融合发展的概念。2020年，中央一号文件也指出“支持各地立足资源优势打造各具特色的农业全产业链，建立健全农民分享产业链增值收益机制，形成有竞争力的产业集群，推动农村一二三产业融合发展”。因此，为了实现乡村振兴以及实现农村的产业兴旺，农村一二三产业融合发展的重要性不言而喻。

农村现代化以及乡村振兴战略的实现离不开农村产业融合发展的研究。基于此，本章从农村三产融合的内涵和外延出发，联系我国“三农”的发展，构建农村三产融合评价体系，对河南省及其18个地级市的融合发展水平进行测度分析，并从宏观视角研究各市的空间相关关系，最后通过建立耦合协调模型研究农村三产融合行为和融合绩效之间的耦合协调关系，试图找出河南省农村产业融合的时空发展规律，从而进一步认识产业融合进程中的优势和不足。另外，通过实际数据判断河南省产业融合所处阶段，使得其他省份能够借鉴经验，扬长避短，在发展过程中认清自己所处的位置，从而更好地指导本省的实践发展。

11.1　河南省农村一二三产业融合发展评价指标体系的构建

11.1.1　评价体系指标的选择

依据系统性、动态性、可持续性、可操作性的指标体系设计原则，本节参考田聪华等（2019）[①]、周晓晶等（2020）[②] 等人的相关研究，设计了农村一二三产业融合发展指数评价体系。该指标体系的核心是二级指标的设置，其内涵和指标构成如下。

1. 农业产业链延伸的内涵与指标选取

农业产业链延伸指的是农业向第二产业、第三产业的延伸，这对于产业间的融合发展有积极的推动作用。本节选取第一产业、第二产业和第三产业在产值方面占地区生产总值的比例；第一产业、第三产业在就业人员方面占社会就业人员的比例；第一产业、第三产业在固定资产投资额方面占固定投资额的比例等 7 个指标，对比相关产业的发展变化，反映农业产业与服务业产业之间的融合协作关系。

表 11-1　2014—2019 年河南省农业产业链延伸数据统计

统计变量	2019	2018	2017	2016	2015	2014
第一产业产值占地区生产总值（%）	8.54	8.64	9.23	10.10	10.83	11.54
第二产业产值占地区生产总值（%）	43.51	44.13	46.72	47.17	48.40	49.57
第三产业总值占地区生产总值（%）	47.95	47.23	44.05	42.73	40.77	38.89
第一产业就业人员占社会就业人员比例（%）	34.70	35.40	36.90	38.40	39.00	40.70
第三产业就业人员占社会就业人员比例（%）	36.00	34.00	32.00	31.00	30.20	28.70
第一产业固定资产投资额占比（%）	3.70	4.60	5.40	5.43	4.77	4.21
第三产业固定资产投资额占比（%）	67.40	66.80	50.90	47.93	46.51	44.53

由表 11-1 可知，2014—2019 年河南省第一产业及第二产业产值占地区生产总值的比重呈逐年下降趋势，而第三产业的产值比重、就业比重和固定资产投资比重均呈上升趋势。

---

① 田聪华，韩笑，苗红萍等．新疆农村一二三产业融合发展综合评价指标体系构建及应用［J］．新疆农业科学，2019，56（03）：580—588.

② 周晓晶，张雅楠，吴金龙等．黑龙江省农村一二三产业融合发展的实证分析［J］．黑龙江八一农垦大学学报，2020，32（04）：107—113.

2. 农业多功能性的内涵与指标选取

农业具有生产、生态、生活、保障等多重功能。本节选用接待入境游客人数、旅游创汇收入、农用化肥使用强度、农药使用强度、蔬菜播种面积和当年的造林面积 6 个指标，体现农业多功能性的发挥。

表 11-2　2015—2019 年河南省农业多功能性数据统计

统计变量	2019	2018	2017	2016	2015
接待入境游客人数（万人次）	351.47	321.73	307.32	293.95	268.29
旅游创汇收入（万美元）	130.401	103.362	98.182	89.542	84.948
农用化肥施用强度（吨/公顷）	454.28	469.08	479.69	479.80	481.25
农药使用强度（吨/公顷）	7.30	7.69	8.19	8.53	8.65
蔬菜播种面积（千公顷）	1 732.9	1 721.1	1 736.1	1 682.1	1 671.0
当年造林面积（千公顷）	196.49	173.60	180.93	133.49	200.01

由表 11-2 可知，2015—2019 年河南省接待入境游客人数、旅游创汇收入、蔬菜播种面积呈现逐年上升趋势；而农用化肥使用强度、农药使用强度整体呈现下降趋势。

3. 农业服务融合度的内涵与指标选取

农业服务融合度表现在农业逐渐向服务业渗透，并运用服务业理论更好地发展现代化农业。本节选用农林牧渔服务业产值数据、规模以上农业信息服务营业收入、公路货运量来直观体现农业服务融合度；公路线路里程体现农村公共基础设施建设服务水平，是反映农村出行程度是否改善的重要数据；农林水事务支出数据能反映各级财政对农林水的财政支持力度。

表 11-3　2015—2019 年河南省农业服务融合度数据统计

统计变量	2019	2018	2017	2016	2015
农林牧渔服务业产值（亿元）	557.76	464.83	404.26	361.59	327.38
农林牧渔服务业产值占农林牧渔总产值比例（%）	6.53	5.99	5.35	4.88	4.48
规模以上农业信息服务营业收入（亿元）	1 125.6	968.68	858.28	781.79	667.69
公路货运量（亿吨）	19.09	23.52	20.71	18.43	19.16
公路线路里程（万公里）	26.98	26.86	26.78	26.74	25.06
规模以上服务业企业单位数（个）	8 733	8 538	9 198	9 161	7 419
农产品初加工机械年末拥有量（万台）	57.12	56.97	57.86	57.68	57.59
农林水事务支出（亿元）	1 059.7	1 001.1	916.81	807.06	791.63

由表 11-3 可知，2015—2019 年河南省农林牧渔服务业产值、规模以上农业信息服务营业收入、农林水事务支出有较大增长，而公路线路里程呈现小幅增长趋势。

4. 农民增收的内涵与指标选取

农民增收可从收入、支出和消费三个方面进行反映。本节选取农民人均可支配收入、农民人均消费支出、农村居民恩格尔系数、农村居民家庭平均每人全年可支配工资性收入和经营净收入 5 个指标来反映农民消费水平的变化、生活质量的提升效果。这些指标能较好地反映农村一二三产业融合发展的有效性。

由表 11-4 可知，河南省农民收入整体有较大改善，2014 年农民人均可支配收入为 15 695 元，而 2019 年增加至 23 902 元，年均增长率为 8.78%。2014 年农民人均消费支出为 9 480 元，2019 年增加至 16 332 元，年均增长率为 11.49%。农村居民恩格尔系数呈逐年下降趋势，表明农民生活质量呈现上升趋势。

表 11-4　2014—2019 年河南省农民增收数据统计

统计变量	2019	2018	2017	2016	2014
农民人均可支配收入（元）	23 902	21 964	20 170	18 442	15 695
农民人均消费支出（元）	16 332	15 168	13 729	12 712	9 480
农村居民恩格尔系数（元）	0.262	0.267	0.271	0.285	0.296
农村居民家庭平均每人全年可支配工资性收入（元）	11 962	11 066	10 108	9 265	7 963
农村居民家庭平均每人全年可支配经营净收入	5 139	4 674	4 574	4 257	3 854

5. 农业增产的内涵与指标选取

农村一二三产业融合发展的前提是保障国家粮食安全，尤其是口粮安全，因此，体现农业增产的重要指标就是粮食产量与单产水平的提高。本节选用粮食的单产水平、棉花的单产水平、油料的单产水平来体现农业增产的水平，用农林牧渔总产值和粮食产量直观体现农业增产的水平。2014—2019 年河南省农业增产数据如表 11-5 所示。

表 11-5　2014—2019 年河南省农业增产数据统计

统计变量	2019	2018	2017	2016	2014
农林牧渔总产值（亿元）	8 541.8	7 757.9	7 562.5	7 405.4	7 244.3
农作物总的播种面积（公顷）	14 676.4	14 769.1	14 732.5	14 902.7	14 731.5
粮食播种面积（千公顷）	10 734.5	10 906.1	10 915.1	11 219.6	10 945.0
棉花播种面积（千公顷）	33.8	36.7	40.0	50.0	88.1
油料播种面积（千公顷）	1 533.9	1 461.4	1 397.5	1 302.4	1 339.0
粮食产量（万吨）	6 695.4	6 648.9	6 524.3	6 498.0	6 133.6
棉花产量（万吨）	2.7	3.8	4.4	4.9	8.4
油料产量（万吨）	645.5	631.0	587.0	549.8	531.4
粮食单产（万吨/千公顷）	0.6	0.6	0.6	0.6	0.6
棉花单产（万吨/千公顷）	0.1	0.1	0.1	0.1	0.1
油料单产（万吨/千公顷）	0.4	0.4	0.4	0.4	0.4

6. 农村经济繁荣的内涵与指标选取

农村经济繁荣是农村居民生活过得好的直观体现，是农村产业融合发展的一个重要依据。基于现代化农业的发展以及时代性升级换代的需要，体现消费能力的指标应从传统家电产品转向全方位信息化、代步工具现代化、生活保障化产品。移动电话用户期末数能够反映现代化农业在农村全面信息化的水平程度；农村居民汽车拥有量能够直观反映农村居民经济生活的繁荣程度；城乡居民收入比能够反映城乡收入差距水平。如表 11-6 所示。

表 11-6　2014—2019 年河南省农村经济繁荣数据统计

统计变量	2019	2018	2017	2016	2014
社会消费品零售总额（亿元）	23 476.1	21 268.0	19 289.1	17 274.5	13 777.4
乡村消费品零售额（亿元）	4 178.2	3 767.0	3 396.8	3 027.4	2 364.7
乡村占社会消费品零售总额比例	17.8	17.7	17.6	17.5	17.2
移动电话用户期末数（万户）	9 841	9 354	8 553	7 889	7 713
农村居民汽车拥有量（万辆）	1 620.6	1 459.3	1 286	1 481.7	89
农村居民家庭平均每人全年纯收入	456 833	416 528	382 114	350 193	287 011
城镇居民人均可支配收入（元 ）	34 201.0	31 874.2	29 557.9	27 232.9	23 672.0
农民人均可支配收入（元）	15 163.7	13 830.7	12 719.2	11 696.7	9 966.1
城乡居民收入比	2.3	2.3	2.3	2.3	2.4

本节在历年《河南统计年鉴》与《河南省统计公报》中选取河南省及其18个地级市在2014—2019年的相关数据，某些数据不能直接获取，因此需要间接计算得到，其中农用化肥施用强度＝农用化肥使用量（吨）/农作物总的播种面积（公顷）；农林水事务支出力度＝农林水事务支出（亿元）/一般公共预算支出合计（亿元）；城乡居民消费水平比＝城镇居民消费水平（元）/农村居民消费水平（元），在处理数据的时候，济源市的数据普遍偏低，拉低了总体的数据，由于济源市是1997年从焦作市分出来的，所以把济源市和焦作市的数据合并在一起计算。

11.1.2　数据标准化

在决策机制中，各指标测度值的单位、量纲和数量级不同，不便于比较，为此需要对决策机制进行规范化处理。本节采用极值法和坐标平移对数据进行规范化处理，具体做法如下：

首先取 $X_j^{\max}$ 、$X_j^{\min}$ 分别表示第 j 个指标的最大值和最小值（$j=1, 2, \cdots, n$）。

对正向指标做指标规范化处理：

$$Y_{ij} = \frac{X_{ij} - X_j^{\min}}{X_j^{\max} - X_j^{\min}} \tag{11-1}$$

对负向指标做指标规范化处理：

$$Y_{ij} = \frac{X_j^{\max} - X_{ij}}{X_j^{\max} - X_j^{\min}} \tag{11-2}$$

11.1.3　评价指标权重的确定

本节用熵值法确定权重，其中，熵越大，表明指标权重越小；熵越小，表明指标权重越大，计算方法如下：

原始的数据矩阵为

$$A = (X_{ij})_{m\times n} = \begin{bmatrix} X_{11} & \cdots & X_{1n} \\ \vdots & \ddots & \vdots \\ X_{m1} & \cdots & X_{mn} \end{bmatrix} \tag{11-3}$$

对 A 进行标准化处理，得到决策矩阵并记为 $B = (Y_{ij})_{m\times n}$。

其信息熵为

$$E_j = -\ln(n)^{-1} \sum_{i=1}^{n} P_{ij} \ln P_{ij} \tag{11-4}$$

其中：

$$P_{ij} = Y_{ij} \sum_{i=1}^{m} Y_{ij} \tag{11-5}$$

对应第 j 个指标的熵权重 W_j 为

$$W_j = \frac{1 - E_i}{k - \sum E_i} \tag{11-6}$$

最后根据各项指标得分，计算项目评分：

$$U_i = \sum_{i=1}^{40} W_j Y_{ij} \tag{11-7}$$

本节通过计算得到河南省及其 18 个地级市在 2014—2019 年各指标的权重，具体结果见表 11-7。

表 11-7　河南省农村一二三产业融合发展评价指标体系

一级指标	二级指标	三级指标	方向	相对权重	绝对权重
农村一二三产业融合行为(0.625)	农业产业链延伸绝对权重(0.113)相对权重(0.181)	第一产业产值占地区生产总值（%）	负	0.142	0.016
		第二产业产值占地区生产总值（%）	正	0.142	0.016
		第三产业产值占地区生产总值（%）	正	0.124	0.014
		第一产业就业人员占社会就业人员比例（%）	负	0.195	0.022
		第三产业就业人员占社会就业人员比例（%）	正	0.142	0.016
		第一产业固定投资额占固定投资额比例（%）	负	0.097	0.011
		第三产业固定投资额占固定投资额比例（%）	正	0.158	0.018
	农业多功能性绝对权重(0.251)相对权重(0.402)	接待入境游客人数（人次）	正	0.307	0.077
		旅游创汇收入（美元）	正	0.287	0.072
		农用化肥使用强度（吨/公顷）	负	0.064	0.016
		农药使用强度（吨/公顷）	负	0.060	0.015
		蔬菜播种面积（千公顷）	正	0.127	0.032
		当年造林面积（千公顷）	正	0.155	0.039

续表

一级指标	二级指标	三级指标	方向	相对权重	绝对权重
农村一二三产业融合行为（0.625）	农业服务融合度绝对权重（0.261）相对权重（0.417）	农林牧渔服务业产值（亿元）	正	0.111	0.029
		农林牧渔服务业产值占农林牧渔总产值（%）	正	0.065	0.017
		规模以上农业信息服务营业收入（亿元）	正	0.211	0.055
		公路货运量（万吨）	正	0.084	0.022
		公路线路里程（公里）	正	0.153	0.040
		规模以上服务业企业单位数（个）	正	0.123	0.032
		农产品初加工作业机械年末拥有量（万台）	正	0.115	0.030
		农林水事务支出（亿元）	正	0.084	0.022
		农林水事务支出力度（%）	正	0.054	0.014
农村一二三产业融合绩效（0.375）	农民增收绝对权重（0.103）相对权重（0.275）	农民人均可支配收入（元）	正	0.252	0.026
		农民人均消费支出（元）	正	0.252	0.026
		农村居民恩格尔系数	负	0.107	0.011
		农村居民家庭平均每人全年可支配工资性收入（元）	正	0.272	0.028
		农村居民家庭平均每人全年可支配经营净收入（元）	正	0.117	0.012
	农业增产绝对权重（0.099）相对权重（0.264）	农林牧渔总产值（亿元）	正	0.273	0.027
		粮食产量（万吨）	正	0.273	0.027
		粮食单产（万吨/公顷）	正	0.152	0.015
		棉花单产（万吨/公顷）	正	0.131	0.013
		油料单产（万吨/公顷）	正	0.171	0.017
	农村经济繁荣绝对权重（0.173）相对权重（0.461）	社会消费品零售总额（亿元）	正	0.160	0.028
		乡村消费品零售额（亿元）	正	0.114	0.020
		乡村占社会消费品零售总额比例（%）	正	0.091	0.016
		移动电话用户期末数（万户）	正	0.171	0.030
		农村居民汽车拥有量（辆）	正	0.194	0.032
		农村居民家庭平均每人全年纯收入（元）	正	0.149	0.026
		城乡居民收入比	负	0.057	0.010
		城乡居民消费水平比	负	0.064	0.011

表 11-7 中所有指标的相对权重是该指标的绝对权重除以该指标所在上一级指标的绝对权重的商值。由表 11-7 可以看出，在一级指标农村一二三产业融合行为指标下的二级指标中，农业产业链延伸指标的绝对权重为 0.113，相对权重为 0.181；农业多功能性指标的绝对权重为 0.251，相对权重为 0.402；农业服务融合度指标的绝对权重为 0.261，相对权重为 0.417。在这三个二级指标中，农业服务融合度指标在农村一二三产业融合行为中占比最大为 42%，其次为农业多功能性 40%，占比最小为农业产业链延伸指标 18%。在农村一二三产业融合绩效指标下的二级指标中，农民增收指标的绝对权重为 0.103，相对权重为 0.275；农业增产指标的绝对权重为 0.099，相对权重为 0.264；农村经济繁荣指标的绝对权重为 0.173，相对权重为 0.461。在这三个指标中，农村经济繁荣指标在农村一二三产业融合绩效指标中占比最大为 47%，其次为农民增收 27%，农业增产占比最小 26%。在河南省农村三产融合发展这一指标中，河南省农村一二三产业融合行为指标相对权重为 0.625，占比 62%，农村一二三产业融合绩效相对权重为 0.375，占比为 38%。

11.2 河南省农村一二三产业融合发展水平测度与分析

11.2.1 河南省农业产业集聚水平测度

1. 区位熵

区位熵在衡量一个地区的要素空间分布情况，以及反映某一个产业部门的专门化程度方面具有很重要的参考价值，能够为区域经济的发展提供指导依据。本节选用区位熵指数对农业产业集聚程度进行测算，并通过搜集河南省近十年来各市主要农作物产量对河南省各市的农业产业集聚水平进行计算。指标定义如下：

$$(Agg)_{ij} = \frac{y_{ij} / \sum_{j} y_{ij}}{\sum_{i} y_{ij} / \sum_{i} \sum_{j} y_{ij}} \tag{11-8}$$

式中：$(Agg)_{ij}$ 表示农业的产业集聚水平；i 表示河南省不同的市；j 表示不同的农作物；y_{ij} 表示第 i 个市第 j 种农作物；$\sum_{j} y_{ij}$ 表示第 i 个市农作物的总产量；$\sum_{i} y_{ij}$ 表示第 j 个作物全省的总产量；$\sum_{i} \sum_{j} y_{ij}$ 表示全省农业总产量。

区位熵指数以 1 为临界值进行判断：当区位熵指数大于 1 时，就认为该区域的农业产业集聚程度相对较高，并且区位熵值越大，表明该产业专门化的程度越高，在该地区的优势也愈加明显；当区位熵指数小于或等于 1 的时候，则认为该区域的农业产业集中程度相对较低，该产业的专门化程度也相对较低，在区域发展中不占有优势。

2. 熵值法赋权

本节为了更加准确地衡量农业产业集聚程度对城乡融合发展水平的影响，将谷物、豆类、油料、棉花、菜蔬的区位熵通过熵值法进行赋权，得到各个地区不同年度的农业产业集聚得分值。为了避免主观赋权的方法所带来的计算缺陷，因此，本节采用客观赋权法确定谷物、豆类、油料、棉花、菜蔬的权重，之后再计算出各个地区不同年度的农业产业集聚得分值。通过得分值的大小进一步判断不同地区的农业产业集聚程度，即

$$(Ag)_{ijt} = \sum_{j=1}^{n} \omega_{ijt} x_{ijt} \tag{11-9}$$

式中：$\sum_{j=1}^{n} \omega_{ijt} = 1$；$(Ag)_{ijt}$ 表示农业产业集聚得分值；ω_{ijt} 表示谷物、豆类、油料、棉花、菜蔬五个指标的权重。

3. 农业产业集聚得分值

河南是我国南方和北方之间的过渡地带，因此，境内由南向北气候差异比较大，这就造成不同地区不同农作物之间的产业集聚水平因气候原因存在着明显差异，表 11-8 选取了河南省 17 个地级市 2010—2019 年不同地区的农业产业集聚程度得分值。

表 11-8　2010—2019 年河南省各地市农业产业集聚得分值

地区	2010	2011	2012	2013	2014	2015	2016	2017	2018	2019
郑州市	0.56	0.56	0.53	0.50	0.56	0.63	0.65	0.69	0.69	0.79
开封市	1.14	1.15	1.18	1.29	1.27	1.19	1.12	1.24	1.14	1.35
洛阳市	0.84	0.86	0.88	0.87	0.90	0.66	0.83	1.08	1.00	1.49
平顶山市	0.57	0.62	0.65	0.64	0.71	0.66	0.84	0.93	0.77	0.84
安阳市	0.48	0.48	0.48	0.47	0.47	0.51	0.50	0.58	0.53	0.65
鹤壁市	0.35	0.34	0.28	0.30	0.30	0.25	0.34	0.51	0.61	0.63

续表

地区	2010	2011	2012	2013	2014	2015	2016	2017	2018	2019
新乡市	0.82	0.86	0.82	0.82	0.85	0.78	0.80	0.89	0.75	1.36
焦作市	0.38	0.39	0.36	0.35	0.41	0.40	0.44	0.51	0.54	0.56
濮阳市	0.62	0.64	0.61	0.61	0.72	0.82	0.86	0.79	0.90	1.27
许昌市	0.60	0.59	0.64	0.64	0.67	0.68	0.79	0.90	1.27	1.69
漯河市	0.81	0.79	0.81	0.84	0.90	0.90	0.92	1.10	1.38	1.28
三门峡市	1.43	1.40	1.50	1.43	1.50	1.83	1.93	1.86	1.63	2.13
南阳市	1.28	1.26	1.31	1.31	1.33	1.32	1.31	1.32	1.39	0.78
商丘市	1.29	1.29	1.38	1.29	1.11	1.13	1.04	1.16	1.05	0.99
信阳市	0.49	0.47	0.40	0.44	0.49	0.55	0.60	0.65	0.55	0.42
周口市	1.98	1.91	1.83	1.86	1.72	1.69	1.54	1.01	1.07	1.19
驻马店市	0.82	0.85	0.79	0.77	0.93	1.01	1.05	1.09	1.16	0.87

通过表 11-8 可知，河南省农业产业集聚程度最高的地区是三门峡市，开封市、南阳市、商丘市、周口市的农业产业集聚程度也相对较高。在 2010—2019 年，郑州市、开封市、洛阳市、平顶山市、安阳市、鹤壁市、新乡市、焦作市和济源市两市、濮阳市、许昌市、漯河市、三门峡市的农业产业集聚水平显著增加。南阳市和驻马店市虽然在 2019 年农业产业集聚程度有所下降，但是在 2010—2019 年，产业集聚程度呈不断上升趋势。信阳市在 2017 年出现转折，2018 年—2019 年农业产业集聚程度有下降的趋势。周口市是自 2014 年以来农业产业集聚程度呈现出下降的趋势。

通过空间分析可知，三门峡市、开封市、周口市的农业产业集聚程度始终处于较高水平，洛阳市、新乡市、濮阳市、许昌市、漯河市和驻马店市的农业产业集聚程度得到明显的提高，南阳市、商丘市的农业产业集聚程度在近年来有所降低 ，而济源市、焦作市、安阳市、鹤壁市、信阳市的农业产业集聚程度则一直处于较低的水平。总体来说，河南省农业产业集聚程度呈增长趋势。

11.2.2 河南省农村一二三产业融合发展水平测度

计算农业产业链延伸 B_1、农业多功能性 B_2、农业服务融合度 B_3、农民增收 B_4、农业增产 B_5、农村经济繁荣 B_6 的综合评价得分，结果见表 11-9。

表 11-9　2014—2019 年河南省农村一二三产业融合发展二级指标评价结果

年份	B_1	B_2	B_3	B_4	B_5	B_6
2014	0.055 0	0.034 6	0.014 0	0.005 8	0.015 8	0.028 3
2015	0.058 5	0.034 7	0.084 3	0.019 4	0.059 8	0.046 8
2016	0.060 6	0.036 2	0.113 7	0.044 2	0.062 0	0.077 5
2017	0.081 9	0.074 9	0.154 6	0.073 0	0.081 4	0.095 7
2018	0.128 7	0.091 5	0.153 8	0.098 5	0.098 0	0.136 8
2019	0.155 1	0.139 2	0.159 9	0.129 3	0.093 7	0.184 1

通过进一步计算农村一二三产业融合行为 A_1、农村一二三产业融合绩效 A_2 和农村三产融合发展水平 P 的综合评价得分，结果见表 11-10。

表 11-10　2014—2019 年河南省农村一二三产业融合发展一级指标评价结果

年份	A_1	A_2	P
2014	0.103 6	0.050 0	0.153 6
2015	0.177 5	0.126 0	0.303 5
2016	0.210 5	0.183 6	0.394 1
2017	0.311 4	0.250 1	0.561 5
2018	0.374 0	0.333 4	0.707 4
2019	0.454 2	0.407 1	0.861 2

如上表 11-9、表 11-10 所示，从整体上看，河南省农村一二三产业融合发展水平以及一级指标和二级指标的评价得分都呈现稳步增长趋势。其中一级指标中，农村一二三产业融合发展行为的得分要高于农村一二三产业融合发展绩效的得分，但是单看增长量，农村一二三产业融合发展绩效得分的增长量要高于农村一二三产业融合发展行为得分的增长量，说明农村一二三产业融合发展行为得分的增长幅度要小于农村一二三产业融合发展绩效得分的增长幅度。从内部来看，在二级指标中，农村经济繁荣指标得分要高于其他指标得分，其增长幅度也是最大的，从 2014 年的 0.028 3 增长到 2019 年的 0.184 1，排名第一；农业服务融合度指标得分次之，但该指标从 2015 年开始到 2018 年，它的得分均高于其他指标，到 2019 年缓慢增长到 0.159 9，小于农村经济繁荣指标得分。从一级指标和二级指标的得分可以看出农村经济的繁荣离不开农村三产的融合发展。

11.2.3 各地市农村一二三产业融合发展水平测度

用上文中同样的方法计算出2014—2019年河南省各地级市农村一二三产业融合发展水平，并进行排序，见表11-11。

表11-11 2014、2016、2019年河南省各地市农村一二三产业融合水平综合评价值及排名

地区	2014		2016		2019	
	融合水平	排名	融合水平	排名	融合水平	排名
郑州市	0.382 4	1	0.417 1	1	0.515 2	1
开封市	0.233 5	8	0.263 9	9	0.325 8	9
洛阳市	0.296 5	3	0.378 9	2	0.429 0	2
平顶山市	0.140 7	17	0.174 0	14	0.228 5	14
安阳市	0.218 6	10	0.238 3	11	0.263 4	13
鹤壁市	0.172 3	14	0.172 8	15	0.200 8	16
新乡市	0.213 4	11	0.240 1	10	0.270 6	11
濮阳市	0.176 4	13	0.199 7	13	0.263 4	12
许昌市	0.203 6	12	0.216 0	12	0.284 0	10
漯河市	0.143 0	15	0.154 1	16	0.202 9	15
三门峡市	0.140 9	16	0.148 4	17	0.186 2	17
南阳市	0.293 0	4	0.311 7	5	0.397 3	3
商丘市	0.228 8	9	0.266 8	8	0.348 9	8
信阳市	0.242 1	7	0.362 9	3	0.359 0	6
周口市	0.264 1	5	0.294 3	6	0.390 3	4
驻马店市	0.250 7	6	0.287 0	7	0.349 9	7
焦作市	0.309 6	2	0.333 7	4	0.359 1	5

从上表11-11得出的数据以及排名可以看出，在时间维度上，各市的融合发展水平除信阳市外，基本都有所提升。信阳市在2016年的数值为0.362 9，到2019年下降到0.359 0。根据排名来看，郑州市在三个时间节点上排名都是第一，其他各市的名次波动都比较小，除了信阳市在2016年的时候排名是第三，在2014年和2019年排名分别为第七和第六，相比之下波动较大。

从各市发展的差异化来看，农村三产的融合发展在空间上有比较明显的差异。

按照不同时间节点的排名，郑州市、洛阳市、南阳市、济源市、焦作市、周口市等发展水平较高，这些基本是经济发展基础好或者是农业发展好的城市；处于中等水平的有开封市、信阳市、商丘市、驻马店市、新乡市、许昌市、安阳市，这些地级市农村一二三产业融合效果不明显的原因在于受到经济制度的限制；农村一二三产业融合水平较差的有平顶山市、鹤壁市、濮阳市、漯河市、三门峡市，这些地级市的农业发展基础和经济发展速度不太好，因此农村产业融合水平较差。

从全省的角度看，郑州市排名一直保持第一，安阳市、鹤壁市、驻马店市、济源市和焦作市排名总体处于上升趋势；许昌市、平顶山市的排名总体处于下降趋势；其余的地级市排名总体上保持不变。

11.3　河南省农村一二三产业融合发展的空间分析

11.3.1　河南省农村一二三产业融合发展的空间分布

本节将河南省 18 个地级市的农村一二三产业融合发展指数划分为四个等级，第一等级指数值大于 0 小于等于 0.282，第二等级指数值大于 0.282 1 小于等于 0.423，第三等级指数值大于 0.423 1 小于等于 0.564，第四等级指数值大于 0.564。

从时空差异性来看，2014 年处于第一等级的地级市有很多，如安阳市、濮阳市、鹤壁市、新乡市、开封市、商丘市、许昌市、周口市、平顶山市、漯河市、驻马店市、信阳市和三门峡市，处于第二等级的有郑州市、洛阳市、南阳市、济源市和焦作市，没有处于第三和第四等级的。2016 年处于第二等级的地级市增多，新增了周口市、驻马店市、信阳市三个地级市，第三和第四等级的地级市依旧没有。到了 2019 年可以看出发生了很明显的变化，郑州市、洛阳市上升为第三等级，处于第一等级的也有所减少，只剩下三门峡市、平顶山市、新乡市、鹤壁市、安阳市和濮阳市，其余的地级市都是处于第二等级。截止到 2019 年，没有地级市进入到第四等级，这与农村一二三产业融合发展的提出时间较晚以及国家对这一块的重视程度有限有关。随着这几年一系列相关政策的出台，农村一二三产业融合发展的进程得到了加快，这也是目前农村一二三产业融合发展需要努力的方向。

11.3.2　全局空间自相关

全局空间自相关主要研究变量值在一个总的空间内空间的集聚程度，与它相关的统计量是全局莫兰指数，统计量的值存在区间为［−1，1］。本节利用 Stata 软件分别计算出河南省 18 个地级市 2014—2019 年农村一二三产业融合发展的全局 Moran's *I* 值、*Z* 值和 *P* 值。如图 11-1 所示。

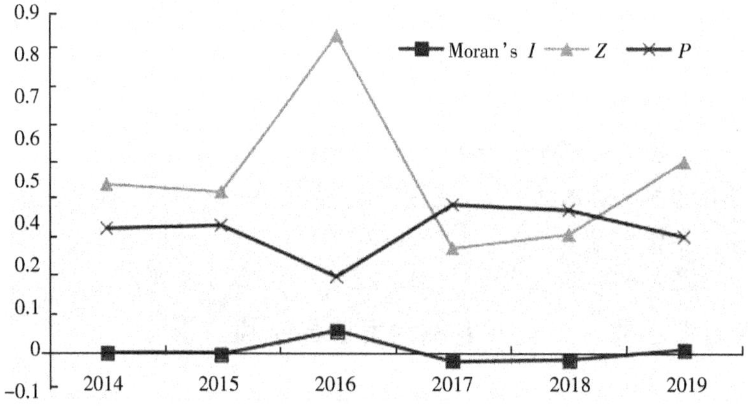

图 11-1　2014—2019 年农村一二三产业融合发展折线图

通过图 11-1 可以看出，农村一二三产业融合发展的全局 Moran's *I* 值在 2016 年和 2019 年大于 0，表明农村三产融合发展在空间中呈正相关关系；2015 年、2017 年和 2018 年的 Moran's *I* 值均小于 0，表明农村一二三产业融合发展在空间中呈负相关关系；2014 年 Moran's *I* 值为 0，表明农村三产融合发展没有空间相关关系。解读 Moran's *I* 的时候需要有 *Z* 值和 *P* 值来判定，由图 11-1 可以看出，*Z* 得分不高，*P* 值均大于 0.1（0.1 表示置信度水平是 90%），表明未通过检验。因为第一产业是农业，农业是一个准公益性部门，生产活动在自然空间中，土地不具有扩散性，使得对集体劳动中个人劳动质量和努力程度的计量具有难度大、费用高的特点。由于其监督成本高，所以农村一二三产业融合发展的空间聚集性不大。

11.3.3　局部空间自相关

全局空间自相关只能看出整个区域的空间集聚程度，要想更直观地看出每个区域以及其邻域相互之间的空间关联程度，还需要借助局部空间自相关来进行探究。根据局部 Moran's *I* 指数特征，选取 2014 年、2016 年、2019 年为研究时点。HH、LL 代表空间正相关，即各地级市农村一二三产业融合发展水平具有空间依赖性，视为空间集聚现象。LH、HL 代表空间负相关，即各地级市农村一二三产业融合发展水平具有空间异质性，视为空间离散现象，利用 Stata 软件分别绘制 3 个时点的 Moran's I 散点图，从而研究不同时点 17 个地级市的农村一二三产业融合发展之间的局域空间集聚效应，如图 11-2 所示。

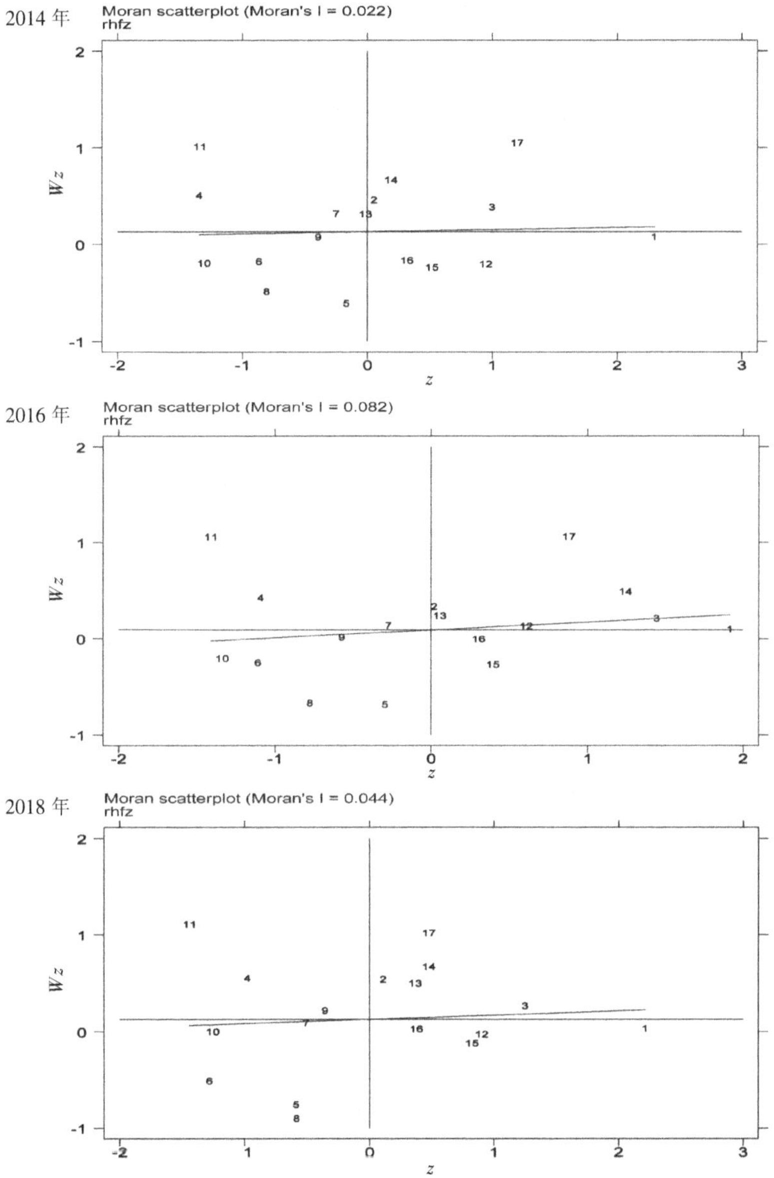

图 11-2　2014 年、2016 年和 2019 年农村一二三产业融合发展局部 Moran's I 散点图

总的来看，2014 年、2016 年和 2019 年的 Moran's I 值均不为 0，农村一二三产业融合发展水平在散点图中都处于 HH、LL 象限，表示为空间正相关。

2016年与2014年相比，变化也不是很大，落于第一象限的为郑州市、开封市、洛阳市、南阳市、商丘市、信阳市、济源市和焦作市8个地级市，属于正的空间关联，表明这些区域自身农村三产融合发展水平较高并且其周边地区的农村三产融合发展水平也较高，两者之间的空间关联度较高。落于第二象限的为平顶山市、新乡市、三门峡市，属于负的空间关联，表明这些区域自身农村一二三产业融合发展水平较低，而周边地区农村一二三产业融合发展水平较高，二者的空间关联度较低。落于第三象限的为安阳市、鹤壁市、濮阳市、许昌市、漯河市，属于正的空间关联，表明这些区域自身和周边地区的农村一二三产业融合发展水平均较低，但两者之间的空间关联度较高。落于第四象限的为周口市、驻马店市，属于负的空间关联，表明这些区域自身农村一二三产业融合发展水平较高，周边地区的农村一二三产业融合发展水平较低，二者的空间关联度较低。

11.4 河南省农村一二三产业融合发展的耦合协调度分析

为了进一步了解河南省农村三产融合发展水平，本节运用物理学中的容量耦合系数理论，将耦合度定义为农村三产融合绩效与农村三产融合行为两个系统相互影响的程度。耦合模型见公式（11-10）。

$$C = \left[\frac{U_1 U_2}{(U_1 + U_2)^2}\right]^{\frac{1}{2}} \tag{11-10}$$

其中，$C(0 \leqslant C \leqslant 1)$为耦合度，其值越大，表明两个系统之间耦合度越好；其值越小，表明两个系统之间耦合性越差。当$C=1$时，表示农村一二三产业融合行为与融合绩效两个系统达到了良性共振耦合的标准；当$C=0$时，表示农村一二三产业融合行为与融合绩效两个系统之间无关联。为了更好地反映两者之间相互影响的程度，笔者进一步采取耦合协调度模型来判别耦合协调关系，耦合协调函数见公式（11-12）。

$$D = \sqrt{C \times T} \tag{11-11}$$

$$T = \alpha U_1 + \beta U_2 \tag{11-12}$$

其中，α和β分别表示U_1融合行为指数和U_2融合绩效指数的系数，也是一级指标中融合行为和融合绩效的权重，一级指标的权重α和β相加都为1，即$\alpha+\beta=1$这是由熵值法确定的。

笔者参考前人的研究成果将耦合度数值和耦合协调度数值进行划分，具体划分情况见表 11-12 和表 11-13。

表 11-12　耦合度划分标准

耦合度（C）	耦合发展阶段
$C=0$	无关耦合
$0<C\leqslant 0.3$	低度耦合
$0.3<C\leqslant 0.8$	中度耦合
$0.8<C\leqslant 1$	高度耦合

表 11-13　耦合协调度划分标准

协调度（D）	协调等级	协调度（D）	协调等级
$0<D\leqslant 0.1$	超级严重失调衰退	$0.5<D\leqslant 0.6$	勉强协调发展
$0.1<D\leqslant 0.2$	严重失调衰退	$0.6<D\leqslant 0.7$	初级协调发展
$0.2<D\leqslant 0.3$	重度失调衰退	$0.7<D\leqslant 0.8$	中级协调发展
$0.3<D\leqslant 0.4$	轻度失调衰退	$0.8<D\leqslant 0.9$	良好协调发展
$0.4<D\leqslant 0.5$	濒临失调衰退	$0.9<D\leqslant 1$	优质协调发展

根据上文中的公式（11-10）和公式（11-11）计算得到 C 和 D，并从中选取 2014 年、2016 年和 2019 年三年数据进行分析，见表 11-14。

表 11-14　2014 年、2016 年和 2019 年河南省各地级市农村一二三产业融合行为及其绩效的耦合度、协调度

地区	2014		2016		2019	
	C	D	C	D	C	D
郑州市	0.982 40	0.440 48	0.979 43	0.463 91	0.984 70	0.515 72
开封市	0.983 77	0.344 19	0.977 30	0.369 11	0.980 24	0.410 48
洛阳市	0.892 66	0.377 93	0.877 85	0.433 02	0.907 67	0.466 35
平顶山市	0.966 81	0.266 56	0.985 39	0.299 38	0.995 62	0.341 61
安阳市	0.999 99	0.330 69	0.998 83	0.347 18	0.999 73	0.364 02
鹤壁市	0.985 80	0.295 71	0.975 09	0.298 69	0.992 55	0.320 97
新乡市	0.998 94	0.327 77	0.999 79	0.347 40	0.999 13	0.369 83
濮阳市	0.998 28	0.295 18	0.999 92	0.316 53	0.996 74	0.366 38
许昌市	0.999 46	0.319 91	0.998 50	0.330 76	0.999 11	0.378 89

续表

地区	2014		2016		2019	
	C	D	C	D	C	D
漯河市	0.999 96	0.267 19	0.999 02	0.279 03	0.998 41	0.315 73
三门峡市	0.953 21	0.265 89	0.979 99	0.276 72	0.987 97	0.309 76
南阳市	0.987 47	0.385 60	0.993 94	0.399 29	0.997 82	0.449 28
商丘市	1.000 00	0.338 20	0.999 86	0.366 01	0.999 71	0.419 00
信阳市	0.984 27	0.350 47	0.919 59	0.429 31	0.980 14	0.430 85
周口市	0.990 39	0.365 97	0.990 96	0.388 61	0.991 33	0.447 82
驻马店市	0.995 54	0.356 15	0.989 77	0.383 99	0.996 23	0.422 51
焦作市	0.989 56	0.386 39	0.999 55	0.406 73	0.994 49	0.416 33

根据耦合度的划分标准可以看出，2014 年、2016 年和 2019 年河南省各地级市农村一二三产业融合行为与农村一二三产业融合绩效的耦合关系均处于高水平耦合阶段，仅耦合度值略有差异。其中，洛阳市的耦合度值最小，2014 年为 0.892 66，2016 年为 0.877 85，2019 年为 0.907 67，耦合度介于 0.8～1.0 之间，仍居于高水平耦合阶段。其中，相对于 2014 年，2019 年河南省 18 个地级市中耦合度下降的有 7 个，有开封市、安阳市、濮阳市、许昌市、漯河市、商丘市和信阳市，但也都处于 0.9～1.0 之间，居于高水平耦合阶段。

结合协调度的划分标准，河南省各地级市农村三产融合行为与农村三产融合绩效的耦合协调类型大体分为四种：重度失调、轻度失调、濒临失调以及勉强协调。具体来看，2014—2017 年耦合协调关系大多处于轻度失调，2018 年和 2019 年耦合协调关系逐渐改善，以轻度失调和濒临失调为主，2019 年的耦合协调关系相对于其他几年出现了勉强协调，但大多数还是濒临失调和轻度失调，没有重度失调。2019 年处于轻度失调的有 8 个地级市，濒临失调的有 8 个地级市，勉强协调的有且仅有郑州市。相对于 2014 年，2019 年的耦合关系以轻度失调和濒临失调为主，重度失调减少 5 个地级市，轻度失调减少 4 个地级市，濒临失调增加 7 个地级市，勉强协调增加 1 个地级市。

本章小结

乡村振兴战略的实施能够得到进一步的推进，这说明现行三产融合的措施得当、政策有效。因此，结合本章做的实证分析，为今后河南省农村一二三产业融合发展提出政策建议。

第一，延伸农业产业链。在农业产业链上游，需要扶持发展“一乡一业”“一村一品”，打造农村土特产品牌，建设综合农业现代化园区。不过，延伸农业产业链要注意农村产业布局，强调县域统筹，防止低水平重复以及由此造成的过度竞争。

第二，拓展农业多种功能。绿色引领是乡村振兴战略的基本原则，拓展农业多种功能既有理论依据，也有实践支撑，同时，由于该领域涉及行业多、主管部门多，当前还应积极梳理现有的政策文件、规划设计，推进政策集成、要素集聚，防止政出多门，防止管理效率低下。

第三，发展“互联网＋现代农业”。“互联网＋现代农业”不仅能在流通和消费领域发挥作用，还可在生产领域发挥作用。一方面，“互联网＋现代农业”与数字农业、智慧农业密不可分，它能够在运行中促成农村三产的融合，对农村消费、流通的信息化、服务化的全面覆盖起着至关重要的作用；另一方面，“互联网＋现代农业”能推动农业生产的可行性和调动农民生产的积极性。

第四，积极发展农村生产性服务业。发展农村生产性服务业离不开农业生产资金，对于这一难题，通过农业保险、普惠金融、信贷担保等金融服务，基本上可以解决农村农业生产资金周转的压力。要进一步推动农村产业融合发展，仍需增加三种农业活动获得资助的机会，扩大公共金融服务的覆盖面，增加对农业一体化发展的信贷支持，提高产品和服务质量，鼓励地方政府通过提供担保费用、补贴等方式支持农村农业的信贷担保。

第五，运用新生产要素促进农业增产。根据现有对我国农业全要素生产率增长的研究，当前传统生产要素如土地、劳动力等对农业增产的贡献率微乎其微，甚至为负数，农业增产主要得益于良种良法、科技进步和新要素投入。为实现农业增产需要推动三产融合，进而推动农业智慧化发展，促进信息技术在农业生产、农产品市场流通和安全监管中的广泛应用。

第六，培育产业融合主体。虽然本章农村三产融合的指标体系中没有选择人力资本指标，但它依然是全要素生产率中最活跃的因素，在农村三产融合中也是如此。为了更好地利用人力资本要素，应重点培育对农村有用的创新创业人才，建立有效的培训机制，提高人力资本要素的质量，调动农村劳动力的积极性，尽可能把人力资本要素充分利用到产业融合发展中。

第12章　河南省农业科技进步对农业产业结构升级的影响研究

经济增长理论认为，想要实现自身的增长目标，首先应该做到在合理配置各类要素的前提下，使它的组合能够充分发挥出最大效应。当代经济发展实践表明，经济增长不只受到科技进步的影响，同时也受到投入要素等的作用。在二者之中，科技进步对经济增长的作用要远大于投入要素等对经济增长的作用，并且在将来的经济增长中，科技进步要发挥重要的优势地位。因此，在农业自然资源不充足和分布不均的背景下，我国农业生产要持续、稳定、协调地开展，前提就是通过技术进步去冲破农业生产自然资源的束缚。

农业一直是我国的优势产业，在新石器时期就出现了农业，农业的生产结构包含农、林、牧、渔等各产业。农业不仅是整个国民经济的问题，也是人们赖以生活的基础，中国农业在几个数十年的发展进程中，由“吃饭农业”到“商品农业”再转化到“现代农业”。加快农村增长方式的转变，不断推进农业生产手段、生产方式和生产理念的转变，完成农业快速发展的目标，中国要从过去的“商品农业”逐渐向“现代农业”的道路发展。

党的十九届三中全会上专题研究了新形势下农业发展的问题，我国农村农业发展面临着诸多问题，农业基础仍然薄弱，还需要不断地加强；农民增收仍然困难，最需要加快。要以科学的发展观去展开农业工作，需要对农业发展的基础有所加强，在保证国家粮食安全的前提下，主产品能够有效得到供给，促进农业增长、农民增收、农村繁荣，为经济社会全面协调可持续发展提供有力支撑。农业现代化就是在传统农业的基础上，经过漫长的转变而来的。建设兴旺的农业、建立富庶的乡村和不以破坏环境为代价是农业快速发展的目标，这一切都离不开科技进步。

事实上，科技进步是一种广义的技术进步，它包含着使生产要素生产率得以增加的全部要素，并在度量上表现为生产要素生产率的增长。从上述角度出发，本章就以河南省农业科技进步作为核心变量、以农业产业结构升级作为因变量进行实证分析，了解农业科技进步对农业产业结构升级的效应影响。从实践方面看，农业自然资源存在过度短缺和分布不均的情况，农业生产想要一直做到持续、稳定、协调地发展，根本途径就是通过技术进步来打破农业生产自然资源对其的约束力。这对河南省农业产业结构的升级进度有较强的推进作用，更加有利于现代农业的发展；有利于河南省在现代农业转型升级中发挥优势，稳固竞争地位。

12.1　河南省农业科技进步分析

农业基础设施在进行着快速的发展，农业科技进步极大地扩大了农业资源的利用范围，并且改变了农民的生产生活方式。农业现代化机械生产提高了农业生产效率，释放出大量的农村劳动力，为其他产业提供优质的人力资源，并且部分农民可以借助便利的交通、闲暇的时间进城打工，提高他们收入的同时也解决了农村剩余劳动力的问题，有效降低了地区之间的收入差距。农民收入得到了提升，促使他们去选择更加先进的高科技农业生产工具，有效地激发了农业科技活力和农业科研技术水平。农业科技水平的不断提升，有利于现代化农业持续、稳定、协调的发展，有利于农业产业结构的不断优化调整。

12.1.1　农业科技进步测算方法

笔者在本章中将农业科技进步作为一个综合性指标，简单地用农业科技发明授权量、农业科技投入经费或者科技人员来表明，具有一定的片面性。在对科技进步的相关概念和经济理论基础上有了相对了解后，选取索洛余值法来建立合理的模型，得出能够衡量科技进步这个指标的方法。在选择各个指标时，除了以河南省总产出与河南省的总投入为依据外，还应该把对农业生产现状和实际情况的统计结合起来，选取农业总产值作为测量模型中的因变量，选取时间、物质费用、劳动力和耕地面积等 4 个指标作为测量模型中的自变量。

在 1957 年，美国经济学家 R. M. Solor 在农业生产函数的基础上提出了综合生产要素的新概念，并在此基础上创建了相关模型——索洛余值法，它的建立对河南省农业科技进步率的测算分析具备较强的理论指导意义。

农业生产函数模型如下：

$$Y = AK^{\alpha}L^{\beta}M^{\gamma}e^{\delta t} \tag{12-1}$$

式中：Y 表示农业总产值；A 为常数；K 表示物质费用；L 表示劳动力人数；M 表示耕地面积；α 为资本投入产出弹性系数；β 为劳动投入产出弹性系数；γ 为耕地投入产出弹性系数；δ 农业科技进步率；t 为时间变量。

对式（12－1）两边同时取对数，通过调整后，得到

$$\ln Y = \ln A + \alpha \ln K + \beta \ln L + \gamma \ln M + \delta t \tag{12-2}$$

对 t 求导得：

$$\frac{1}{Y}\frac{dY}{dt} = \alpha\frac{1}{K}\frac{dK}{dt} + \beta\frac{1}{L}\frac{dL}{dt} + \gamma\frac{1}{M}\frac{dM}{dt} + \delta \tag{12-3}$$

取 $dt=1$，将 dY 改写为 ΔY ，得到

$$\delta = \frac{DY}{Y} - \alpha\frac{DK}{K} - \beta\frac{DL}{L} - \gamma\frac{DM}{M} \tag{12-4}$$

则科技进步贡献率为

$$\eta = \delta / \frac{\Delta Y}{Y} \times 100\% \tag{12-5}$$

因此，想要计算农业科技进步贡献率，必须获得 α、β、γ 的值。朱希刚等人经过搜集和整理相关资料，研究得到了全国农业三大生产要素的投入产出弹性值：α=0.55、β=0.20、γ=0.25，并提出可以采取弹性调整法来计算获得各省、自治区、直辖市农业科技进步率的测算值。

12.1.2 数据来源与处理

考虑到数据的获得性，按照下述方式对计算河南省科技进步贡献率的指标进行选取：选取河南省 2008—2019 年的时间数列数据，农业总产值包括农、林、牧、渔总产值；农业劳动力人数采纳农、林、牧、渔等行业的就业人员；耕地面积取当年农业的总面积减去当年的受灾面积，即当年的实际耕地总面积。因为河南省年鉴统计局中没有记载有关农业物质费用的相关数据，鉴于前人的研究，用中间消耗来作为替代。

为了消除通货膨胀给相关数据带来的影响，农业总产值和农业增加值均采用 2007 年的价格平减。此外，因受到气候的影响，农业生产指标变量不稳定，因此，需对相关的基础数据进行处理，采纳平滑法来处理相关数据的不稳定性，同

一指标相邻 3 年的算数平均数作为中间年份的数据，对农业生产总值、农业物质费用、农业劳动力人数和耕地面积等数据进行平滑处理。

表 12-1　2007—2019 年河南省农业科技进步贡献率测算的相关数据值

年份	农林牧渔总产值（万元）	物质费用（亿元）	耕地面积（$10^3 hm^2$）	农业劳动力数（万人）	农业总产值增长率%	物质费用增长率%	就业人员增长率%	耕地面积的增长率%
2007	3 859.69	1 461.69	12 192.50	2 920.29	—	—	—	—
2008	4 618.27	1 959.27	13 437.01	2 847.31	8.49	8.15	−2.61	8.21
2009	4 795.74	2 026.74	11 248.30	2 764.86	8.22	7.83	−2.53	1.17
2010	5 619.70	2 361.59	12 752.69	2 711.72	7.14	6.77	−2.39	0.27
2011	6 055.53	2 543.29	12 875.72	2 670.45	6.80	6.42	−2.21	1.37
2012	6 473.70	2 704.20	12 998.09	2 628.01	6.01	5.62	−2.14	1.44
2013	6 938.24	2 879.24	13 406.60	2 562.60	5.28	4.48	−1.83	1.17
2014	7 244.34	2 982.64	12 826.34	2 651.74	4.64	3.93	−1.64	1.60
2015	7 299.58	2 951.18	14 654.63	2 586.93	3.62	3.43	−1.41	1.70
2016	7 405.42	2 965.42	14 383.42	2 582.92	2.86	2.47	−1.48	1.69
2017	7 562.53	3 251.98	13 485.53	2 494.27	2.35	2.16	−1.39	1.34
2018	7 757.94	3 312.41	13 341.23	2 366	2.24	2.11	−1.35	1.37
2019	8 541.77	3 354.25	13 425.54	2 277	2.15	2.06	−1.31	1.41

各个变量的总增长率，采用其期限内各个变量的年均增长率计算获得，即采用（$t\ \sqrt{Y_t/Y_0} - 1$）×100%来表示某一计量 Y 在 t 年间的年均增长率，其中 Y_t 和 Y_0 分别为期末年和起始年的值。对需要用到的 4 个指标，都要计算获得他们各自的增长率。表 12-1 的数据可作为基础数据来测算河南省的农业科技进步贡献率。

12.1.3　河南省农业科技进步贡献率分析

由表 12-1 的基础数据，运用索洛余值法测算出河南省农业科技进步贡献率的数据值，如图 12-1 所示。

近十年间的农业科技进步贡献率除在 2009 年有飞速的提升外，其余年间的增长速度相对稳定。科技是第一生产力，农业科技的不断提升，有利于我省农业持续、稳定地发展。

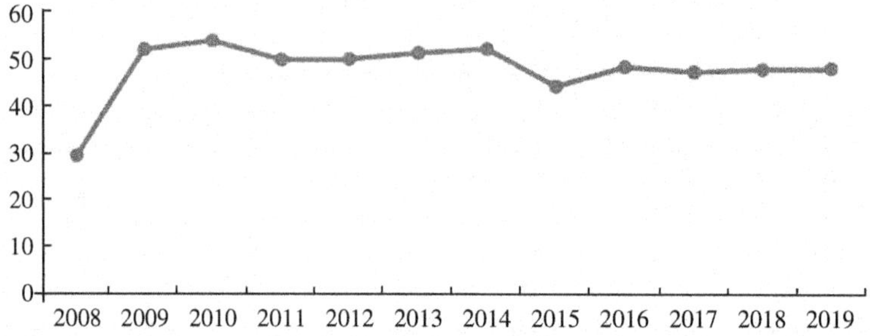

图 12-1　2008—2019 年河南省农业科技进步贡献率(%)

12.2　河南省农业产业结构升级测算

12.2.1　农业产业结构升级计算方法

农业产业结构优化升级主要指农业技术水平、管理经验和生产条件等逐渐实现帕累托改进，促使各生产要素和人力资本不断提升优化的发展过程。农业产业结构升级是农业产业结构的优化程度，因此，本节采用匡远配等（2016）[①] 的测量方法，用泰尔指数（TL）表示农业产业结构升级，即

$$TL = \sum_{i=1}^{n} \frac{m_i}{M} \ln\left(\frac{m_i}{l_i} / \frac{M}{L}\right) \tag{12-6}$$

式中：TL 表示河南省农业产业结构升级；m_i 表示各行业（农、林、牧、渔）的总产值；M 为农、林、牧、渔的总产值；l_i 为各行业总人数；L 为农、林、牧、渔的总就业人员；m_i/M 为产出结构；M/L 为生产效率。

12.2.2　数据来源与处理

由于当前无法获得农、林、牧、渔各行业的就业人员数量，因此，笔者用各行业的增加值比中间消耗值（中间消耗值＝各行业总产值－各行业增加值）来代表生产效率。如表 12-2 所示。

① 匡远配，周凌．农业流转的产业结构效应研究［J］．经济学家，2016，(11)：90—96.

表 12-2　2008—2017 年河南省产业结构升级系数测算的数据相关值

年份	农林牧渔总产值（亿元）	农业总产值（亿元）	林业总产值（亿元）	牧业总产值（亿元）	渔业总产值（亿元）	农业增加值（亿元）	林业增加值（亿元）	牧业增加值（亿元）	渔业增加值（亿元）	就业人员（万人）
2008	4618.27	2 547.77	122.89	1 725.31	56.92	1 515.00	74.00	975.00	40.00	2 847.31
2009	4 795.74	2 811.18	134.09	1 604.00	61.54	1 670.20	80.80	913.10	44.20	2 764.86
2010	5 619.70	350.07	115.29	1 733.07	66.30	2 080.78	69.49	993.79	48.37	2 711.72
2011	6 055.53	3553.25	127.32	2 088.13	66.33	2 108.83	76.50	1 205.96	49.10	2 670.45
2012	6 473.70	3 897.46	140.85	2 120.56	77.59	2 315.80	84.90	1 233.50	71.20	2 628.01
2013	6 938.24	4 126.25	152.35	2 313.49	82.50	2 458.10	91.90	1 359.60	63.10	2 562.60
2014	7 244.34	4 399.17	152.40	2 307.23	91.07	2 627.40	91.90	1 369.80	70.90	2 651.74
2015	7 299.58	4 503.71	134.28	2 229.01	105.20	2 704.70	84.40	1 337.00	83.40	2 586.93
2016	7 405.02	4 459.29	121.28	2 355.99	107.27	2 693.50	79.10	1 427.90	85.70	2 582.92
2017	7 562.53	4552.68	128.88	2 368.92	107.79	2 665.72	84.39	1 316.03	73.14	2 494.27

12.2.3　河南省农业产业结构升级状况分析

结合上文中 *TL* 指数计算河南省农业产业结构升级数据，并绘制变化趋势图，如图 12-2 所示。

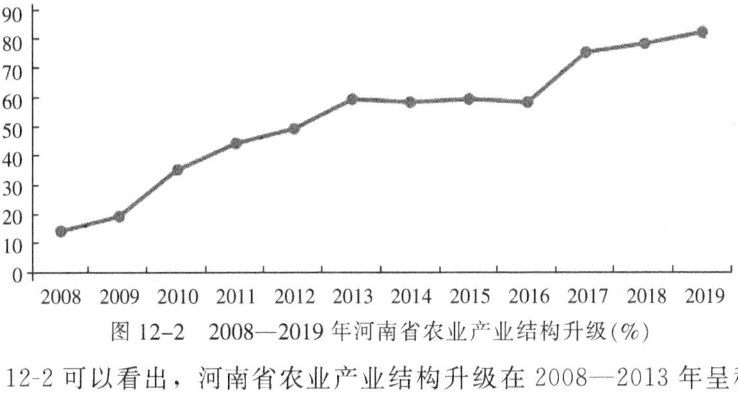

图 12-2　2008—2019 年河南省农业产业结构升级(%)

从图 12-2 可以看出，河南省农业产业结构升级在 2008—2013 年呈稳定增长趋势，2013—2016 年呈稳定趋势，2016 年以后有了明显的加速趋势。农业产业结构升级系数的不断增大，表示河南省农业产业结构不断调整和优化，有利于河南省农业的发展。总的来说，农业想要持续稳定地发展下去，仍然需要不断对其结构进行优化调整。

12.3 河南省农业科技进步对农业产业结构升级的影响

12.3.1 建立模型

为了研究农业科技进步对农业结构升级的影响，选取农业科技进步贡献率、城镇化水平、河南省生产总值和农业产业结构升级等 4 个变量（各变量的数据都进行取对数处理）进行建模。选取农业产业结构升级（ln*TL*）作为被解释变量、农业科技进步贡献率（ln*AST*）作为核心解释变量，为了减少实证误差，选取城镇化水平（ln*CZH*）和河南省生产总值 GDP（ln*GDP*）作为控制变量。建立多元回归方程如下：

$$\ln TL_t = \beta_1 + \beta_2 \ln AST_t + \beta_3 \ln CZH_t + \beta_4 \ln GDP_t + u_t \tag{12-7}$$

式中：ln*TL* 表示农业产业结构升级；ln*AST* 表示农业科技进步贡献率；ln*CZH* 表示城镇化水平；ln*GDP* 表示河南省生产总值。

12.3.2 变量选取

选取河南省 2008—2019 年的相关数据，选取农业产业结构升级（ln*TL*）作为被解释变量、农业科技进步贡献率（ln*AST*）作为核心解释变量，为了减少实证误差，选取城镇化水平（ln*CZH*）和河南省生产总值 GDP（ln*GDP*）作为控制变量。为了避免异方差引起的误差，对各变量取对数运算，如表 12-3 所示。

表 12-3 变量数据的统计性描述

变量	平均值	中位数	最大值	最小值	标准差
ln*TL*	−0.864 3	−0.629 0	−0.287 7	−1.966 1	0.516 8
ln*AST*	−0.753 5	−0.700 78	−0.623 6	−1.231 7	0.167 6
ln*CZH*	−0.850 2	−0.841 4	−0.690 0	−1.020 8	0.157 1
ln*GDP*	1.078 9	1.127 3	1.495 1	0.587 8	0.290 2

12.3.3 模型检验

1. 单位根检验

由于建模选取的数据是时间数列数据，需要进行平稳性检验。对 ln*TL*、

lnAST、lnCZH、lnGDP4 组数据分别进行单位根检验，检验结果如表 12-4 所示。

表 12-4　ADF 平稳性检验结果

变量	ADF 检验值	各显著水平下临界值			P 值	是否平稳
		1%	5%	10%		
lnTL	4.588 592	4.582 648	3.320 969	2.801 384	0.009 9	是
lnAST	8.971 302	4.420 595	3.259 808	2.771 129	0.000 1	是
lnCZH	4.136 942	4.803 492	3.403 313	2.841 819	0.021 1	是
lnGDP	5.166 954	5.835 186	4.246 503	3.590 496	0.019 3	是

从上述检验结果可以看出，农业产业结构升级、农业科技进步贡献率、城镇化水平、河南省生产总值单位根检验的 P 值都比 0.05 小，因此，在显著水平为 5%的情况下，应该拒绝原假设 H_0，是平稳序列。

2. 协整检验

进行协整检验的目的是验证所创建的模型是否具有长期稳定的均衡关系，从表 12-4 中 ADF 平稳性检验的结果可以明确得出，所有变量都是同阶单整的，可能存在协整关系。因此，可用 EG 两步法来探究变量之间是否存在协整关系。对模型进行回归后的结果如下：

$$\ln TL = -12.706\,1 + 0.556\,7\ln AST - 8.539\,5\ln CZH + 4.639\,3\ln GDP + e_t \tag{12-8}$$

$$\begin{array}{lllll} & (2.222\,4) & (0.150\,2) & (1.754\,7) & (0.647\,1) \\ t= & (-5.717\,3) & (3.706\,7) & (-4.866\,6) & (7.169\,0) \end{array}$$

$$R^2=0.988\,6 \qquad \bar{R}^2=0.982\,9 \qquad F=173.131\,0$$

为了检验回归后得到的残差是否具有平稳性，需要对残差序列采取 ADF 单位根检验。得出估计结果为：在 5%的显著水平下，t 的临界值为 -3.259，检验统计值为 -5.792，比临界值小。因此，残差是平稳性序列，表示解释变量和被解释变量之间存在协整关系，并且存在长期的均衡关系。

3. 回归结果

该模型模 $R^2=0.988\,6$，$\bar{R}^2=0.982\,9$，可决系数很高，说明模型对样本拟合得很好。在 $a=0.05$ 的显著水平下，临界值 F_a（3，6）$=4.76$，模型回归得到 $F=173.131\,0$，能够看出 F 值要比临界值大，从而拒绝原假设，由 F 值这个判断结果可以得出，各个解释变量对被解释变量有显著的影响。在 $a=0.05$ 的显著水平下，得到 t 的临界值为 2.447，模型估计中 t 的绝对值都比临界值大，因此拒绝原假设，表明各个解释变量对被解释变量均有显著的影响。

由上述估计的结果可以得出：在假定其余变量不变的基础上，平均来说，农业科技进步率每增加 1%，农业产业结构升级增加 0.56%；城镇化水平每增加 1%，农业产业结构升级减少 8.54%；河南省生产总值每增加 1%，农业产业结构升级增加 4.64%。农业科技进步可以有效促进农业产业结构升级的增长，从这个结论可以得出，实证结果、理论分析和经验判断三者的结论是相同的。

本章小结

根据上述结果，河南省农业科技进步对农业产业结构升级具有正向的效应影响，因而想要持续、稳定、协调地发展，河南省农业需要加大对科技的支持力度，在继续推进科技进步对农业产业结构升级的进程中，还可以考虑以下建议：

（1）加大人力资源和财力资源的投入

在农业自然资源短缺和分布不均的背景下，河南省农业生产想要持续、稳定、协调地发展，通过技术进步来打破农业生产自然资源的约束，是发展农业的重要路径。河南省农业产业结构升级的根本路径离不开科技进步。科技活动人员的增加和科研经费的增加，不仅壮大了科研队伍，而且有利于提升科研人员的素质。特别是近年来，对科研经费投入力度的增强，使得河南省的农业科技水平得到不断提升，从而农业产业结构不断优化升级。

（2）降低创新风险、加速推动技术扩散

技术创新具有外部性，并且伴随着高风险，尤其是在技术创新的初始阶段，这使得大多数企业不愿意尝试这种风险。对此，国家都会采取相应的资助政策来带动技术创新的相关进程。在投资方面，技术密集型产业和一般产业具有较大的差异，前者要求有良好的技术市场和风险投资体系。因此，政府想要克服风险、补偿外部性，创造新市场和创新制度方面的能力便成为技术发展的关键因素。

（3）加强农业科技园区建设，加速科技成果转化

研究结果表明，科技进步对河南省农业产业结构升级具有显著的正向推动作用，但同样需要不断积累，加大科技进步的进展，减小周期值，以实现农业产业结构升级快速高效稳步的增长。政府可通过加快建立成熟的农业科技成果转化体制机制，并为农业科技创新提供良好的环境，为科技创新推进做好后方工作，缩短科技进步的时间，共同推进科技进步，稳固河南省农业产业结构升级发展。

第 13 章　河南省农业生产要素错配与循环农业发展分析

自改革开放以来，我国的经济发展方式不断完善，经济模式由政府主导变为以市场主导为主，经济得到了快速发展，但与此同时，这种经济发展方式带来的弊端也随之显现——高投入、高消耗、低附加值的粗放型发展方式引起了资源浪费以及环境污染。现如今，虽然我国经济发展速度已经逐步放缓，但是依然面临经济增长空间不断缩小和资源稀缺的问题，迫切需要转变经济发展方式。

13.1　河南省农业生产要素错配测度与影响因素分析

经济增长理论表明，不仅资源配置效率会对经济增长产生影响，劳动、资本、土地等生产要素投入也会对经济增长效率产生重要影响。众所周知，经济学分析的重点就是资源的有效配置，加之受疫情影响，全球经济增长缺乏长足动力，因此，需要针对供给方面进行改革，改善要素资源配置效率低下的问题，为经济增长增添活力。

而农业作为国民经济的基础，推进农业健康、可持续发展，对于我国经济的整体发展更是具有基础性和全局性作用。鉴于此，提高供给质量和整体供给体系的效率、改善要素配置扭曲的现状以及优化资源配置，就成为转变经济发展方式和提高资源配置效率的重中之重。因此，考虑到我国农业经济发展所面临的问题和挑战，笔者将对河南省农业生产中的资源错配问题进行探讨，选取河南省 18 个地级市的面板数据，比较各地区的资源错配程度，并对资源错配的发展趋势进行测度，借鉴经典的要素错配测度模型，研究影响要素错配的核心因素，提出改善要素错配程度的政策建议。

13.1.1 河南省农业生产要素错配测度模型的构建

1. 理论依据

由于我国农村耕地流转市场流转规模有限，短期内难以完全获得规模经营的益处，因此，农业生产要素错配大都属于“内涵型资源错配”问题，即假设在经济学基本原理的竞争市场中，企业的生产技术水平都是高水平，最优的配置就是生产要素在所有企业的边际产出都相等，否则就存在改善“错配”、提高产出的可能。Hsieh C T 等建立的要素错配理论模型已成为分析各行业要素错配问题的基准模型。建立在其基础之上的要素错配测度方法可操作性强，所需数据相对容易获得，测量结论可靠，被广泛用于衡量要素错配的实际水平，特别是测度由其所定义的“内涵型错配”。基于以上原因，笔者借鉴该测度方法，假设土地禀赋不变，即农民的土地是固定投入，建立一个完全竞争模型，允许各地级市之间的农业生产效率和要素配置扭曲存在差异。在规模报酬不变的情况下，各地级市农户的要素产出弹性相同，利用经典生产函数柯布一道格拉斯函数，可得

$$Y_i = A_i K_i^{\alpha} L_i^{\beta} M_i^{\gamma} \tag{13-1}$$

式中：$\alpha+\beta+\gamma=1$；α 表示资本要素的产出弹性；β 表示劳动力要素的产出弹性；γ 表示土地要素的产出弹性；i 表示第 i 个农户；A 表示各地级市代表性农户全要素生产率（TFP），它是反映地区农业发展水平的重要指标，A_i 表示第 i 个农户的全要素生产率；Y_i 表示第 i 个农户的农业总产出；K_i 表示第 i 个农户的资本要素投入；L_i 表示第 i 个农户的劳动力要素投入；M_i 表示第 i 个农户的土地要素投入。

从现实情况来说，比起农户，银行一般更愿意将资金借给发展潜力更高、实力更强、还债能力更强的企业，这就使得农户很难得到正式金融机构的低息贷款，转而向一些利率更高、门槛更低的融资渠道进行借款，这样就提高了资本的收益。与此同时，由于一些城市的户籍制度限制、自身受教育水平的限制以及存在外出务工的风险、与亲人分别的压力等，使得许多人无法外出务工，大量剩余劳动力留在了农村，反而降低了劳动力的工资水平，即劳动力要素的扭曲会导致劳动力的价格水平降低。因此，要素配置扭曲会使得要素边际价格出现差异，农户的利润函数可以表述为

$$\prod\nolimits_i = PA_iY_i - (1+TK_i)rK - (1-TL_i)\omega L_i \tag{13-2}$$

式中：Π_i表示利润；P 表示农产品价格；PA_iY_i表示第 i 个农户的农业总产值；TK

表示资本边际产出的扭曲；TL 表示劳动边际产出的扭曲；r 表示资本利率；ω 表示劳动力工资；$(1+TK_i)$ r 表示实际资本价格；$(1-TL_i)$ ω 表示实际劳动价格。

Ellis 把农户的目标函数分为利润最大化型、劳苦规避型、风险回避型等类型，笔者以农业生产经营活动中的效率问题为中心进行考虑。因此，假设代表性农户以利润最大化为经营目标，利润最大化一阶条件为

$$\frac{\partial \prod_i}{\partial K_i} = \frac{\alpha P Y_i}{K_i} - (1 + TK_i)r = 0 \tag{13-3}$$

$$\frac{\partial \prod_i}{\partial L_i} = \frac{\beta P Y_i}{L_i} - (1 - TL_i)\omega = 0 \tag{13-4}$$

因此，劳动边际产出 MRP_L 同单位劳动 AP_L 成正比，资本的边际产出 MRP_K 与单位资本的产出 AP_K 成正比，即

$$MRP_{Ki} = \frac{\alpha P Y_i}{K_i} = (1 + TK_i)r \tag{13-5}$$

$$MRP_{Li} = \frac{\beta P Y_i}{L_i} = (1 - TL_i)\omega \tag{13-6}$$

从上面两个式子可以看出，不同要素的市场扭曲会导致边际产出不相等，TK_i 和 TL_i 应看作资本和劳动相较于产出的扭曲。根据各生产要素的产出弹性，劳动、资本和总体错配的计算公式分别为

$$L_m = \ln(1 - TL_i) \tag{13-7}$$

$$K_m = \ln(1 + TK_i) \tag{13-8}$$

$$Z_m = (1 + TK_i)^{\alpha}\ (1 - TL_i)^{1-\alpha} \tag{13-9}$$

式中：L_m 表示劳动要素错配程度；K_m 表示资本要素错配程度；Z_m 表示总体要素错配程度。

2. 生产要素产出弹性系数的计算

为计算生产要素的产出弹性，选取农业产出（Y）作为被解释变量，选取劳动投入（L）、资本投入（K）以及土地经营投入（M）作为解释变量。2019 年河南省农业生产要素投入数据统计如表 13-1 所示。为了消除因变量不同或数据不稳定带来的影响，对变量实际值取对数，基于 C-D 农业生产函数建立农业生产要素产出弹性计量模型如下：

$$\ln Y_{it} = \beta_0 + \beta_1 \ln K_{it} + \beta_2 \ln L_{it} + \beta_3 \ln M_{it} + \varepsilon_{it} \tag{13-10}$$

式中：t 表示年份；i 表示地级市；ε_{it} 表示随机扰动项。

表 13-1　2019 年河南省农业生产要素投入数据统计

地区	氮肥（吨）	磷肥（吨）	钾肥（吨）	化肥总消耗量（万元）	第一产业就业人数（万）	每万人化肥消耗量（吨）	实际耕地面积（千公顷）
郑州市	49 925	26 651	14 327	90 903	91.07	998.17	314.14
开封市	112 230	57 702	33 670	203 602	130.51	1 560.05	418.04
洛阳市	65 879	31 624	22 656	120 159	117.39	1 023.59	434.44
平顶山市	91 386	34 062	21 284	146 732	127.41	1 151.65	322.47
安阳市	120 868	40 729	26 199	187 796	113.88	1 649.07	408.74
鹤壁市	24 382	9 988	3 686	38 056	27.35	1 391.44	119.67
新乡市	159 870	61 511	23 982	245 363	111.04	2 209.68	475.66
焦作市	50 208	20 786	6 285	77 279	67.53	1 144.37	196.69
濮阳市	86 864	36 689	27 078	150 631	84.53	1 781.98	281.22
许昌市	50 634	23 663	13 131	87 428	99.46	879.03	337.89
漯河市	34 225	11 660	8 925	54 810	68.39	801.43	190.24
三门峡市	22 264	9 750	10 381	42 395	53.98	785.38	179.72
南阳市	228 061	124758	81 229	434 048	295.53	1 468.71	1 055.84
商丘市	176 299	108 989	82 103	367 391	190.84	1 925.13	716.3
信阳市	205 267	79 221	32 312	316 800	211.30	1 499.29	850.16
周口市	270 073	133 861	81 349	485 283	254.53	1 906.58	858.86
驻马店市	143 909	80 470	61 291	285 670	219.09	1 303.89	952.16
济源市	7 876	4 816	2 683	15 375	13.60	1 130.51	46.05

借鉴已有的研究，计算出要素产出弹性系数结果见表 13-2。

表 13-2　要素产出弹性参数估计结果

Variable	Coefficient	Std. Error	*t*-Statistic	Prob
K（资本）	0.676 979	0.349 726	1.935 743	0.054 5
L（劳动力）	0.113 892	0.235 992	0.482 610	0.630 0
M（土地）	0.736 221	0.233 395	3.154 397	0.001 9

假定规模报酬不变，对要素产出弹性系数进行标准化处理。假设表 13-2 中

的资本、劳动力和土地的要素弹性系数为 α^*、β^* 和 γ^*。借鉴韩海彬等人（2017）① 关于要素标准化的计算方法，定义 $RTS=\alpha^*+\beta^*+\gamma^*$，对要素产出弹性系数进行正规化，得 $\alpha=\alpha^*/RTS$，$\beta=\beta^*/RTS$，$\gamma=\gamma^*/RTS$。

将产出弹性系数标准化之后，河南省农业生产中的资本产出弹性为 0.44，劳动力产出弹性为 0.07，土地产出弹性为 0.48。各地区的土地要素产出弹性都高于资本要素和劳动要素的产出弹性，符合中国农业土地相对不足“人多地少”的生产实际，但因为土地要素流转受限而无法自由“流动”，难以实现市场化配置。因此，笔者在假定土地禀赋不变的情况下，着重研究资本和劳动力生产要素的错配情况及其影响因素。

13.1.2　河南省农业生产要素错配测度结果分析

1. 农业生产要素错配的总体情况分析

目前，河南省农业生产要素错配存在明显的区域差异，像济源市、濮阳市、郑州市等一些经济发展水平比较好的地区的要素错配程度就相对较低，而像南阳市、商丘市、周口市、驻马店市等经济发展相对落后的地区的要素错配程度就相对较高。表 13-3 选取了 2009 年、2013 年、2019 年三个具有代表性的年份对河南省各地级市的错配程度的总体情况进行分析。

表 13-3　2009、2013、2019 年河南省生产要素错配的总体情况

地区	2009			2013			2019		
	K	L	Z	K	L	Z	K	L	Z
安阳市	4.276	2.306	23.869	4.755	3.684	63.760	4.763	3.428	55.428
鹤壁市	3.655	4.466	60.873	3.039	3.545	27.722	3.431	3.605	34.067
济源市	2.272	3.688	21.424	2.782	3.510	24.286	2.643	2.658	14.172
焦作市	3.864	3.711	43.746	4.697	4.072	77.254	4.742	3.729	65.000
开封市	4.779	3.752	66.942	4.735	3.594	60.099	4.879	3.399	57.404
洛阳市	3.907	3.878	48.949	4.669	3.972	72.137	5.106	3.144	55.021
漯河市	3.820	4.289	59.308	4.389	3.976	63.939	3.671	3.051	27.772

① 韩海彬，李谷成，何岸．中国农业经济增长质量的时空特征和动态演进［J］．广西财经大学学报，2017（6）：95－105.

续表

地区	2009			2013			2019		
	K	L	Z	K	L	Z	K	L	Z
南阳市	5.510	4.102	112.333	5.258	3.728	81.543	5.760	3.393	84.319
平顶山市	3.968	3.469	40.005	4.468	3.598	53.569	3.981	2.771	27.213
濮阳市	3.970	3.613	43.390	4.311	3.735	53.963	4.435	2.985	37.454
三门峡市	3.386	3.406	29.871	3.427	3.549	32.968	4.022	3.416	39.759
商丘市	4.713	4.068	77.605	5.332	3.840	89.733	5.549	3.406	77.379
新乡市	4.315	3.801	56.125	5.157	4.196	101.403	4.724	3.534	57.856
信阳市	4.616	3.632	58.251	5.238	4.021	95.268	5.296	3.342	66.810
许昌市	3.915	3.931	50.585	4.421	3.794	58.566	4.031	2.973	31.139
郑州市	4.011	3.416	39.550	4.306	3.741	54.037	3.905	3.115	31.901
周口市	5.368	4.014	100.462	5.317	3.854	89.807	5.430	3.010	58.827
驻马店市	4.789	3.836	70.458	5.375	3.886	93.786	5.254	3.523	72.576
平均值	4.174	3.743	55.764	4.538	3.794	66.324	4.535	3.249	49.672

从表 13-3 中可以看出，总体要素错配程度要明显高于劳动和资本的要素错配程度，劳动和资本要素错配程度在这十年间并没有发生明显的大幅度的变化。但 2019 年总体要素错配程度要明显低于 2013 年，说明总体要素错配程度在这六年间有了很大改善。另外，结果显示 2009 年、2013 年、2019 年资本要素的平均值分别为 4.174、4.538、4.535。2009 年 18 个地级市中资本要素错配程度高于其平均值的地级市有安阳市、开封市、南阳市、商丘市、新乡市、信阳市、周口市和驻马店市。2013 年和 2019 年这些地级市的资本要素错配程度依然高于其相应年份的平均值，说明这些地级市的资本要素错配程度在这十年间改善的效果并不好。总的来说，2019 年劳动、资本及总体要素错配的平均值比 2013 年下降了很多，这说明近年来河南省农业生产要素错配情况在整体上有所改善。

2. 农业生产要素错配的区域比较

由于变量的单位不同，要计算变异系数，需要用标准差和平均值的比值来表示。因此，根据上文得到的要素产出弹性、要素错配测度公式以及变异系数得到要素错配程度的变异系数折线图，如图 13-1 所示。

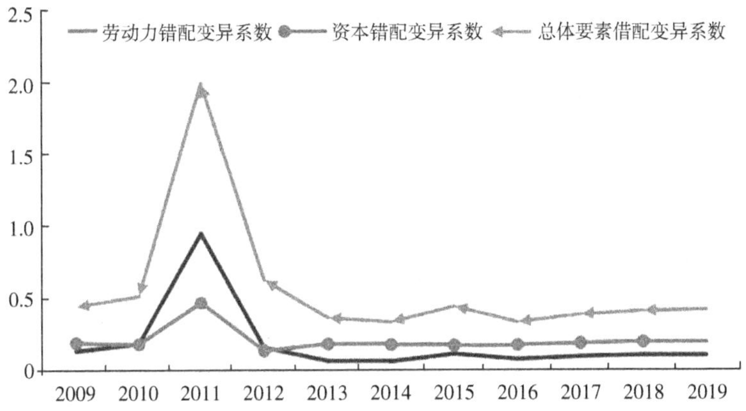

图 13-1　2009—2019 年河南省劳动力、资本以及总体要素错配程度的变异系数折线图

可以看出，河南省 18 个地级市的劳动力、资本以及总体的要素错配变异系数都在 2010—2012 年期间呈现出先增后减的趋势，波动的幅度比较大，错配程度比较严重，这表明劳动力错配在地市之间的差异显著增加。而在 2009—2010 年以及 2012—2019 年间变异系数比较小，总体波动幅度较小，较为平稳，错配程度不是太严重。除此之外，还可以看出总体要素错配的变异系数整体上要大于劳动力和资本错配的变异系数。2010—2012 年劳动力错配变异系数一直高于资本错配的变异系数，说明在此期间劳动力配置的效率不高。总之，2019 年要素错配的变异系数是要略低于 2009 年的，这说明要素错配情况改善得不明显。

（1）劳动力错配

如表 13-4 所示，从平均值来看，河南省的劳动力错配总体上经过了短暂上升，然后急速下降后又急速上升，最后缓慢下降的过程。这表明从 2010 年开始，省内劳动力错配程度下降幅度比较大，配置效率明显提高，但好景不长，2011—2012 年省内劳动力错配程度又急剧上升，好在从 2012 年一直到 2019 年，劳动力错配程度一直在平缓下降，情况在逐渐好转。2009—2010 年大部分地市劳动力错配程度有所加剧，尤其是安阳市，错配程度短时间内上升比较快。从 2010 年开始，大部分地区劳动力错配程度开始出现急剧下降的趋势，到了 2011 年劳动力错配达到最低水平，这是因为我国在 2011 年的中央一号文件中明确指出要加快水利改革的步伐，提高资源的配置和使用效率，从而大大降低了各种生产要素的错配程度。在此期间，焦作市的劳动力错配波动幅度最大。横向来看，焦作市、安阳市、开封市等地劳动力错配程度居于前列，而周口市、许昌市等地劳动力错配程度相对较低。总的来说，2019 年的劳动力错配程度是低于 2009 年的，说明劳动力错配的总体情况是有所改善的。

表 13-4　2009—2019 年河南省各地市农业生产劳动力错配程度

地区	2009	2011	2013	2015	2016	2017	2018	2019
安阳市	2.306	0.921	3.684	3.768	3.263	3.219	3.428	3.303
鹤壁市	4.466	3.335	3.545	3.882	3.807	3.681	3.605	3.698
济源市	3.688	3.045	3.510	3.348	3.248	2.792	2.658	2.899
焦作市	3.711	8.496	4.072	3.493	3.672	3.580	3.729	3.661
开封市	3.752	1.352	3.594	3.296	3.550	3.376	3.399	3.442
洛阳市	3.878	1.201	3.972	3.561	3.486	3.071	3.144	3.234
漯河市	4.289	3.439	3.976	3.274	3.064	2.816	3.051	2.977
南阳市	4.102	2.024	3.728	3.297	3.370	3.268	3.393	3.344
平顶山市	3.469	0.809	3.598	3.152	3.152	2.937	2.771	2.953
濮阳市	3.613	0.741	3.735	3.484	3.466	3.178	2.985	3.210
三门峡市	3.406	0.598	3.549	3.452	3.493	3.347	3.416	3.419
商丘市	4.068	2.399	3.840	4.657	3.243	3.182	3.406	3.277
新乡市	3.801	1.062	4.196	3.924	3.696	3.504	3.534	3.578
信阳市	3.632	2.829	4.021	3.857	3.614	3.427	3.342	3.461
许昌市	3.931	0.572	3.794	3.230	3.137	2.847	2.973	2.986
郑州市	3.416	2.011	3.741	3.461	3.404	3.290	3.115	3.269
周口市	4.014	0.240	3.854	3.593	3.563	3.295	3.010	3.289
驻马店市	3.836	1.406	3.886	3.694	3.675	3.505	3.523	3.567

（2）资本错配

表 13-5　2009—2019 年河南省各地市农业生产资本错配程度

地区	2009	2011	2013	2015	2016	2017	2018	2019
安阳市	4.276	2.000	4.755	4.575	4.902	4.460	4.763	4.683
鹤壁市	3.655	1.648	3.039	3.614	3.209	3.269	3.431	3.372
济源市	2.272	2.188	2.782	2.625	3.100	3.025	2.643	2.849
焦作市	3.864	0.364	4.697	4.495	4.190	4.458	4.742	4.416

续表

地区	2009	2011	2013	2015	2016	2017	2018	2019
开封市	4.779	1.988	4.735	5.293	4.863	4.678	4.879	4.881
洛阳市	3.907	2.160	4.669	4.573	4.962	4.591	5.106	4.719
漯河市	3.820	3.200	4.389	3.715	3.740	3.386	3.671	3.784
南阳市	5.510	2.923	5.258	5.555	5.431	5.502	5.760	5.556
平顶山市	3.968	1.876	4.468	4.347	4.762	5.085	3.981	4.539
濮阳市	3.970	1.850	4.311	4.152	4.389	4.005	4.435	4.227
三门峡市	3.386	0.765	3.427	4.184	3.788	3.887	4.022	3.919
商丘市	4.713	3.209	5.332	5.222	5.642	5.461	5.549	5.496
新乡市	4.315	1.238	5.157	4.596	4.666	4.647	4.724	4.660
信阳市	4.616	3.036	5.238	5.178	5.293	5.063	5.296	5.229
许昌市	3.915	0.490	4.421	4.549	4.336	3.957	4.031	4.243
郑州市	4.011	1.565	4.306	4.366	4.460	4.197	3.905	4.299
周口市	5.368	1.369	5.317	5.183	5.239	5.214	5.430	5.272
驻马店市	4.789	2.745	5.375	5.074	5.308	5.627	5.254	5.317

表 13-5 表明，河南省各地的资本错配程度与劳动力错配程度大体上是处在一个区间之内的，水平相差不大，且资本错配和劳动力错配前期的趋势是比较相似的，大致上都是经历了先短暂上升，然后急速下降后又急速上升的过程。只不过在后期，劳动力错配出现了集中缓慢下降的趋势，而资本错配使所有地级市都稳定在一个相应的区间里，并且整体的状态是比较离散的。这恰恰说明了不同的地级市在那段时间里的资本错配程度的差异是比较大的。分段来看，2010—2011 年省内资本错配程度大幅度下降，2011—2012 年又大幅度上升，尤其是许昌市，变动幅度最大。除此之外，在 2012—2013 年大部分地市的资本错配呈缓慢上升态势的时候，济源市的资本错配程度却大幅度下降，并且之后也稳定在一个较低的水平，改善最为明显。横向比较，南阳市、商丘市、驻马店市、周口市等地级市的资本错配程度高于其他地级市，而济源市、鹤壁市、漯河市、三门峡市等地的资本错配程度相对较低。

（3）总体要素错配

表 13-6　2009—2019 年河南省各地市农业生产总体要素错配程度

地区	2009	2011	2013	2015	2016	2017	2018	2019
安阳市	23.869	4.037	63.760	61.733	53.752	43.163	55.428	60.970
鹤壁市	60.873	13.371	27.722	43.136	34.613	33.111	34.067	37.473
济源市	21.424	14.408	24.286	20.688	24.119	18.073	14.172	15.589
焦作市	43.746	136.738	77.254	51.116	49.421	52.806	65.000	71.500
开封市	66.942	5.114	60.099	65.020	62.028	51.888	57.404	63.145
洛阳市	48.949	5.068	72.137	54.940	62.517	42.082	55.021	57.772
漯河市	59.308	28.049	63.939	32.063	28.822	21.470	27.772	29.161
南阳市	112.333	11.242	81.543	73.024	72.000	70.146	84.319	88.535
平顶山市	40.005	3.591	53.569	39.572	47.483	48.523	27.213	28.574
濮阳市	43.390	3.417	53.963	43.736	48.053	34.536	37.454	39.327
三门峡市	29.871	1.957	32.968	43.560	37.456	36.031	39.759	42.940
商丘市	77.605	15.727	89.733	135.086	73.572	65.657	77.379	83.569
新乡市	56.125	3.125	101.403	68.013	61.751	54.978	57.856	62.485
信阳市	58.251	18.543	95.268	84.601	77.701	63.233	66.810	72.155
许昌市	50.585	1.709	58.566	45.166	39.035	28.100	31.139	34.253
郑州市	39.550	6.141	54.037	47.421	47.861	40.005	31.901	35.091
周口市	100.462	2.090	89.807	73.140	73.725	62.750	58.827	64.709
驻马店市	70.458	7.355	93.786	73.767	80.914	84.637	72.576	79.833

表 13-6 表明，相对于资本和劳动力错配，河南省各地市的总体要素错配程度明显更高。总体要素错配均值线先是缓慢上升，然后急剧下降，而后又急剧上升，最后缓慢下降，呈现“V”形态势。这表明从 2010 年开始，河南省农业生产总体要素错配下降幅度比较大，配置效率得到明显提高，2011—2012 年省内农业生产总体要素错配程度又急剧上升，好在从 2012 年一直到 2018 年，整体上一直呈缓慢下降的态势，情况在逐渐的好转。分段来看，2009—2010 年大部分地区总体要素错配程度呈上升趋势，尤其是安阳市，出现急剧上升的态势，在 2010—2011 年大部分地级市总体要素错配程度下降的时候，安阳市的总体要素错配程度又出现断崖式下降的情况，波动幅度很大。情况类似的还有济源市，在 2011—2013 年时间里，总体要素错配程度近乎直线上升

又直线下降，是所有地级市里波动幅度最大的，到 2013 年以后才稳定在一个较低的水平。除此之外，焦作市在 2010—2012 年大部分地市的总体要素错配程度呈现“V”形态势的时候却出现先急剧上升后又急剧下降的趋势。横向比较，商丘市、信阳市、驻马店市、周口市等地级市的总体要素错配程度高于其他地级市，而济源市、鹤壁市、三门峡市、漯河市等地的总体要素错配程度相对较低。

3. 农业生产要素错配的评价

表 13-7　2009 年、2013 年、2018 年河南省各地市错配程度排名

地区	年份	劳动力错配		资本错配		总体要素错配	
		绝对值	排名	绝对值	排名	绝对值	排名
安阳市	2009	2.306	18	4.276	8	23.869	17
	2013	3.684	13	4.755	7	63.760	10
	2018	3.428	5	4.763	8	55.428	9
鹤壁市	2009	4.466	1	3.655	16	60.873	6
	2013	3.545	17	3.039	17	27.722	17
	2018	3.605	2	3.431	17	34.067	13
济源市	2009	3.688	12	2.272	18	21.424	18
	2013	3.510	18	2.782	18	24.286	18
	2018	2.658	18	2.643	18	14.172	18
焦作市	2009	3.711	11	3.864	14	43.746	12
	2013	4.072	2	4.697	9	77.254	7
	2018	3.729	1	4.742	9	65.000	5
开封市	2009	3.752	10	4.779	4	66.942	5
	2013	3.594	15	4.735	8	60.099	11
	2018	3.399	8	4.879	7	57.404	8
洛阳市	2009	3.878	7	3.907	13	48.949	11
	2013	3.972	5	4.669	10	72.137	8
	2018	3.144	11	5.106	6	55.021	10
漯河市	2009	4.289	2	3.820	15	59.308	7
	2013	3.976	4	4.389	13	63.939	9
	2018	3.051	13	3.671	16	27.772	16
南阳市	2009	4.102	3	5.510	1	112.333	1
	2013	3.728	12	5.258	4	81.543	6
	2018	3.393	9	5.760	1	84.319	1

续表

地区	年份	劳动力错配		资本错配		总体要素错配	
		绝对值	排名	绝对值	排名	绝对值	排名
平顶山市	2009	3.469	15	3.968	11	40.005	14
	2013	3.598	14	4.468	11	53.569	15
	2018	2.771	17	3.981	14	27.213	17
濮阳市	2009	3.613	14	3.970	10	43.390	13
	2013	3.735	11	4.311	14	53.963	14
	2018	2.985	15	4.435	11	37.454	12
三门峡市	2009	3.406	17	3.386	17	29.871	16
	2013	3.549	16	3.427	16	32.968	16
	2018	3.416	6	4.022	13	39.759	11
商丘市	2009	4.068	4	4.713	5	77.605	3
	2013	3.840	8	5.332	2	89.733	5
	2018	3.406	7	5.549	2	77.379	2
新乡市	2009	3.801	9	4.616	7	56.125	9
	2013	4.196	1	5.157	6	101.403	1
	2018	3.534	3	4.724	10	57.856	7
信阳市	2009	3.632	13	4.616	6	58.251	8
	2013	4.021	3	5.238	5	95.268	2
	2018	3.342	10	5.296	4	66.810	4
许昌市	2009	3.931	6	3.915	12	50.585	10
	2013	3.794	9	4.421	12	58.566	12
	2018	2.973	16	4.031	12	31.139	15
郑州市	2009	3.416	16	4.011	9	39.550	15
	2013	3.741	10	4.306	15	54.037	13
	2018	3.115	12	3.905	15	31.901	14
周口市	2009	4.014	5	5.368	2	100.462	2
	2013	3.854	7	5.317	3	89.807	4
	2018	3.010	14	5.430	3	58.827	6
驻马店市	2009	3.836	8	4.789	3	70.458	4
	2013	3.886	6	5.375	1	93.786	3
	2018	3.523	4	5.254	5	72.576	3

注：按照错配测度结果的绝对值依次排名，排名位次值越大，错配程度越低。

表 13-7 选取了 2009、2013、2018 这三个具有代表性的年份对河南省各地级市的错配程度进行排名。因为不同地区的历史条件、政府政策和自然条件不同，

各地区的资源错配有着明显的差异。

从表 13-7 的劳动力错配排名结果来看，2018 年相比 2009 年，部分地级市错配程度相对上升，比如安阳市、焦作市、开封市、三门峡市、新乡市和驻马店市，相对下降的有济源市、洛阳市、漯河市、南阳市、商丘市、许昌市、周口市等地级市。其中，安阳市和三门峡市的位次变化最大。从资本错配的排名结果显示，焦作市、洛阳市、三门峡市、商丘市、信阳市等地的错配程度相对增加，漯河市、开封市、鹤壁市、新乡市、濮阳市、平顶山市、驻马店市、周口市、郑州市等地的错配程度相对改善。而总体要素错配的排名结果显示，鹤壁市、开封市、漯河市、平顶山市、许昌市、周口市等地的错配程度有所改善，安阳市、焦作市、三门峡市、新乡市、信阳市、驻马店市等地的错配程度相对提高。

从发展进程上来看，鹤壁市的劳动力错配程度排名由 2009 年的第 1 名到 2013 年的 17 名，再到 2018 年的第 2 名，要素错配程度经历了先大幅度下降又大幅度增加的过程，结合历史情况，出现该种现象很可能与 2009 年之后农业方面的政策改革以及 2013 年之后农村劳动力大量外出务工有关，说明该地区急需采取一些措施来维持要素错配程度的低水平稳定。相比之下还有一些地区的要素错配程度一直保持相对稳定的状态，比如济源市的资本和总体要素错配程度以及许昌市的资本要素错配程度在这三年都保持在一个相对稳定的低水平态势下。另外，还有一些地区的要素错配程度经过几年的不断改善最终取得了很好的成效，比如洛阳市的劳动力要素错配程度和漯河市的劳动力以及总体要素错配程度。

总体来看，要素错配程度较低的地级市主要集中在济源市、濮阳市、郑州市、平顶山市等经济发展比较好的地区，而要素错配程度较高的地级市主要是在周口市、南阳市、驻马店市、商丘市等经济发展相对比较落后的地区。为此，国家应该出台一些相关政策来扶持这些地区的发展，帮助这些地区降低要素错配程度，同时，这些地区也应该结合自身的情况去合理配置资源，只有这样才能让这些地区的农业甚至是其他产业都能得到长足的发展。

13.1.3　河南省农业生产要素错配影响因素的实证分析

1. 模型的构建

为考虑影响要素错配的因素，笔者选取要素错配程度作为因变量，选取工业化水平、支农财政、人均耕地面积、农业劳动力占比、人均化肥投入作为主要解释变量，利用面板数据设立如下计量模型：

$$Y_{it} = \alpha + \sum_{n=1}^{n} \beta_n X_{nit} + \varepsilon_{it} \tag{13-11}$$

式中：Y 表示要素错配程度；i 表示地级市；t 表示年份；X_n 表示第 n 个解释变量；ε_{it} 表示随机扰动项。

2. 变量的描述性统计

各变量的定义如表 13-8 所示。

表 13-8 变量定义

类别	变量名称	变量符号	变量含义
因变量	资本错配程度	Y_K	ln（$1+TK_i$）
	劳动力错配程度	Y_L	ln（$1-TL_i$）
	总体要素错配程度	Y_T	$(1+TK_i)^{\alpha}(1-TL_i)^{1-\alpha}$
解释变量	人均耕地面积	X_1	总耕地面积/第一产业从业人数
	支农财政	X_2	农业财政支出/财政总支出
	工业化水平	X_3	非农产业增加值/地区国内生产总值
	农业劳动力占比	X_4	第一产业从业人数/总从业人数
	人均化肥投入	X_5	化肥使用折纯量/第一产业从业人数

借鉴已有的研究，农业生产要素错配模型需要用到的变量的计算方法为：资本、劳动力以及总体要素错配程度的计算公式分别为 ln（$1+TK_i$）、ln（$1-TL_i$）、$(1+TK_i)^{\alpha}(1-TL_i)^{1-\alpha}$。而考虑到数据的可得性，解释变量用以下指标表示：人均耕地面积用总耕地面积比第一产业从业人数表示；支农财政用农业财政支出比财政总支出表示；工业化水平用非农产业增加值比地区国内生产总值表示；农业劳动力占比用第一产业从业人数比总从业人数表示；人均化肥投入用化肥使用折纯量比第一产业从业人数表示。笔者以河南省各地级市为研究对象，数据主要来源于《河南统计年鉴》，2019 年解释变量统计数据如表 13-9 所示：

表 13-9　2019 年河南省各地市农业生产要素错配影响因素统计表

地区	实际耕地面积（千公顷）	人均耕地面积（公顷）	支农财政（%）	工业化水平	人均化肥投入（吨）	农业劳动力占比（%）
郑州市	314.14	0.34	0.04	0.99	0.22	0.15
开封市	418.04	0.32	0.12	0.86	0.24	0.41
洛阳市	434.44	0.28	0.10	0.95	0.16	0.34
平顶山市	322.47	0.21	0.11	0.92	0.23	0.47
安阳市	408.74	0.36	0.12	0.92	0.39	0.32
鹤壁市	119.67	0.38	0.09	0.93	0.23	0.30
新乡市	475.66	0.40	0.15	0.91	0.45	0.33
焦作市	196.69	0.28	0.09	0.94	0.29	0.29
濮阳市	281.22	0.29	0.17	0.90	0.31	0.40
许昌市	337.89	0.32	0.10	0.95	0.21	0.37
漯河市	190.24	0.26	0.10	0.91	0.24	0.41
三门峡市	179.72	0.29	0.13	0.92	0.14	0.44
南阳市	1055.84	0.33	0.15	0.85	0.25	0.46
商丘市	716.30	0.35	0.15	0.84	0.42	0.36
信阳市	850.16	0.38	0.18	0.81	0.20	0.44
周口市	858.86	0.28	0.14	0.83	0.29	0.44
驻马店市	952.16	0.41	0.16	0.83	0.32	0.39
济源市	46.05	0.33	0.12	0.97	0.18	0.30

笔者统计了 2009—2019 年各地级市的相关数据，并对变量做了描述性统计，结果如表 13-10 所示。

表 13-10　面板数据的统计性描述

分类	变量	观测值	横截面	平均值	中位数	最大值	最小值	标准差
因变量	Y_K	180	18	4.21	4.41	5.76	0.36	1.06
	Y_L	180	18	3.46	3.56	8.50	0.24	0.87
	Y_T	180	18	55.01	54.16	224.62	1.71	30.32

续表

分类	变量	观测值	横截面	平均值	中位数	最大值	最小值	标准差
解释变量	X_1	180	18	0.31	0.3	0.47	0.01	0.06
	X_2	180	18	0.12	0.12	0.18	0.04	0.03
	X_3	180	18	0.87	0.89	0.99	0.69	0.08
	X_4	180	18	0.44	0.42	6.91	0.03	0.50
	X_5	180	18	0.25	0.25	0.48	0.01	0.08

3. 变量的平稳性检验

笔者对河南省各地级市要素错配影响因素实证模型中变量及自变量的数值进行了单位根检验，检验结果如表 13-11 所示。

表 13-11　河南省 18 个地级市面板数据单位根检验结果

变量	LLC 检验	P 统计量	平稳性
Y_K	-10.2656^{***}	0.000 0	平稳
Y_L	-14.2886^{***}	0.000 0	平稳
Y_T	-12.8217^{***}	0.000 0	平稳
X_1	-27.4209^{***}	0.000 0	平稳
X_2	-3.66598^{***}	0.000 1	平稳
X_3	-13.7587^{***}	0.000 0	平稳
X_4	-153.066^{***}	0.000 0	平稳
X_5	-8.41022^{***}	0.000 0	平稳

从面板数据单位根检验结果可知，在水平序列下，所有变量在 LLC 同质面板检验中以 5%的显著性水平拒绝了存在单位根的原假设，通过了检验，即所有变量都是平稳的。

4. 模型参数的估计

（1）固定效应与随机效应的选择

回归模型的影响形式分为两类，即固定效应和随机效应，固定效应认为其包含个体随机影响的效果是内生的，随机效应的基本假设为包含的个体的随机影响是外生的。通过随机效应测度 Hausman 检验得出劳动错配影响因素模型检验值为 59.582 765，P 值为 0.000 0；资本错配影响因素模型检验值为 29.810 529，P 值为 0.000 0；总体错配影响因素模型检验值为 21.892 505，P 值为 0.000 0。三个模型都出现了显著差异，因此，用固定效应比随机效应要好。

（2）协方差分析

为提高参数估计的有效性，减少模型设定的误差，需要先对模型的形式进行确认。面板数据回归模型主要有三种形式：变系数模型、固定影响模型和不变参数模型。在回归分析过程中通常用构造 F 统计量进行协方差分析的方法来确定模型形式。确定模型形式的两个假设为

H_1：截面个体系数相等；

H_2：截距项与截面个体系数都相等。

在 H_1 和 H_2 假设条件下构建的 F 统计量为

$$F_1 = \frac{(S_2 - S_1)/[(N-1)k]}{S_1/[NT - N(k+1)]} \sim F[(N-1)k, N(T-k-1)] \tag{13-12}$$

在 H_2 假设条件下构建的 F 统计量为

$$F_2 = \frac{(S_3 - S_1)/[(N-1)(k+1)]}{S1/[NT - N(k+1)]} \sim F[(N-1)(k+1), N(T-k-1)] \tag{13-13}$$

其中，S_1、S_2、S_3 分别表示变系数模型、变截距模型和混合模型的残差平方和；N 表示截距项；T 表示时间跨度；K 为自变量个数。对劳动力、资本以及总体要素错配的影响因素回归模型进行协方差分析，计算 F 临界值和 F 统计量得到结果如表 13-12 所示。

表 13-12　协方差分析结果

指标	F_1 临界值	F_1 统计量	F_2 临界值	F_2 统计量
劳动力要素	1.46	6.07	1.44	8.44
资本要素	1.46	5.61	1.44	8.1
总体要素	1.46	3.12	1.44	4.03

由协方差分析检验结果可知，对劳动力、资本以及总体要素错配的影响因素回归模型进行协方差分析，当显著性水平为 5%时，F_2 统计量大于 F_2 临界值，拒绝 H_2；又因为 F_1 统计量大于 F_1 临界值，拒绝 H_1，所以面板数据回归模型应采用变系数的形式。

（3）回归结果

为了得到更准确的定量分析，采用固定效应模型对劳动力、资本以及总体要

素错配的影响因素回归模型进行 TSLS 回归分析，回归结果如表 13-13 所示。

表 13-13　固定效应模型回归分析结果

解释变量	劳动力错配程度	资本错配程度	总体要素错配程度
常数项	13.594 83***	13.947 90***	420.403 1***
	(10.450 51)	(9.999 448)	(10.776 05)
人均耕地面积	−1769.317	−13 012.51***	−165 900.9
	(−1.297 145)	(−0.409 333)	(−3.162 132)
支农财政	4.311 553	13.824 08***	70.694 02
	(1.246 859)	(4.199 215)	(0.690 932)
工业化水平	−12.403 67***	−11.349 90***	−421.980 8***
	(−9.791 265)	(−9.410 853)	(−11.257 72)
农业劳动力占比	0.035 248	−0.468 995***	−6.484 658
	(0.202 570)	(−2.831 090)	(−1.259 485)
人均化肥投入	2.857 361	10.937 70***	193.886 0*
	(0.790 608)	(3.178 854)	(1.813 059)

注：***、**、*分别表示在 1%、5%、10%下的显著性水平。

5. 实证结果分析

表 13-13 的回归结果显示，超过一半的解释变量的参数估计结果通过了显著性检验，说明其对农业生产要素错配产生了显著影响。人均耕地面积对资本错配产生了显著的负向影响，对劳动力错配和总体要素错配的影响不显著，说明人均耕地越丰裕，资本要素的错配程度越低；人均耕地越稀缺，资本要素的错配程度就越高。优越的耕地条件成为推动农业发展规模、提高资本要素配置效率的有利因素，这可能与河南省的地形地貌存在很大的关系。由于河南省平原面积巨大，加之近年来农业机械化水平不断提高，有利于发挥规模种植对降低要素错配的比较优势。除此之外，这一结果也很符合近年来农村的发展趋势，耕地越丰裕的地区，农民越愿意把资金投入到农业生产之中，进而也就降低了资本要素的错配程度，而耕地稀缺地区的农民因为缺少了土地这一重要的农业生产条件，则更愿意外出打工，不愿意把资金都投入到农业生产之中，久而久之使得资本要素的错配程度越来越严重。

支农财政对资本错配产生了显著的正向影响，对劳动力错配和总体要素错配的影响不显著，说明农业财政补贴越多的地区，资本要素的错配程度越高；而农业财政补贴越少的地区，资本要素的错配程度越低。从财政支出的角度看，政府利用财政支出对一些地区的农民进行补贴，本意是为了缓解农民在农业生产上的资金困难，可是农民并没有把政府补贴的资金都用在农业再生产上，甚至把大部分的财政补贴资金都用在了生产生活的其他方面，降低了资本的配置效率，没有真正发挥财政资金在农业方面的重要作用。

工业化水平对劳动力错配、资本错配和总体要素错配均产生了显著的负向影响，说明地区工业化水平越高，农业生产要素错配程度越低，而地区工业化水平越低，农业生产要素的错配程度越高。工业化水平的提升将生产要素在农业部门和工业部门进行了重新配置，减少了农业生产要素错配，其中包括吸纳农村剩余劳动力、促进农业生产技术进步、提高劳动力素质等。

农业劳动力占比对资本要素错配产生了显著的负向影响，说明农业劳动力占比越高的地区的农民对于农业生产上的资金投入越多，资本要素的错配程度越低。而农业劳动力占比低的地区的农民更多的都外出打工了，所以整体上对于农业生产的资金投入就比较少，资本要素的错配程度就比较高。这是因为近年来农产品价格逐步上涨，提高了农民的务农收益，农村人口“空心化”趋势倒逼农村劳动力回流，提高了农村劳动力占比。与此同时，农民将外出务工获得的资金重新投入到了农业生产中，改善了资本要素的错配现状。

人均化肥投入对资本和总体要素错配的影响显著为正，对劳动力错配未产生显著影响。这说明人均化肥投入越多的地区，资本和总体要素的错配程度越高，人均化肥投入越少的地区，资本和总体要素的错配程度越低。近年来，人们逐渐认识到了农业生产的重要性，人均化肥投入得到显著提高，这一举措本意是为了提高农产品的产量，促进农业发展，可是由于部分农民没有科学合理地使用化肥，不仅没有最大限度地发挥化肥在提高农产品产量中的作用，还提高了资本和总体要素的错配程度，甚至还破坏了农业生态环境，对土地造成了严重的伤害。

13.2　河南省循环农业发展评价及路径选择

循环农业是相较于传统农业提出的一种新的农业发展模式，是指在农产品生产过程中，各种资源的相互有效利用，充分利用废弃物，提高资源利用效率的生产方式，以实现节约资源和增加农作物单位面积产量为目的，有利于农业生产方面的可持续发展。循环农业有三个基本特征：一是减量化，即减少生产中的资源量，做到资源的节约利用，减少生产废弃物的排放；二是再利用，即提高农业生产用品的利用效率，减少一次性物品的使用；三是再循环，即生产废弃物再利用变成再生资源。发展循环农业是建设可持续发展的重中之重，是建设中国特色现代化农业的重要基础，河南省作为国家农业发展的主力军，其循环农业的发展将是河南农业发展的主要形式。

河南省地处中原，农作物种类繁多，农作物产量位居国家前列。广袤的土地资源，多平原的地势环境，适宜的气候条件适宜农作物的生长，使得河南省农业具有广泛的发展空间和发展潜力。近年来，河南省现代农业发展总体呈上升趋势。为了分析河南省的农业发展成果，笔者以 2008—2019 年为时间截面，找取了河南省农林牧渔总产值以及河南省农业总产值，计算了农林牧渔及农业的同比增长速度来分析期间河南省在发展农林牧渔产业的背景下农业的发展情况，具体结果如表 13-14 所示。

表 13-14　2008—2019 年河南省农林牧渔总产值及农业总产值

时间	农林牧渔业总产值（亿元）	农林牧渔总产值同比增长速度（%）	农业总产值（亿元）	农业总产值同比增长速度（%）
2008	4 618.27	119.65	2 547.77	113.3
2009	4 795.74	103.84	2 811.18	110.33
2010	5 619.70	117.18	3 504.07	124.64
2011	6 055.53	107.75	3 553.25	101.40
2012	6 473.70	106.9	3 897.46	109.68
2013	6 938.24	107.17	4 126.25	105.87
2014	7 244.34	104.41	4 399.17	106.61
2015	7 299.58	100.76	4 503.71	102.37
2016	7 405.42	101.44	4 459.29	98.88
2017	7 562.53	102.12	4 552.68	102.09
2018	7 757.94	102.58	4 825.97	109.24
2019	8 541.77	103.0	5 408.59	108.2

从表 13-14 可以看出，河南省农林牧渔总产值从 2008 年的 4 618.27 亿元增长到 2019 年的 8 541.77 亿元，总产值连年持续增长，农林牧渔总产值增长速度变缓。此外，农业投入加大且农业总产值增长趋势明显。从 2004 年开始，国家

开始施行粮食直补政策，对种粮农民的直接补贴，大大促进了农民从事农业生产的积极性，2015 年国家又进一步加大了对直补政策的财政补贴。河南省农业总产值也因此从 2004 年的 1 602.88 亿元增长到 2019 年的 5 408.59 亿元，增长速度稳定，这说明河南省近年来对农业的认识不断加深，对农业也更加重视。

13.2.1　河南省循环农业的发展现状

1. 化肥施用量增长趋势有所减缓

化肥是十分重要的生产原料，长期施用会使土壤酸化，导致土壤中的微生物死亡，从而土地中的营养成分大量消失。施用化肥虽然会短期提高农作物产量，但从长远来看，并不是可持续发展的方法，同时还会引发一系列的生态环境问题。所以，化肥的施用量也是衡量循环农业发展质量的重要指标。

表 13-15　2008—2019 年河南省每公顷化肥施用量及每公顷薄膜使用量数据表

时间	化肥施用量（万吨）	每公顷化肥施用量（吨）	农用薄膜使用量（吨）	每公顷农用薄膜使用量（吨）	耕地面积（千公顷）
2008	601.7	0.084	130 736	0.018	7 202.2
2009	628.7	0.077	141 354	0.017	8 192.01
2010	655.2	0.080	146 979	0.018	8 177.45
2011	673.7	0.083	151 616	0.019	8 161.9
2012	684.4	0.084	155 169	0.019	8 156.76
2013	696.4	0.086	167 794	0.021	8 140.71
2014	705.8	0.087	163 477	0.020	8 126.06
2015	716.1	0.088	162 001	0.020	8 105.93
2016	715	0.088	163 149	0.020	8 111.01
2017	706.7	0.087	157 298	0.019	8112.28
2018	692.8	0.085	152 838	0.019	8 158.29
2019	666.7	0.082	150 842	0.018	8 160.21

由表 13-15 可见，2008 年至 2019 年河南省每公顷薄膜使用量总体呈上升趋势，但上升幅度并不明显，而每公顷化肥施用量从 2009 年逐年递加，上升幅度明显。但 2016 年为拐点，上升趋势有所减缓，说明河南省农业发展已经开始注意到施用化肥对环境的影响，开始发展绿色农业。

2. 森林覆盖率不断提高

森林覆盖率作为最能衡量生态环境质量的重要指标，对循环农业的发展起到了十分重要的作用。如图 13-2 所示，河南省 2008 年到 2019 年森林覆盖率总体呈上升趋势，与全国平均森林覆盖率接近，考虑到河南省坐落于平原地区，河南省的森林覆盖率已经超过了全国平均森林覆盖率。

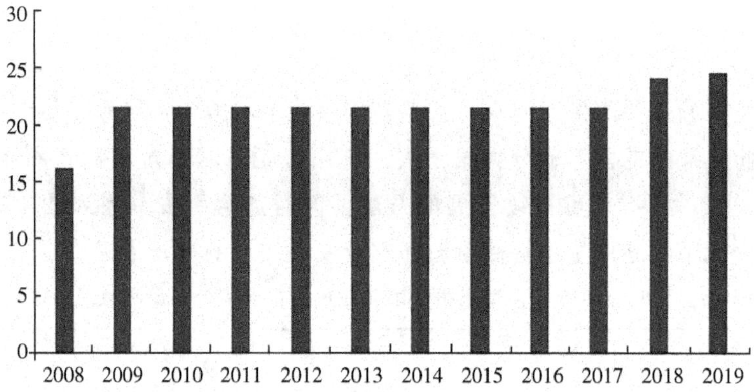

图 13-2　2008—2019 年河南省森林覆盖率变化柱状图(%)

3. 河南省秸秆资源量不断增加

笔者挑选玉米、水稻、小麦、花生四项河南省主要农作物来计算 2008—2019 年河南省秸秆总量的变化情况。在阅读大量相关文献的基础上，选用草谷法来计算秸秆产量，即农作物秸秆产量=农作物产量 * 草谷比（河南省属于华北农区，所以本节所用草谷比统一为华北农区的草谷比），如表 13-16 所示。

表 13-16　不同农区草谷比对照表

主要农区	玉米	水稻	小麦	花生
华北农区	1.73	0.93	1.34	1.22
西北农区	1.52	/	1.23	/
东北农区	1.86	0.97	0.93	/
西南农区	1.29	1.00	1.31	/
长江中下游农区	2.05	1.28	1.38	/

2008—2019 年间河南省玉米、水稻、小麦、花生四大主要农作物产量整体呈上升趋势，其中玉米产量在 2018 年达到最高峰，为 2 351.38 万吨。水稻、小麦、花生的产量呈波动上升趋势，在 2019 年产量达最大值，如表 13-17 所示。

表 13-17　2008—2019 年河南省四种主要农作物产量数据表

时间	玉米总产量（万吨）	水稻总产量（万吨）	小麦总产量（万吨）	花生总产量（万吨）
2008	1 692.43	437.13	3 036.2	388.15
2009	1 752.91	441.87	3 092.2	416.27
2010	1 795.31	458.51	3 121	429.64
2011	1 907.22	458.59	3 144.9	428.78
2012	2 011.38	472.8	3 223.07	453.73
2013	2 116.47	463.16	3 266.33	469.19
2014	2 088.89	500.53	3 385.2	466.09
2015	2 288.5	499.88	3 526.9	477.12
2016	2 216.29	508.29	3 618.62	494.27
2017	2 170.14	485.25	3 705.21	529.81
2018	2 351.38	501.41	3 602.85	572.44
2019	2 247.37	512.50	3 741.77	576.72

在 2008—2018 年间，虽然河南省每年农作物增产，但是产生的秸秆数量也在增加，如表 13-18 所示，这说明河南省在秸秆利用技术与意识这些方面有所欠缺。虽然国家明令禁止，但焚烧秸秆的现象仍有发生，这无疑加重了生态环境的负担，也不利于循环农业的发展。

表 13-18　2008—2018 年河南省四种主要农作物产生的秸秆资源总量

时间	玉米秸秆产量（万吨）	水稻秸秆产量（万吨）	小麦秸秆产量（万吨）	花生秸秆产量（万吨）	合计（万吨）
2008	2 927.90	406.53	4 068.51	473.54	7 876.49
2009	3 032.53	410.94	4 143.55	507.85	8 094.87
2010	3 105.89	426.41	4 182.14	524.16	8 238.60
2011	3 299.49	426.49	4 214.17	523.11	8 463.26
2012	3 479.69	439.70	4 318.91	553.55	8 791.86
2013	3 661.49	430.74	4 376.88	572.41	9 041.53
2014	3 613.78	465.49	4 536.17	568.63	9 184.07
2015	3 959.11	464.89	4 726.05	582.09	9 732.13
2016	3 834.18	472.71	4 848.95	603.01	9 758.85
2017	3 754.34	451.28	4 964.98	646.37	9 816.97
2018	4 067.89	466.31	4 827.82	698.38	10 060.39

数据来自《中国稻草资源量估算及其开发利用》。

13.2.2 河南省循环农业发展评价

1. 指标体系的构建

笔者依据循环农业经济的特点——“3R”原则，并在此基础上分析了其经济效益、社会效益以及生态环境效益。结合相关文献，认为循环农业指标体系主要包含以下四种指标：资源减量投入指标、资源循环利用指标、经济社会指标、生态环境指标，如表 13-19 所示。

表 13-19 河南省循环农业发展评价指标体系

分类指标	单项指标	指标注释
资源减量投入指标	化肥施用强度 X_1	化肥施用量/农作物播种面积
	农用薄膜使用率 X_2	农膜使用量/农作物播种面积
	农村用电量 X_3	农业生产生活用电
资源循环利用指标	复种指数 X_4	农作物播种面积/耕地面积
	化肥有效利用率 X_5	种植业产值/化肥施用量
经济社会指标	农业产值 X_6	农林牧渔总产值
	农民人均纯收入 X_7	农民人均总收入一人均各项费用性支出
生态环境指标	森林覆盖率 X_8	林业面积/土地面积
	有效灌溉系数 X_9	有效灌溉面积/农作物播种面积

2. 数据来源

笔者从河南省 2008—2019 年的数据出发，构建了 9 项评价指标，如表 13-20 所示，运用 SPSS 25 对相应的数据进行整理分析，然后对河南省循环农业发展质量进行评价分析并提出相应的政策建议。所有数据均收集自《中国统计年鉴》《河南省统计年鉴》和中国统计局。

表 13-20 2008—2019 年河南省循环农业发展指标数据

年份	X_1	X_2	X_3	X_4	X_5	X_6	X_7	X_8	X_9
2008	395.52	9.08	237.36	2	3.96	3 879.9	4 454.24	16.2	0.344 0
2009	422.67	9.93	227.76	1.74	4.26	4 669.5	4 806.95	21.5	0.350 5
2010	439.01	10.26	269.41	1.75	4.51	4 871.5	5 523.73	21.5	0.351 4
2011	455.84	10.55	281.82	1.76	5.40	5 734.2	6 604.03	21.5	0.353 5

续表

年份	X_1	X_2	X_3	X_4	X_5	X_6	X_7	X_8	X_9
2012	468.27	10.79	290.03	1.76	5.34	6 218.6	7 524.94	21.5	0.358 0
2013	469.20	11.50	305.42	1.79	5.78	6 679	8 475.3	21.5	0.356 9
2014	472.73	11.10	313.23	1.81	6.03	7 198.1	9 966.1	21.5	0.337 3
2015	474.34	10.89	321.01	1.84	6.36	7 549.1	10 852.9	21.5	0.342 8
2016	480.52	10.95	317.23	1.84	6.44	7 641.3	11 696.7	21.5	0.349 6
2017	485.32	10.68	328.82	1.82	6.40	7 799.7	12 719.2	21.5	0.355 9
2018	478.04	10.34	330.59	1.81	6.44	7 562.5	13 830.7	24.1	0.356 7
2019	480.21	10.52	331.5	1.80	6.41	7 510.3	13 956.2	24.6	0.357 9

3. 主成分分析

（1）KMO 和巴特利特检验

表 13-21　KMO 和巴特利特检验

KMO 取样适切性量数		0.618
巴特利特球形度检验	近似卡方	134.591
	自由度	36
	显著性	0.000

表 13-21 的检验结果显示，KMO 值是 0.618，显著性为 0.000，所以适合做因子分析。

（2）变量共同度

表 13-22　公因子方差

指标	初始	提取
化肥施用强度 X_1	1.000	0.981
农用薄膜使用率 X_2	1.000	0.823
农村用电量 X_3	1.000	0.971
复种指数 X_4	1.000	0.980
化肥有效利用率 X_5	1.000	0.989
农业产值 X_6	1.000	0.990
农民人均纯收入 X_7	1.000	0.952
森林覆盖率 X_8	1.000	0.863
有效灌溉系数 X_9	1.000	0.956

提取方法为主成分分析法。

从表13-22中可以看出，全部变量的共同度都比较大，9个变量都超过了80%，都能够很好地解释变量。

（3）公共因子的选取

表 13-23 总方差解释

成分	初始特征值			提取载荷平方和			旋转载荷平方和		
	总计	方差百分比	累积 %	总计	方差百分比	累积 %	总计	方差百分比	累积 %
1	6.007	66.746	66.746	6.007	66.746	66.746	5.317	59.080	59.080
2	1.761	19.571	86.317	1.761	19.571	86.317	2.094	23.269	82.350
3	0.736	8.177	94.494	0.736	8.177	94.494	1.093	12.144	94.494
4	0.393	4.369	98.863						
5	0.044	0.493	99.356						
6	0.039	0.435	99.791						
7	0.014	0.156	99.947						
8	0.004	0.039	99.986						
9	0.001	0.014	100.000						

提取方法为主成分分析法。

从表13-23总方差解释表可发现，前3个因子的特征值较大且累计贡献率为94.494%，即这3个变量能够解释所有变量的94.494%，前3个主成分的碎石图比较陡，且以第三个主成分为拐点，该表也从侧面说明了取前3个主成分为宜。

表 13-24 成分矩阵

指标	成分		
	1	2	3
X_1	0.990	−0.008	−0.028
X_6	0.967	0.233	0.006
X_5	0.962	0.251	0.032
X_3	0.948	0.257	0.077
X_7	0.895	0.318	0.225
X_2	0.819	−0.151	−0.360
X_8	0.781	−0.499	−0.060
X_4	−0.356	0.874	0.300
X_9	0.245	−0.665	0.674

提取方法为主成分分析法，共提取了3个成分。

通过成分矩阵表 13-24 得知，化肥施用强度 X_1、农业产值 X_6、化肥有效利用率 X_5、农村用电量 X_3、农民人均纯收入 X_7、农用薄膜使用率 X_2、森林覆盖率 X_8 在第一个因子上因子载荷是比较高的，都超过了 0.75，而复种指数 X_4 在第二个因子上载荷比较高，为 0.874。X_9 在第三个因子上载荷较高，为 0.674。

表 13-25 旋转后的成分矩阵

指标	成分		
	1	2	3
化肥施用强度 X_1	0.981	0.160	0.007
农用薄膜使用率 X_2	0.977	0.189	−0.005
农村用电量 X_3	0.976	0.126	0.040
复种指数 X_4	0.967	−0.019	0.126
化肥有效利用率 X_5	0.901	0.399	0.097
农业产值 X_6	0.652	0.617	−0.128
农民人均纯收入 X_7	0.042	−0.957	−0.249
森林覆盖率 X_8	0.518	0.708	0.304
有效灌溉系数 X_9	0.046	0.241	0.946

提取方法为主成分分析法。旋转方法采用凯撒正态化最大方差法。旋转在 4 次迭代后已收敛。

通过因子旋转以后，载荷大小会进一步分化为不同变量的因子，归属也会更加清楚。旋转后的成分矩阵显示，X_5、X_6、X_3、X_4、X_1、X_2（即化肥有效利用率、农业产值、农村用电量、复种指数、化肥施用强度、农用薄膜使用率）在第一个因子上载荷比较高，都超过了 0.6；X_6、X_8（即农业产值、森林覆盖率）在第二个因子上载荷比较高；X_9（即有效灌溉系数）在第三个因子上载荷较高，为 0.946。如表 13-25 所示。

（4）确定权重

表 13-26 成分得分系数矩阵

指标	成分		
	F_1	F_2	F_3
化肥施用强度 X_1	0.145	0.086	−0.010
农用薄膜使用率 X_2	0.037	0.375	−0.351
农村用电量 X_3	0.212	−0.106	0.030

续表

指标	成分		
	F_1	F_2	F_3
复种指数 X_4	0.182	−0.614	0.075
化肥有效利用率 X_5	0.206	−0.070	−0.020
农业产值 X_6	0.199	−0.043	−0.044
农民人均纯收入 X_7	0.240	−0.242	0.179
森林覆盖率 X_8	0.001	0.308	0.096
有效灌溉系数 X_9	−0.004	−0.182	0.974

提取方法为主成分分析法。旋转方法采用凯撒正态化最大方差法。组件得分。

表 13-26 为成分得分系数矩阵，将三类主成分命名为 F_1、F_2、F_3，则因子 F_1 的得分公式为

$$F_1=0.145X_1+0.037X_2+0.212X_3+0.182X_4+0.206X_5+0.199X_6+0.24X_7+0.001X_8-0.004X_9$$

F_2 的得分公式为

$$F_2=0.086X_1+0.375X_2-0.106X_3-0.614X_4-0.70X_5-0.043X_6-0.242X_7+0.308X_8-0.182X_9$$

F_3 的得分公式为

$$F_3=-0.01X_1-0.351X_2+0.03X_3+0.075X_4-0.02X_5-0.044X_6+0.179X_7+0.096X_8+0.974X_9$$

表 13-27　2008—2019 年三类主因子得分

年份	F_1	F_2	F_3
2008	−1.287 87	−2.637 30	−0.378 08
2009	−1.605 20	0.815 45	0.080 66
2010	−1.091 28	0.744 55	0.100 49
2011	−0.487 64	0.610 70	0.276 46
2012	−0.239 07	0.562 27	0.838 87
2013	0.208 67	0.585 23	0.368 47
2014	0.553 03	0.557 10	−2.173 26
2015	0.857 56	−0.088 57	−1.194 49

续表

年份	F_1	F_2	F_3
2016	0.959 49	−0.279 27	−0.203 97
2017	1.073 02	−0.532 42	0.894 66
2018	1.059 29	−0.337 76	1.390 20
2019	1.062 11	−0.312 36	1.410 31

根据总方差解释表 13-27 可以算出 F_1、F_2、F_3 的权重，即

权重 F_1：$W_1=66.746/94.494=70.635\ 1\%$

权重 F_2：$W_2=19.571/94.494=20.711\ 4\%$

权重 F_3：$W_3=8.177/94.494=8.653\ 46\%$

(5) 计算得分

根据因子得分及因子所占权重就可计算 2008—2019 年河南省循环农业发展的总得分，如表 13-28 所示。

表 13-28　2008—2019 年三类主因子得分、权重及总得分

年份	F_1	F_2	F_3	W_1	W_2	W_3	F
2008	−1.287 9	−2.637 3	−0.378 1	0.706 4	0.207 1	0.086 5	−1.488 6
2009	−1.605 2	0.815 5	0.080 7	0.706 4	0.207 1	0.086 5	−0.958 0
2010	−1.091 3	0.744 6	0.100 5	0.706 4	0.207 1	0.086 5	−0.607 9
2011	−0.487 6	0.610 7	0.276 5	0.706 4	0.207 1	0.086 5	−0.194 0
2012	−0.239 1	0.562 3	0.838 9	0.706 4	0.207 1	0.086 5	0.020 2
2013	0.208 7	0.585 2	0.368 5	0.706 4	0.207 1	0.086 5	0.300 5
2014	0.553 0	0.557 1	−2.173 3	0.706 4	0.207 1	0.086 5	0.318 0
2015	0.857 6	−0.088 6	−1.194 5	0.706 4	0.207 1	0.086 5	0.484 0
2016	0.959 5	−0.279 3	−0.204 0	0.706 4	0.207 1	0.086 5	0.602 2
2017	1.073 0	−0.532 4	0.894 7	0.706 4	0.207 1	0.086 5	0.725 1
2018	1.059 3	−0.337 8	1.390 2	0.706 4	0.207 1	0.086 5	0.798 6
2019	1.062 1	−0.312 4	1.410 3	0.706 4	0.207 1	0.086 5	0.812 4

4. 河南省循环农业发展质量评价分析

从表 13-28 可看出，2008—2019 年河南省循环农业发展质量得分直线上升，

从 2008 年的得分负值增长到 2019 年的 0.812 分，说明河南省对农业特别是循环农业的重视程度在加强。其中，因子 F_1 的权重占比较大，约占 71%。

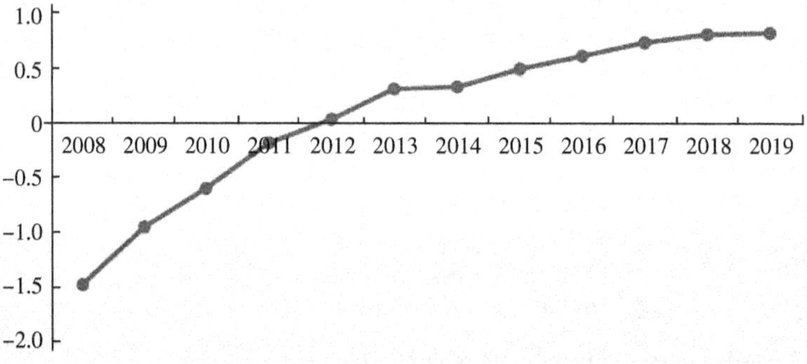

图 13-3　2008—2019 年河南省循环农业发展质量得分趋势图

笔者基于表 13-28 做了河南省 2008 年到 2019 年循环农业发展质量得分趋势图（图 13-3），可以看出，河南省循环农业的总得分在不断增加，这说明 2008 年至 2019 年河南省循环农业得分呈上升趋势。分析其原因可能为：一是随着社会生活水准的不断提高，社会已经从以前的追求经济发展到现在追求可持续发展；二是从农用薄膜的产生到秸秆循环利用技术的发展，循环农业相关的技术不断丰富和提升，也促进了循环农业的进步。

13.2.3　河南省循环农业发展存在的问题

1. 对循环农业的认识不明确

近年来，随着人口的快速增长和老龄化问题的加剧，人类的生存与环境的保护之间的问题越来越严重。然而，公众对可持续发展农业的理解还不是很清楚，生态文明和可持续发展的概念并没有被广泛认可，特别是对循环农业的理解，不同群体有不同的理念，较难统一。农民关心的主要问题不是改善他们的消费和改变他们的传统生产观念，而是如何增产，以及如何增加家庭收入。因此，对循环农业基本认识的不正确导致循环农业难以继续发展。

2. 绿色循环农业科学技术体系尚未建立

循环农业的产出品要求卫生、安全、健康，这就需要河南省在循环农业生产中建立农业科学技术体系，缺少科学技术体系的生产过程难以保证产品的安全与无公害性。河南省在循环农业科学研究方面的资金投入不足，导致循环农业发展缓慢。而且，农业科学研究成果的转化率也不高，研究出来的新型肥料成本较大，普通农户难以负担，因此，这些关乎循环农业发展的可持续发展产品难以继续推广和研究。上述问题也已成为制约河南省循环农业发展的主要因素。

13.2.4　河南省循环农业发展的对策建议及路径选择

1. 坚持统筹兼顾，优化产业结构

完善相关政策。通过政策调节，创造一个有利于河南省循环农业发展的生态环境以及政策环境，并建立机制来有意识地节约资源和保护环境。调整农业产业结构，实现资源和农业废弃物的综合利用。促进科技进步，提高科学技术，普及秸秆理论。科技是农业循环经济的重要支撑点，要支持农业循环经济信息系统和技术咨询服务体系建设，及时向社会发布技术、政策等信息，开展信息咨询、技术推广、宣传培训等工作。

积极推动农业实现质量变革。以打造全国知名绿色食品城市名片为目标，全域开展农产品质量安全市的创建活动，全面推进农业标准化建设，强力推进“四优四化”，不断优化农业产业和农业产品结构，大力推进农业基础能力建设。坚持从试点先行来带动全省的循环农业体系建设，发展循环农业试点，形成循环农业发展的相关经验。使全省的循环农业体系建设更加有迹可循。

2. 构建促进农业循环经济发展的激励机制

政府方面要实行投资体制改革，调整和实施循环农业相关投资政策，加大对循环农业产业的财政补贴。政府要对循环农业相关的一些投资项目给予资金补贴以及贷款补贴，加大对种粮农户的财政补贴，让农户对于发展循环农业没有后顾之忧，保证他们的利益，以激励农业生产者从事循环农业的积极性。

通过政府对循环农业经济的奖励机制，使得发展循环农业成本降低，风险降低，按照“污染者惩罚，开发者保护，破坏者维修”的原则，推行维护生态环境的奖惩制度。加快构建促进循环农业发展的奖励机制，以实现保证农业单位面积产量连年递增，保持农村经济又好又快发展，实现农村繁荣稳定的全社会目标。

3. 建立职责分明的社会参与机制

（1）明确农业生产者的参与责任

农业生产者是循环农业生产的主体，循环农业生产的发展有赖于此。市场经济条件下，追求利益最大化，致使部分农业生产者不愿意清洁生产，其结果便是

严重的资源浪费和环境污染，因此，政府部门必须通过各种手段，调节农业生产者的行为，使他们意识到维护循环农业是他们的社会责任。

(2) 提高群众的参与意识和责任感

农村是发展循环农业的主战场。只有让广大群众理解发展循环农业的经济利益，才能大大提高农民的种粮积极性。各地区、各有关部门应组织各种形式的宣传教育活动，如举办知识讲座、经验交流会、展览会以及印刷宣传材料，利用广播、电视、互联网和其他宣传手段，推广循环农业相关知识。通过加大群众的参与感，提高群众的资源责任意识、公众环保意识，可持续发展意识，逐步形成资源节约型的社会环境，使发展农业循环经济的理念深入人心，成为公众的自觉行为。

(3) 发展现代循环农业，必须树立新的生产观念

现代循环农业的意义在于从循环的意义上发展农业经济，从事清洁生产和环境保护要求较高的农业生产工作，在充分考虑到环境的承载能力之后，对生产环节进行优化，使生产更加资源有效化。政府也要制定生产废弃物安全、卫生排放标准，对于不遵守的企业要加大惩罚力度。最后，要提升整个社会的绿色低碳意识，培养可持续发展的社会意识，使可持续发展理念深入人心。

4. 完善要素市场，促进要素合理回流

由于要素错配的区域差异显著，地方政府应当根据当地农业发展条件、资源特点和非农产业发展状况，充分发挥地方优势，明确工业反哺农业的路径，让生产要素逐渐回流到农业部门。在焦作市、安阳市、开封市等地区，劳动力错配的情况比较严重，应该多鼓励一些节省劳动力的企业进入，加快土地流转，促进企业规模经营、机械化运作，节约劳动力投入，让多余的劳动力从企业解放出来，重新投入到农业生产当中。而在许昌市、周口市等地区，政府应该引进一些需要大量劳动力的企业，给农民创造更多的非农就业机会，优化农村劳动力在农业部门与非农部门之间的投入配比。土地规模的增长可以同时提高资本和劳动要素的配置效率，土地的流转有利于各生产要素边际产出的趋同，因此，可以从扭曲水平和扭曲程度两个方面同时提高要素的配置效率。从这个方面来看，长期真正有效的措施是要打破区域间的户籍壁垒，开放户籍分割管理制度，加快有条件的农户真正向城市转移，即离开农村成为城市居民。只有这样，才能有效激活农村土地市场，扩大农户的土地规模，促进农业规模经营。

完善要素市场以及农产品市场，为农业发展创造一个良好的市场环境。河南省经济发展水平相对落后，市场发育水平有待提升，应提高市场在资源配置中的基础性作用，继续完善市场，逐步完善城乡户籍管理制度和涉农金融保险体系，推动劳动力、资本等要素的自由流动，活跃农村土地流转市场，加强农业资本市场软环境建设，创造一个良好的市场环境。

本章小结

本章以河南省为例，重点研究地级市层面农业生产要素配置的扭曲程度及其影响因素，基于严格假定的完全竞争模型和错配测度方法测度了河南省各地级市劳动力、资本和总体要素的错配程度，构建循环农业发展指标体系、测算其发展水平。

第一，测度结果显示了 2009—2019 年河南省各地级市农业生产要素错配程度的时空分布。劳动力错配方面，焦作市、安阳市、开封市等地的错配程度居于前列，周口市、许昌市等地的错配程度相对较低；资本错配方面，南阳市、商丘市、驻马店市、周口市等地级市的错配程度高于其他地级市，而济源市、鹤壁市、漯河市、三门峡市等地的错配程度相对较低；总体错配方面，商丘市、信阳市、驻马店市、周口市等地级市的错配程度高于其他地级市，而济源市、鹤壁市、三门峡市、漯河市等地级市的错配程度相对较低。

第二，测算期内，劳动力错配程度的地级市离散程度明显缩小，资本和总体要素错配程度地级市离散程度明显扩大，劳动力、资本和总体要素错配的平均线都呈现出先缓慢上升、后急剧下降，然后急剧上升，最后缓慢下降的趋势。

第三，实证分析结果表明，不同类型要素错配的主要影响因素也不同。总体上来看，人均耕地面积、工业化水平、支农财政、人均化肥投入、农业劳动力占比都可以不同程度的改善错配，尤其是工业化水平对要素错配的改善作用更加显著，支农财政和人均化肥投入原本可以改善要素的错配程度，却因为人们没有合理地利用资源而降低了资源的使用效率，还加剧了资源错配的现状。

根据上述的实证分析结果，为降低河南省农业生产要素的错配程度，提出下列几条建议：

第一，要促进生产要素向农业部门和涉农工业部门合理回流。由于要素错配的区域差异显著，地方政府应当根据当地农业发展条件、资源特点和非农产业发展状况，充分发挥地方优势，明确工业反哺农业的路径，让生产要素逐渐回流到农业部门。在焦作市、安阳市、开封市等地区，劳动力错配的情况比较严重，应该多鼓励一些节省劳动力的企业进入，加快土地的流转，逐渐形成规模，促进企业规模经营，机械化运作，节约劳动力投入，让多余的劳动力从企业解放出来，重新投入到农业生产当中。而在许昌市、周口市等地区，政府应该引进一些需要大量劳动力的企业，给农民创造更多的非农就业机会，优化农村劳动力在农业部门与非农部门之间的投入配比。

第二，完善要素市场以及农产品市场，为农业发展创造一个良好的市场环境。河南省经济发展水平相对落后，市场发育水平有待提升，应提高市场在资源配置中的基础性作用，继续完善市场，逐步完善城乡户籍管理制度和涉农金融保险体系，推动劳动力、资本等要素的自由流动，活跃农村土地流转市场，加强农业资本市场软环境建设，创造一个良好的市场环境。

第三，调整土地规模。土地规模的增长可以同时提高资本和劳动要素的配置效率，土地的流转有利于各生产要素边际产出的趋同，因此可以从扭曲水平和扭曲程度两个方面同时提高要素的配置效率。从这个方面来看，长期真正有效的措施是要打破区域间的户籍壁垒，开放户籍分割管理制度，加快有条件的农户真正向城市转移，即离开农村成为城市居民。只有这样，才能有效激活农村土地市场，扩大农户的土地规模，促进农业规模经营。

第四，提高劳动力素质，引进高素质劳动力。加强对新型职业农民的培养，同时引进一批技术人员和高校毕业生到农村创业，带动优质要素流向农村，促进农村的繁荣发展。

第五篇　河南省金融科技、生态文明与农业高质量发展关系研究

第 14 章　河南省生态文明建设与金融集聚耦合协调发展分析

生态文明建设的必然要求是绿色发展，而发展绿色金融不仅是我国金融行业应尽的责任，更是使得其自身得以可持续发展的有力支撑。在 2021 年通过的“十四五”规划目标中包含了生态文明建设要实现新进步，所以建设生态文明不仅是国家战略目标的题中之义，也是河南省在新时代实现经济社会高质量发展的必然要求。此外，由于虚拟经济高度繁荣，金融产业在国内外迅速发展，国家对金融行业的政策也逐渐完善，金融机构和金融资源开始聚集在少数发达地区，金融产业以一种新的发展模式——金融集聚开始呈现在人们眼前，金融资源集聚已成为一种发展趋势，这种趋势体现出了经济发展的规模化和集中化。目前，学术界对金融集聚的定义并不明确，广泛理解为金融集聚是与金融行业相关的金融机构、金融文化、金融信息、金融产品、金融人才等在同一地理位置的有机结合，形成一个集中的金融规模状态，从而产生金融经济，获得经济效益。

金融资源的不断集聚不仅会对绿色产业发展起到推动作用，还有利于金融机构之间交流合作的产生。生态文明建设与金融集聚相互促进，相互发展。金融集聚的发展壮大可以促进生态文明建设发展，并且能够引导资本流向生态环境与社会文明方面，优化产业结构升级，提高生态建设。而生态文明建设可以形成良好的金融环境，提高金融行业的发展速度，同时也会刺激绿色金融的发展，形成良好的绿色金融体系。

14.1　河南省金融发展现状分析

在现代经济的快速发展下，金融业的发展速度也在不断上升，其发展状况主要体现在银行业、保险业和证券业。因此，为了充分了解金融集聚对河南省经济发展的影响，笔者从以下三个方面分析它们的现状，其数据来源于《河南统计年鉴》和《中国统计年鉴》。

14.1.1 整体情况分析

1. 银行业发展现状

笔者选择银行存贷转换率来衡量银行业的集聚状况。存贷转换率是指银行年末贷款余额与存款余额的比值，在一定程度上可以反映银行的资金配置效率和盈利能力。

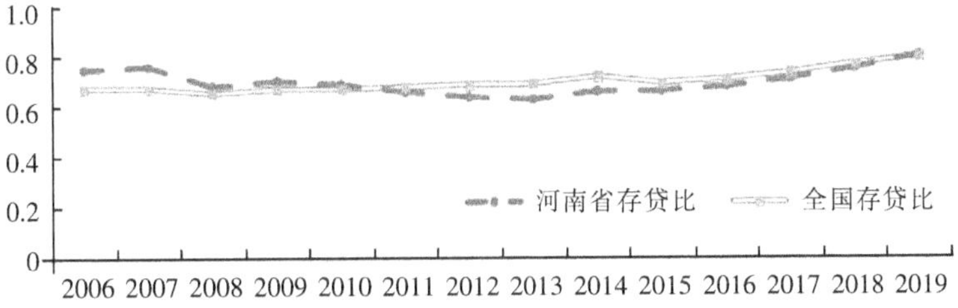

图 14-1　河南省银行与全国的存贷比率

由图 14-1 可知，河南省的存贷比在 2010 年时开始低于全国水平，这说明河南省银行的资金配置效率和盈利能力低于全国整体水平，在 2019 年高于全国水平，说明中部崛起的经济战略在不断惠及河南省。2012—2019 年河南省的存贷比是持续上升的，说明河南省银行业的发展规模在进一步扩大，资金配置效率和盈利能力也在不断提升，金融服务体系的日益完善加快了银行业发展速度。

2. 保险业的发展现状

为了更好地了解保险市场的发展情况，笔者选择保险深度和保险密度来衡量河南省保险业的集聚状况。保险深度是指一个地区保费收入与该地区生产总值的比值，能够反映该地区保险业的发展情况。保险密度是指一个地区的人均保险收入，能够反映该地区保险业务的完善程度与人们保险意识的强弱。

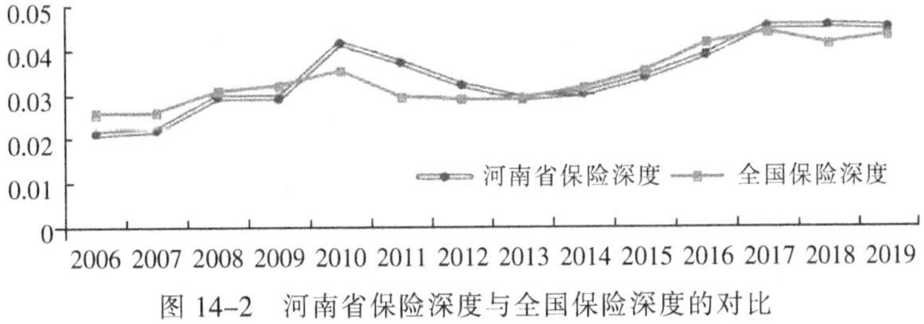

图 14-2　河南省保险深度与全国保险深度的对比

由图 14-2 可知，河南省保险深度在不断波动，2010—2013 年之间处于高于全国水平的状态，到 2013 年与全国水平保持基本相同，但此后开始低于全国水平，直到 2017 年又拉近了与全国水平的差距，说明河南省的保险业发展并不稳定。

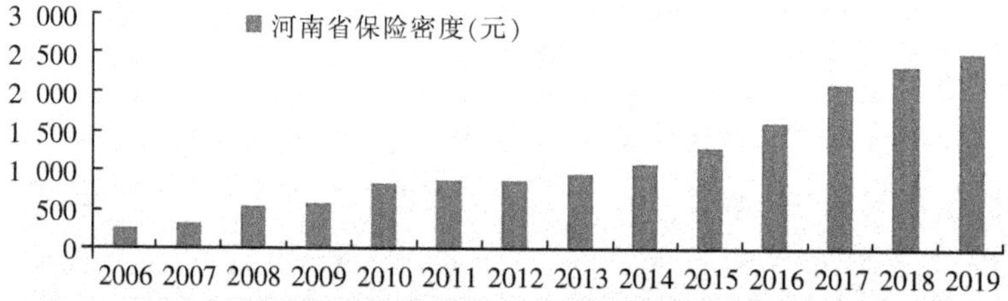

图 14-3　2006—2019 年河南省保险密度

由图 14-3 可知，河南省的保险密度基本保持稳步提升，2019 年保险密度达到 2 522 元，说明河南省的人均保险收入不断增加，人们的保险意识不断加强，保险业务发展规模扩大。

3. 证券业的发展现状

由于证券市场集聚指标并不统一，为了了解河南省证券业的集聚现状。笔者选择 2010—2019 年河南省上市公司的数量指标和证券交易额这两个指标来描述证券市场的发展状况。

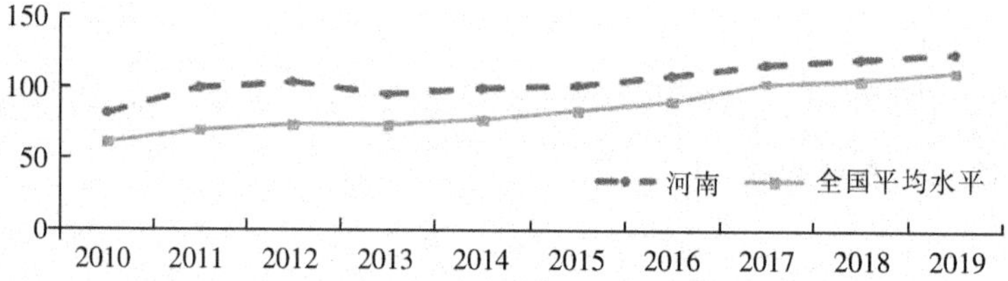

图 14-4　河南省上市公司数量与全国平均水平

由图 14-4 可知，2010—2019 年河南省上市公司的数量高于全国平均水平，并且基本保持稳步增长，但与全国平均水平的差距在逐渐缩短，说明河南省证券业的发展速度与全国平均水平相比，越来越慢。

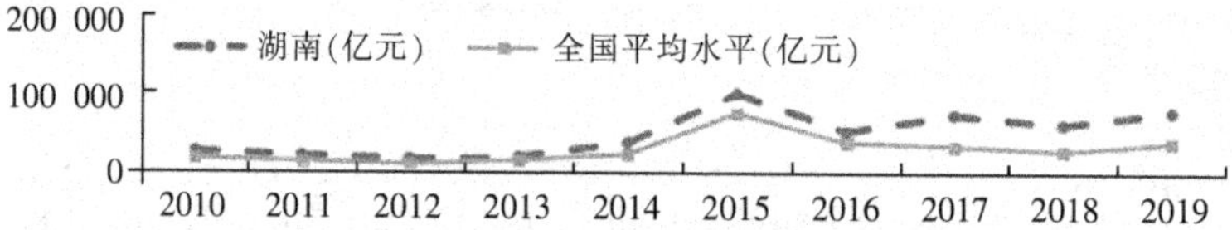

图 14-5　河南省证券交易额的发展变化

由图 14-5 可知，2010—2019 年河南省的证券交易额始终高于全国平均水平，且 2015 年的交易额达到最高，说明河南省的证券市场与其他省份相比更活跃。

14.1.2 内部差异分析

为了更深入了解河南省各地级市的金融集聚水平，笔者从金融规模、金融效率、金融环境等角度进行数据统计与分析，如表 14-1、表 14-2 所示。

表 14-1　河南省 2019 年金融规模数据统计表

地区	金融产业从业人数（万人）	年末金融机构存款余额（亿元）	年末金融机构贷款余额（亿元）	证券经营机构证券交易量（亿元）	保费收入（亿元）	金融集聚区位熵
郑州市	11.77	23 356.1	25 364.33	41 734	758.05	3.47
开封市	1.16	2 244.83	1 704.45	1 399	89.37	0.66
洛阳市	1.84	6 147.6	4 852.5	8 660	160.43	1.38
平顶山市	2.08	3 055.78	2 070.33	2 405	89.15	0.90
安阳市	1.17	2 916.5	1 672.01	1 820	99.51	0.77
鹤壁市	0.59	761.3	649.48	533	25.53	0.74
新乡市	0.99	3 117.02	2 027.78	2 967	128.88	0.84
焦作市	1.17	2 034.31	1 515.27	2 063	106.15	0.82
濮阳市	0.76	1 877.65	1 022.43	1 166	87.48	0.73
许昌市	0.88	2 516.8	1 992.9	2 368	93.61	0.86
漯河市	1.03	1 263.7	908.89	1 143	55.6	0.68
三门峡市	1.22	1 373.8	840.17	1 063	43.39	0.95
南阳市	3.62	4 648.29	2 643.84	3 023	184.36	0.67
商丘市	0.97	3 255	1 980.67	1 516	122.94	0.56
信阳市	1.63	3 482.62	1 908.58	1 967	116.77	0.69
周口市	1.44	3 410.18	1 502.06	1 220	112.6	0.47
驻马店市	4.11	3 431.71	1 716.02	1 545	102.56	0.56
济源市	0.18	514.41	327.27	319	17.97	1.06

由表 14-1 可知，郑州市在金融产业从业人员数量、年末金融机构存贷款余额、金融集聚区位熵等都处于全省首位。平顶山市、南阳市、驻马店市等地金融产业从业人数较高；洛阳市在证券交易量及保费收入等处于较高水平。

表 14-2　河南省 2019 年金融效率及金融环境数据统计表

地区	金融相关比率（%）	保险密度（元/人）	金融机构存贷比（%）	物价指数（上一年=100）	社会消费品零售总额（亿元）
郑州市	420.38	732.42	108.60	103.1	5 324.44
开封市	167.05	195.56	75.93	102.6	1 030.6
洛阳市	218.48	231.84	78.93	102.4	2 170.79
平顶山市	216.05	177.24	67.75	103	1 033.25
安阳市	205.83	191.73	57.33	103.2	900.09
鹤壁市	142.69	156.63	85.31	103.2	299.25
新乡市	176.30	221.82	65.06	102.7	996.14
焦作市	128.56	294.86	74.49	103	920.23
濮阳市	183.38	242.33	54.45	102.7	689.09
许昌市	132.81	209.89	79.18	103	1 271.65
漯河市	137.64	208.24	71.92	102.8	673.32
三门峡市	153.34	190.31	61.16	102.2	501.82
南阳市	191.14	183.81	56.88	102.8	2 077.16
商丘市	179.85	167.72	60.85	102.8	1 480.74
信阳市	195.44	180.76	54.80	102.5	1 214.21
周口市	153.58	130.02	44.05	102.8	1 679.62
驻马店市	187.73	145.48	50.00	102.8	1 022.37
济源市	122.52	246.16	63.62	102.9	191.36

由表 14-2 可知，2019 年郑州市、洛阳市、新乡市、焦作市、濮阳市、济源市等地保险密度较高，人们的保险意识增强。从金融机构存贷比来看，郑州市、鹤壁市较高，而周口市仅为 44.05%，各地差别较大；从社会消费品零售总额来看，郑州市为 5 324.44 亿元，洛阳市为 2 170.79 亿元，而三门峡市、鹤壁市、济源市等地处于较低水平。

14.2　河南省生态文明建设与金融集聚耦合协调度分析

14.2.1　指标选取与模型构建

1. 指标体系构建

生态文明建设系统和金融集聚系统都是比较复杂的概念，科学合理地建立一套系统评价指标体系是研究河南省生态文明建设与金融集聚之间耦合协调程度的前提。考虑到数据获得的可能性和指标选取的科学合理性，笔者参考了黄茂兴等(2021)①、李美兰（2019)② 等人的相关研究成果来确认指标体系，以此对河南省生态文明建设和金融集聚耦合协调发展进行全面、客观、科学地分析。本节选取 2009—2019 年河南省 18 个地级市的数据，分别从不同角度来建立评价指标体系。根据河南省各市数据获得的可能性，以及各指标选取的科学合理性，从经济、社会、环境、文化四个角度共计 18 个指标来构建生态文明建设评价指标体系，又从规模、效率、环境三个角度共计 11 个指标来构建金融集聚评价指标体系。

其中，生态经济是可持续发展的经济，是指利用一切可利用的资源来实现经济发展与人类社会文明进步的统一，笔者以第三产业增加值占 GDP 比重、单位 GDP 能耗、单位 GDP 水耗、人均 GDP、R&D 经费支出占 GDP 的比重和人均可支配收入等指标来衡量；生态环境是指各种与人类生活密切相关的自然力量或作用的总和，以污水处理率、生活垃圾无害化处理率、建成区绿化覆盖率、人均公园绿地面积和单位耕地面积农药使用量等指标来衡量；生态社会是指绿色环保，可持续发展的社会，以每辆公共汽车年客运总量、人口自然增长率、城镇登记失业率和每万人拥有的医院床位数等指标来衡量；生态文化是人与自然和谐共生，传统文化与时代发展相结合的文化，以教育财政支出占 GDP 的比重、百人拥有公共图书馆藏书数和城镇居民文教娱乐支出占家庭消费支出比重等指标来衡量。

金融集聚规模是指在一定时间内，一定条件下，社会资本聚集在一起所达到的数量和影响力，以金融产业从业人数、年末金融机构存款余额、年末金融机构贷款余额、证券经营机构证券交易量、保费收入和金融集聚区位熵等指标来衡量，规模越大则河南省金融集聚发展越好；金融效率表示金融机构的投入与产出之间的关系，以金融相关比率、保险密度和金融机构存贷比等指标来衡量，数值越大，金融集聚发展速度就越快；金融环境是指在一个国家或地区，在一定的金融制度下，影响经济主体的因素，以物价指数和社会消费品零售总额来衡量，环境越优良，越有利于金融集聚的形成。指标体系的划分情况见表 14-3，表中所述

① 黄茂兴，张建威．生态文明建设与新型城镇化协调发展的时空格局及影响因素——以福建省为例[J]．福建师范大学学报（哲学社会科学版），2021 (01)：40－54＋169－170.

② 李美兰．上海金融集聚和长三角经济增长耦合研究［D］．首都经济贸易大学，2019.

的权重为各指标2009—2019年的平均权重，计算方法在下文熵值法赋权中有所体现。

表14-3 生态文明建设与金融集聚耦合协调系统指标体系

耦合系统	一级指标	二级指标	单位	权重	方向
生态文明建设(0.295)	生态经济(0.104)	第三产业增加值占GDP比重	%	0.026	+
		单位GDP能耗	吨标准煤/万元	0.006	−
		单位GDP水耗	万立方米/万元	0.009	−
		人均GDP	元	0.026	+
		R&D经费支出占GDP的比重	%	0.031	+
		人均可支配收入	元	0.006	+
	生态环境(0.054)	污水处理率	%	0.007	+
		生活垃圾无害化处理率	%	0.003	+
		建成区绿化覆盖率	%	0.008	+
		人均公园绿地面积	m^2/人	0.021	+
		单位耕地面积农药使用量	千克/公顷	0.015	−
	生态社会(0.037)	每辆公共汽车年客运总量	万人	0.009	−
		人口自然增长率	%	0.010	+
		城镇登记失业率	%	0.004	−
		每万人拥有的医院床位数	张	0.014	+
	生态文化(0.1)	教育财政支出占GDP的比重	%	0.042	+
		百人拥有公共图书馆藏书数	册	0.044	+
		城镇居民文教娱乐支出占家庭消费支出比重	%	0.014	+
金融集聚(0.705)	金融规模(0.555)	金融产业从业人数	万人	0.059	+
		年末金融机构存款余额	亿元	0.090	+
		年末金融机构贷款余额	亿元	0.109	+
		证券经营机构证券交易量	亿元	0.148	+
		保费收入	亿元	0.057	+
		金融集聚区位熵	—	0.090	+
	金融效率(0.099)	金融相关比率	%	0.048	+
		保险密度	元/人	0.027	+
		金融机构存贷比	%	0.024	+
	金融环境(0.051)	物价指数	—	0.003	+
		社会消费品零售总额	亿元	0.051	+

从表 14-3 可以看出，在河南省生态文明建设与金融集聚耦合系统中，金融集聚所占权重较大，达到了 0.705。影响生态文明建设最大的两个二级指标是教育财政支出占 GDP 的比重和百人拥有公共图书馆藏书数，影响金融集聚最大的两个二级指标是年末金融机构贷款余额和证券经营机构证券交易量。此外，体系中有些指标可以直接获取，而有些则需要计算获得，如单位 GDP 水耗＝总用水量/国内（地区）生产总值，单位 GDP 能耗＝能源消费总量/国内（地区）生产总值。

区位熵的计算如下：

$$LQ = \frac{S_i/P_i}{S/P} \tag{14-1}$$

式中：S_i 表示河南省 18 个地级市的年末金融机构存款余额，$i=1, 2, \cdots, 18$；P_i 表示 18 个地级市的年末从业人数；S 表示河南省年末金融机构存款余额；P 为河南省年末从业人数。

2. 数据来源

笔者选取河南省 18 个地级市 2009 至 2019 年的相关指标数据，以确定生态文明建设和金融集聚评价指标体系，并利用探索性空间相关分析法对河南省生态文明建设与金融集聚的耦合协调度以及空间集聚状态加以分析。本节所用数据来源于 2010 至 2020 年《河南统计年鉴》和各市统计公报，对于缺失的数据，采用各市数据的平均值来进行插补。

3. 数据处理与赋权

（1）指标数据的预处理

本节指标体系由多个指标组成，考虑到各指标之间由于单位不同，可能会对研究结果造成一些影响，所以需要对数据进行预处理。笔者选用极值法来进行数据处理，从而消除不同指标之间量纲关系不同的的问题。所选取的指标有正向效应与负向效应之分，正向效应是指数值越大对系统的评价越好，负向效应则与此相反。

正向效应指标：

$$X_{ij} = \frac{X_{ij} - \min(X_{ij})}{\max(X_{ij}) - \min(X_{ij})} \tag{14-2}$$

负向效应指标：

$$X_{ij} = \frac{\max(X_{ij}) - X_{ij}}{\max(X_{ij}) - \min(X_{ij})} \tag{14-3}$$

式中：X_{ij} 表示第 i 个样本的第 j 个指标数值（$i=1, 2, \cdots, n$；$j=1, 2, \cdots, m$）；N 表示样本总数；M 为指标个数。

在对数据进行处理后，会使得某些指标数值变成 0，所以需要对指标数值进行平移，本节选择平移 0.01。

（2）熵值法赋权

本节建立生态文明建设与金融集聚系统评价指标体系，在对指标数据进行处理后，需计算各个指标的权重大小。为了消除主观赋权法带来的不良影响，可用熵值法对指标体系进行赋权。

对数据进行比重转换：

$$P_{ij} = \frac{X_{ij}}{\sum_{i=1}^{n} X_{ij}} \tag{14-4}$$

式中：P_{ij} 表示某市某一指标在该年份占 18 市总指标的比重。

计算指标熵值：

$$H_j = -\frac{1}{\ln n}\sum_{i=1}^{n} P_{ij} \ln P_{ij} \tag{14-5}$$

将熵值转化为权重：

$$W_j = \frac{1 - H_j}{m - \sum_{j=1}^{m} H_j} \tag{14-6}$$

通过以上步骤，能够得到河南省 18 市各个指标权重 W_j。然后结合所有评价指标的标准化数值，给出评价生态文明建设系统和金融集聚系统发展水平的功效函数。

生态文明建设系统功效函数：

$$U_1 = \sum_{i=1}^{n} W_i X_i \quad (i=1, 2, 3, \cdots, 18) \tag{14-7}$$

式中：X_i 表示生态文明建设系统中各个指标的标准化数值；W_i 表示指标的权重。U_1 越小，说明河南省生态文明建设发展水平越差，反之则越好。

金融集聚系统功效函数：

$$U_2 = \sum_{j=1}^{m} W_j X_j \quad (j=1, 2, 3, \cdots, 11) \tag{14-8}$$

式中：X_j 表示金融集聚系统中各个指标的标准化数值；W_j 为指标的权重。U_2 越小，说明河南省金融集聚发展水平越差，反之则越好。

通过上述步骤计算可得到，在 2009—2019 年河南省生态文明建设与金融集聚系统每年所占权重，如表 14-4 所示。

表 14-4　2009—2019 年河南省生态文明建设与金融集聚系统各年份所占权重

年份	生态文明建设权重	金融集聚权重
2019	0.210 99	0.789 01
2018	0.200 07	0.799 93
2017	0.195 54	0.804 56
2016	0.227 34	0.772 66
2015	0.262 65	0.737 35
2014	0.280 64	0.719 36
2013	0.326 28	0.673 72
2012	0.358 26	0.641 64
2011	0.358 69	0.641 31
2010	0.400 85	0.599 15
2009	0.420 98	0.579 02
平均权重	0.294 75	0.705 25

4. 耦合模型

为更好地分析河南省生态文明建设与金融集聚之间的发展状况和关系，参考物理学中的耦合概念，建立耦合模型，即

$$C = \left[\frac{4U_1U_2}{(U_1 + U_2)^2}\right]^{\frac{1}{2}} \tag{14-9}$$

其中，C（$0 \leqslant C \leqslant 1$）为耦合度，反映在一定的条件下，生态文明建设系统与金融集聚系统之间相互协调的耦合程度，以及两个系统间关联的强弱程度，但不能反映系统间的协调发展情况。因此，进一步采取耦合协调度模型来判别耦合关系，从而更加准确地反映河南省生态文明建设与金融集聚耦合协调发展情况。耦合协调函数见式（14-10）和式（14-11）。

$$D = \sqrt{C \times T} \tag{14-10}$$

$$T = \alpha U_1 + \beta U_2 \tag{14-11}$$

式中：C 为耦合度；T 为综合发展指数；D 表示协调度；α 表示生态文明建设系统的权重；β 表示金融集聚系统的权重。

14.2.2 耦合协调度分析

本节笔者借鉴王倩等（2021）① 的耦合度划分标准进行研究，见表 14-5。

表 14-5　生态文明建设与金融集聚耦合协调标准

耦合协调度 D	协调等级	耦合协调度 D	协调等级
$0<D\leqslant0.1$	超级严重失调衰退	$0.5<D\leqslant0.6$	勉强协调发展
$0.1<D\leqslant0.2$	严重失调衰退	$0.6<D\leqslant0.7$	初级协调发展
$0.2<D\leqslant0.3$	重度失调衰退	$0.7<D\leqslant0.8$	中级协调发展
$0.3<D\leqslant0.4$	轻度失调衰退	$0.8<D\leqslant0.9$	良好协调发展
$0.4<D\leqslant0.5$	濒临失调衰退	$0.9<D\leqslant1$	优质协调发展

由表 14-5 可知，从超级严重失调衰退状态到优质协调发展状态，耦合协调等级共划分为 10 个等级。通过耦合度公式、协调度公式以及综合发展指数公式的计算，可以得到河南省各市生态文明建设与金融集聚系统 2009 年至 2019 年的耦合度 C、综合评价指数 T 和耦合协调度 D，笔者选取 2009 年、2014 年、2019 年三年的耦合度 C、耦合协调度 D，数据见表 14-6。

表 14-6　2009 年、2014 年、2019 年生态文明建设与金融集聚系统的耦合度 C、耦合协调度 D

地区	2009		2014		2019	
	耦合度 C	耦合协调度 D	耦合度 C	耦合协调度 D	耦合度 C	耦合协调度 D
郑州市	0.989	0.463	0.875	0.528	0.705	0.655
开封市	0.784	0.237	0.911	0.258	0.999	0.292
洛阳市	0.907	0.312	0.999	0.345	0.972	0.410
平顶山市	0.875	0.275	0.964	0.297	0.978	0.327
安阳市	0.856	0.263	0.934	0.268	1.00	0.303
鹤壁市	0.880	0.271	0.892	0.256	0.972	0.245
新乡市	0.887	0.281	0.951	0.288	0.997	0.315
焦作市	0.859	0.260	0.945	0.271	0.999	0.300
濮阳市	0.807	0.229	0.856	0.233	0.994	0.277
许昌市	0.797	0.269	0.933	0.279	0.998	0.306
漯河市	0.795	0.237	0.863	0.236	0.999	0.261

① 王倩，王艳，朱莹等．中国农业保险、农业贷款与农民收入耦合协调发展研究［J］．世界农业，2021（01）：109－119＋131.

续表

地区	2009		2014		2019	
	耦合度 C	耦合协调度 D	耦合度 C	耦合协调度 D	耦合度 C	耦合协调度 D
三门峡市	0.817	0.272	0.919	0.262	0.981	0.271
南阳市	0.896	0.249	0.991	0.294	0.950	0.353
商丘市	0.774	0.259	0.940	0.260	0.995	0.301
信阳市	0.822	0.263	0.949	0.279	0.983	0.305
周口市	0.812	0.246	0.938	0.245	0.989	0.283
驻马店市	0.770	0.251	0.917	0.262	0.975	0.314
济源市	0.817	0.252	0.800	0.248	0.866	0.239

由表 14-6 可以看出，河南省各市生态文明建设与金融集聚耦合度整体水平较低，且大多数城市属于重度失调衰退类型和轻度失调衰退类型。但郑州市在 2009 年至 2019 年间生态文明建设与金融集聚耦合协调程度一直在稳步上升，2019 年协调度为 0.655，达到了初级协调发展等级；洛阳市 2019 年协调度为 0.41，达到了濒临失调衰退等级；其余城市，虽然总体耦合协调度也在上升，但上升程度极其缓慢，个别城市在 11 年间甚至出现了下降，如三门峡市和济源市。河南省除郑州市和洛阳市外，剩余城市全都处于重度失调衰退和轻度失调衰退状态。由此可以看出，河南省生态文明建设与金融集聚耦合协调度程度呈现出一高多低的形势，发展非常不均衡，除郑州市以外，其他地级市全都属于失调状态。

14.3　河南省生态文明建设与金融集聚耦合协调的空间相关分析

为深入研究二者之间的关系，笔者采用探索性空间数据分析的方法——全局空间自相关和局部空间自相关，以 Geary's c 和 Moran's I 数值的大小作为判断二者空间相关性的高低，本节选用 Moran's I 指数。

14.3.1　空间权重矩阵

本节选用常见的 0-1 邻接矩阵，见式（14-12）。当河南省某市与另一市相邻时，$W_{ij}=1$，例如，信阳市与驻马店市相邻；当不相邻时，$W_{ij}=0$，如信阳市与濮阳市。

$$
\begin{bmatrix} W_{11} & W_{12} & \cdots & W_{1n} \\ W_{21} & W_{22} & \cdots & W_{2n} \\ \cdots & \cdots & \cdots & \cdots \\ W_{n1} & W_{n2} & \cdots & W_{nn} \end{bmatrix} \tag{14-12}
$$

14.3.2 全局空间自相关

空间相关关系概念即共边、共点都被视为邻接要素，利用 Stata 软件计算，基于 Moran's I 指数，对 2009 年至 2019 年河南省各市生态文明建设与金融集聚全局空间分布状态加以描述分析，全局空间自相关见式（14-13）。

$$
I = \frac{n\sum_{i=1}^{n}\sum_{j=1}^{n}W_{ij}(x_i-\bar{x})(x_j-\bar{x})}{\sum_{i=1}^{n}\sum_{j=1}^{n}W_{ij}\sum_{i=1}^{n}(x_i-\bar{x})^2} \tag{14-13}
$$

式中：W_{ij} 表示空间权重矩阵；X_i 表示空间单元观测值；X_j 表示空间单元观测值。

Moran's I 指数在［−1，1］之间取值，计算所得数值的大小与 0 做比较，可以得出主体，即河南省 18 个地级市在空间上分布的位置、所处的状态等级。若大于 0，则分布为“低—低”或“高—高”集聚；若小于 0，则分布为“高—低”或“低—高”集聚；若等于 0，则为随机分布。见表 14-7。

表 14-7 河南省生态文明建设与金融集聚系统的全局空间自相关 Moran's I 值、P 值

年份	生态文明建设		金融集聚	
	I	P	I	P
2009	−0.14	0.28	−0.226	0.071
2010	−0.238	0.106	0.022	0.071
2011	−0.162	0.23	−0.032	0.355
2012	0.2	0.034	−0.103	0.338
2013	0.244	0.015	−0.031	0.31
2014	−0.022	0.381	−0.013	0.242
2015	0.126	0.074	−0.228	0.053
2016	0.137	0.073	−0.092	0.381
2017	0.231	0.016	0.048	0.031
2018	0.068	0.166	−0.039	0.378
2019	0.309	0.003	−0.005	0.312

利用 Stata 软件分别计算出河南省 2009 年到 2019 年生态文明建设与金融集聚的全局 Moran's I 值，可以看出，河南省生态文明建设的 Moran's I 值总体呈上升趋势，在个别年份下降，2009 年至 2011 年以及 2014 年呈现空间负相关，其余年份呈现空间正相关。11 年间有 7 年 P 值小于 0.1，并且 2019 年的 P 值小于 0.01，表明生态文明建设在这些年份存在显著的自相关，而其余年份的 P 值均大于 0.1，说明生态文明建设在这些年份存在不显著的自相关。与生态文明建设相比，河南省的金融集聚 2009、2010、2015 和 2017 年在 10%的水平下存在显著自相关，其余年份均不显著。

14.3.3　局部空间自相关

局部空间自相关是对某地区临近相似属性值的空间集聚程度来进行描述，用 Moran's I 指数来衡量空间集聚程度，测算公式为

$$I_i = Z_i \sum_{i=1}^{n} W_{ij} Z_j \tag{14-14}$$

$$Z_i = \frac{(x_i - \bar{x})}{\sqrt{(x_i - x)^2}} \tag{14-15}$$

$$Z_j = \frac{(x_j - \bar{x})}{\sqrt{(x_j - x)^2}} \tag{14-16}$$

式中：Z_i、Z_j 表示观测值标准差标准化后的向量。

利用 Stata 软件做出河南省生态文明建设与金融集聚系统局部 Moran's I 值，以及 2009 年、2019 年生态文明建设与金融集聚局部空间自相关散点图，分别为生态文明建设 U_1、金融集聚 U_2 在 2009 年和 2019 年发展水平的局部 Moran's I 散点图。散点图共分为 4 个象限，第一、二、三、四象限分别表明“高—高”“低—高”“低—低”和“高—低”集聚状态，前者表明地区本身发展状况和发展水平，后者表明与其相邻近地区的发展水平，例如第一象限代表着“高—高”集聚，则说明该地区的发展水平较高，并且与其相邻地区的发展平均处于较高水平，计算结果见表 14-8。

由表 14-8 可以看出，河南省生态文明建设与金融集聚在 2009 至 2019 年间的 Moran's I 指数均不为零，表明河南省生态文明建设与金融集聚系统存在着空间相关关系。在生态文明建设方面，2009 至 2019 年的变化较为明显，2009 年河南省有 11 个城市位于二、四象限，少部分位于一、三象限，与 2009 年相比，

2019 年有 14 个城市位于一、三象限，由负相关变为了正相关，即变成了“高—高”集聚或“低—低”集聚。以 2019 年为例，郑州市、洛阳市等 7 个城市位于第一象限，即“高—高”集聚型，且这些城市处在省份交界处或与郑州市接邻，这一现象说明郑州市对其周边城市生态文明建设的发展起到了很好的辐射作用，以及相邻省份地级市之间互相促进，更好协调发展；其余城市位于二、三象限，处于“低—高”集聚或“低—低”集聚。在金融集聚方面，可以看出存在空间负相关关系，即“高—低”集聚或“低—高”集聚。2008 年有 12 个城市位于二、三象限，2019 年有 7 个城市位于第三象限，5 个城市位于第二象限，由此可以看出，河南省的金融集聚空间集聚处于“低—高”集聚或“低—低”集聚。

表 14-8　河南省生态文明建设与金融集聚局部 Moran's *I* 指数、*P* 值

年份	生态文明建设		金融集聚	
	I	*P*	*I*	*P*
2009	−0.14	0.298	−0.127	0.29
2010	−0.279	0.081	−0.007	0.116
2011	−0.2	0.18	−0.103	0.259
2012	0.205	0.045	−0.051	0.473
2013	0.236	0.027	−0.02	0.192
2014	−0.017	0.379	−0.054	0.469
2015	0.162	0.057	−0.218	0.076
2016	0.18	0.053	−0.042	0.444
2017	0.272	0.013	0.033	0.024
2018	0.066	0.19	−0.02	0.248
2019	0.339	0.004	−0.083	0.419

本章小结

本节选取 2009 至 2019 年统计数据，从多个角度构建指标体系，在研究中使用了耦合度模型，并利用探索性空间相关分析法对空间集聚进行分析比较，研究结果表明：

从总体来说，各市间发展存在较大差异，耦合协调度普遍不高。以 2019 年为例，耦合协调类型属于初级协调发展的有郑州市，属于濒临失调衰退类型的有洛阳市，而开封市、鹤壁市、濮阳市、漯河市、三门峡市、周口市、济源市等城市则属于重度失调衰退类型，剩余城市则处于轻度失调衰退类型。

从时间上看，河南省 18 个地级市耦合协调类型有着一定的发展变化。在 2009 至 2019 年间，郑州市从濒临失调衰退状态上升为初级协调发展状态，洛阳市从轻度失调衰退状态上升为濒临失调衰退状态，开封市、鹤壁市、濮阳市、漯河市、三门峡市、周口市、济源市在 11 年中一直处于重度失调衰退状态，剩余城市则从重度失调衰退状态上升为轻度失调衰退类型。总体趋势在上升，但除了郑州市外，其余城市增速非常缓慢。

从空间集聚的角度看，河南省生态文明建设与金融集聚发展水平极其不平衡，其余城市与郑州市的发展水平相比有着较大的差距，呈现一高多低的局面；各地级市在生态文明建设方面上呈现出“高—高”集聚或“低—低”集聚。金融集聚的空间状态呈现出“低—高”集聚或“低—低”集聚。

总之，河南省要坚持以绿色发展为主的新理念，贯彻落实可持续发展战略规划，创建良好的生态文明制度体系；此外，也应积极开发绿色金融，促进绿色经济繁荣。河南省要建设以政府引领、企业为模范、公众组织共同参与的良好金融环境，以达到最终促进河南省生态文明建设与金融集聚协调发展的目标。

生态文明的构建是一个多层次、高难度的任务，它包含了经济、社会发展的许多方面。为此，需要不断完善生态建设领域的统筹协调机制，不断探索经济、生态与民生之间相互促进，共同发展的模式体系，推动可持续发展和整体协调发展的有机结合。首先，要学习绿色发展新理念。为了引导行动，促进生态文明的建设，必须采取以新时期先进的绿色发展思想为引导。其次，高水平促进黄河流域环境治理体制的建设。针对黄河流域生态系统特点，以防止洪涝灾害和安全、保护优良品质的水资源、打造适宜居住的水域生态环境、传扬先进的水生态文化为目标，实现黄河流域治理体制的新发展。为此，要坚持“重在保护、精在治理”的方针，打造一个牢不可破的沿黄生态屏障；还要从多个方位来推进生态文明建设，对生态环境建设进行多层次、全方位的整顿与治理。最后，要完善法治体系建设，发挥严密法治的保障作用。在全面实现法治的同时，要以生态保护和文明建设同步发展为目标，实现经济建设与文明进步相统一。

在金融集聚方面，首先应当加强河南省各区域之间的合作与交流。河南省要以郑州市为中心，不断加强与邻近省市之间金融经济的合作交流，冲破壁垒，实现金融资源跨区域流动；其次应当积极培养与引进人才，创建多层次的人才体系。在现今经济全球化和经济一体化的时代，人才是发展金融的关键要素之一，提升金融集聚力应注重人才的培养与引进。为了提高从业人员的业务素养和职业道德素质，金融机构应当采取理论教育和实践相结合的新型培养方式，同时也要注重金融从业人员的实践培训和绩效考核；此外，也应加快金融革新速度。要提升金融业开放度，拓宽融资渠道，制定专项行动，积极改善小型企业和农村农业融资难的困境。最后，要建立起社会统一的信用体系和失信惩戒机制，加大力度监督与维护金融市场秩序，以达到降低金融风险、优化金融发展环境的目的。

另外，河南省各地级市的金融集聚发展水平存在较大差异，应根据各地级市的金融资源优势和自身发展特点，加强临近地级市间的金融与经济合作，以便能使河南省金融集聚的发展规模不断壮大。河南省各市生态文明建设与金融集聚发展不协调，根本原因在于河南省各市的耦合度较低。面临这种情况，各市应当充分挖掘出自身的发展特色，找到不足之处，因地制宜改善自己的发展模式，充分利用已有资源，加强各市之间以及其他省份邻近地市之间的生态文明、金融经济的合作，以郑州市为中心，相互促进，建立金融辐射带、生态文明项目合作，使得河南省各市资源得以充分利用，从而使河南省生态文明建设与金融集聚的耦合协调不断提高。

第 15 章 河南省“金融集聚—科技创新—生态效率”的空间耦合协调发展研究

近年来，我国对各地的生态环境越来越重视，笔者选取具有代表性的河南省作为研究对象，选取 2008—2019 年的数据，对 18 个地级市的发展现状进行研究分析，构建“金融集聚—科技创新—生态效率系统指标”评价体系，利用 Stata 软件、AarGIS 软件以及 DPS 数据处理系统对河南省“金融集聚—科技创新—生态效率”的耦合度、耦合协调度、综合得分进行测算，同时，对其空间演变特征、空间集聚进行分析比较，并结合实证结果提出政策建议。

15.1 研究区域、指标体系与数据来源

15.1.1 研究区域概况

改革开放以来，我国已经逐步形成了较为完善的金融体系，但是由于地理位置、人口分布等，使得我国各地发展水平不一。根据表 15-1 所查数据显示，截至 2019 年 12 月底，河南省全省金融机构人民币存款余额达到 69 508.66 亿元，比 2008 年增长了四倍多。郑州市 2019 年末金融机构人民币存款余额数为 21 767.2亿元，GDP 为 10 143.3 亿元，相比之下，开封市为 3 723 亿元和 2 002.2亿元、焦作市为 1 832.2 亿元和 2 371.5 亿元等，各地之间还是有一定差距的。并且，通过河南省各市的公报中也可以看出，虽然河南省整体经济在高速发展，但其各市经济基础还十分薄弱。

此外，科技技术方面近年来也取得了不少成果，例如在 2008 年期间，河南省主持的项目荣获国家二等奖的有 4 项；参与的项目荣获国家二等奖的有 7 项；

2018 年期间，河南省主持的项目荣获国家一等奖的 3 项、二等奖 17 项。从专利来看，2018 年河南省授权专利 82 318 项，比 2017 年多 26 911 项，增长了 48.6%，由此可以看出，河南省一直以来对科技创新能力的重视，使得河南省整体的科技及创新能力的发展成果斐然。从生态环境来看，河南省在经济新常态下，资源匮乏、能源供应不足和大气污染等环境问题仍然比较突出，二氧化硫排放量从 2008 年的 128.06 万吨下降至 2019 年的 9.66 万吨；烟尘排放量呈现先升后降趋势，由 2015 年的 84.61 下降至 2019 年的 14.99 万吨；工业固体废物产生量呈现明显上升趋势。

表 15-1　2008—2019 年河南省金融、生态环境数据统计表

年份	金融机构人民币存款余额数（亿元）	二氧化硫排放量（万吨）	烟尘排放量（万吨）	工业废水排放量（万吨）	综合能源消耗量（万吨）	取水总量（万立方米）	专利授权量	工业固体废物产生量（万吨）
2019	69 508.66	9.66	14.99	45 922	13 925.25	342615	86 247	18 405.27
2018	63 867.63	13.37	18.29	47 163	13 889.54	344 713	82 318	18 304.15
2017	59 068.66	13.07	21.83	51 133	13 857.47	351 795	55 407	15 684.71
2016	53 977.62	37.09	32.36	64 509	14 396.83	340 889	49 145	14 255.63
2015	47 629.91	114.43	84.61	195 647	14 949.36	336 644	47 766	14 722.47
2014	41 374.91	119.82	88.21	186 562	15 375.62	329 885	33 366	15 917.40
2013	37 049.49	125.40	64.13	177 387	15 447.22	346 545	29 482	16 270.08
2012	31 648.50	127.59	59.98	168 394	15 017.78	337 497	26 791	15 250.47
2011	26 646.15	137.05	66.82	159 037	15 782.47	360 190	19 259	14 577.14
2010	23 148.83	133.87	54.66	150 406	14 726.94	359 485	16 539	10 713.80
2009	19 175.06	117.60	52.05	140 324	14 255.44	302 356	11 425	10 785.82
2008	15 255.42	128.06	53.22	133 144	14 339.66	271 541	9 133	9 556.67

15.1.2　指标体系

1. 子系统

由于选取不同的指标会直接或间接影响河南省“金融集聚—科技创新—生态

效率”的耦合以及空间演变情况。因此，笔者通过参考庞庆华等（2019）[①]、朱伟等（2019）[②] 以及陈林心等（2019）[③] 等人的相关研究来确立指标体系，如表 15-2 所示。所选的变量包括金融机构人民币存款余额数、经济增长水平、发明专利量、实用新型专利量、外观设计专利量、工业固体废物产生量、工业废水排放量、烟尘排放量、SO_2 排放量、综合能源消耗量、取水总量和劳动投入量，共 5 个一级指标和 13 个二级指标。其中经济增长水平用河南省及河南省各市的国内生产总值（GDP）来代替，劳动投入量选用河南省各市每年的就业人数代替。

表 15-2　“金融集聚—科技创新—生态效率”的研究指标体系

目标	一级指标	二级指标
金融集聚	金融集聚区位熵	人民币存款余额数
		经济增长水平
科技创新	专利授权量	发明专利量
		实用新型专利量
		外观设计专利量
生态效率	环境影响类	工业固体废物产生量
		工业废水排放量
		烟尘排放量
		SO_2 排放量
	资源消耗类	综合能源消耗量
		取水总量
		劳动投入量
	产出类	GDP

2. 金融集聚

金融集聚指标参考庞庆华等（2019）[④] 的研究成果，采用年末金融机构人民

① 庞庆华，李铭珍，李涵．长江经济带金融集聚、区域创新与生态效率的空间耦合协调发展研究［J］．工业技术经济，2019，38（02）：68－76.

② 朱伟，李红艳，王莉亚．科技创新与金融创新耦合机制分析及评价研究——基于河南省六大产业的实证分析［J］．生态经济，2019，35（05）：77－81.

③ 陈林心，舒长江，吴强．长江经济带生态效率的金融集聚与经济增长门槛效应检验［J］．浙江金融，2019（11）：61－69.

④ 庞庆华，李铭珍，李涵．长江经济带金融集聚、区域创新与生态效率的空间耦合协调发展研究［J］．工业技术经济，2019，38（02）：68－76.

币存款余额数和经济增长水平也就是国内生产总值（GDP）这两个变量的区位熵水平来衡量，即

$$LQ_{ij}=\frac{M_{ij}/M_j}{M_i/M} \tag{15-1}$$

式中：M_{ij}表示河南省j地区金融机构人民币存款余额数；M_j表示河南省j地区的GDP；M_i表示河南省的金融机构人民币存款余额数；M表示河南省GDP。

一个地区的金融集聚水平越高，其计算结果（LQ_{ij}）的数值越大，反之，如果该地区的金融集聚水平越低，则其计算结果的数值越小。河南省18市的金融集聚区位熵水平计算结果如表15-3所示。

表15-3　2008—2019年河南省金融集聚区位熵计算

地区	2019	2018	2017	2016	2015	2014	2013	2012	2010	2008
郑州市	1.608	1.615	1.681	1.756	1.813	1.754	1.757	1.773	1.984	1.941
开封市	1.387	1.399	1.657	1.542	1.557	1.580	1.566	1.378	1.572	1.626
洛阳市	0.951	0.944	0.924	0.978	0.944	0.970	0.934	0.917	0.906	0.862
平顶山市	0.992	0.985	0.829	0.816	0.933	0.943	0.937	0.917	0.871	0.949
安阳市	1.523	1.443	0.898	0.913	0.929	0.866	0.824	0.813	0.726	0.634
鹤壁市	0.591	0.585	0.582	0.577	0.587	0.596	0.599	0.510	0.667	0.714
新乡市	0.846	0.836	0.804	0.805	0.837	0.842	0.854	0.858	0.925	0.886
焦作市	0.594	0.582	0.572	0.583	0.587	0.583	0.590	0.615	0.611	0.580
濮阳市	0.792	0.767	0.704	0.692	0.687	0.719	0.752	0.796	0.762	0.800
许昌市	0.615	0.617	0.620	0.630	0.625	0.625	0.649	0.652	0.633	0.584
漯河市	0.724	0.720	0.713	0.715	0.667	0.681	0.698	0.701	0.630	0.622
三门峡市	0.621	0.629	0.641	0.647	0.649	0.646	0.680	0.689	0.647	0.554
南阳市	0.872	0.865	0.839	0.831	0.839	0.877	0.867	0.847	0.731	0.535
商丘市	0.981	0.972	0.913	0.862	0.816	0.882	0.887	0.913	0.833	1.062
信阳市	1.012	1.008	1.031	0.991	0.989	1.014	1.013	1.035	0.969	0.924
周口市	0.866	0.851	0.805	0.794	0.790	0.656	0.809	0.845	0.703	0.379
驻马店市	0.992	0.986	0.968	0.960	0.968	0.997	0.970	0.981	0.862	0.550
济源市	0.571	0.559	0.510	0.524	0.505	0.516	0.488	0.486	0.492	0.492

通过表15-3的计算结果可知，河南省各市历年的金融集聚水平总体呈上升趋势，这表示河南各市金融行业运行相对稳定，但各市相对而言金融集聚水平不一，发展差距较大，大部分地区金融集聚增长的水平并不高，甚至近几年来基本

处于相同水平。其中，郑州市、开封市两地区的金融集聚区位熵水平均大于 1，平均值分别为 1.830 和 1.562，均大于 1.5，由此可断定其金融业发展程度较好，在河南省内部也具有比较明显的发展优势。信阳市金融集聚的区位熵水平在 1 附近上下波动，说明其金融行业专业化发展程度并不稳定。安阳市、南阳市、新乡市、商丘市、驻马店市的金融集聚水平在 0.86 到 1 之间，说明这些地区的金融行业已经得到一定的发展，具有一定的向金融行业专业化方向转变的趋势。濮阳市、许昌市、漯河市、三门峡市、南阳市、周口市的金融集聚水平在 0.6 到 0.76 之间，其总体发展程度并不理想，相对而言，焦作市和济源市在整个河南省的金融聚集发展水平较低，还需进一步促进发展。

3. 科技创新

科技创新指标参考陈林心等（2017）[①] 的研究，选择采用专利申请量或者专利授权量来衡量一个地区的科技创新能力。考虑到专利申请量易受到时间的滞后性以及其他原因的影响，所以选择用专利授权量来衡量。其中，专利授权量主要包括发明专利量、实用新型专利量、外观设计专利量。河南省专利授权总量逐年递增，且增速逐年加快，尤其是在 2017 年至 2020 年之间，河南省专利授权总量增长了 67 402 项，其中增速最快的是实用新型专利量。如表 15-4 所示。

在河南省历年三项专利授权量中，实用新型专利量不仅所占比重大，而且比重还在逐年增加，最低在 2008 年占比 58%，最高在 2020 年占比达到 78%。整体来看，河南省在创新方面是比较重视实用性以及创新性的，但各市创新能力分布不均，彼此之间差距较大。

表 15-4　2008—2020 年河南省专利授权数量表（单位：件）

年份	发明专利量	实用新型专利量	外观设计专利量	专利授权总量
2008	668	5 317	3 148	9 133
2009	1 129	6 630	3 666	11 425
2010	1 498	11 048	3 993	16 539
2011	2 462	13 032	3 765	19 259
2012	3 182	18 680	4 929	26 791
2013	3 173	21 153	5 156	29 482

① 陈林心，何宜庆，王芸，贾伟强．金融集聚、经济发展与生态效率空间面板数据的 SD 仿真 [J]. 系统工程，2017，35（01）：23－31.

续表

年份	发明专利量	实用新型专利量	外观设计专利量	专利授权总量
2014	3 493	23 539	6 334	33 366
2015	5 384	32 592	9 790	47 766
2016	6 811	32 197	10 137	49 145
2017	7 914	35 822	11 671	55 407
2018	8 339	59 417	14 562	82 318
2019	6 991	65 341	13 915	86 247
2020	9 183	95 894	17 732	122 809

各市中，郑州市、洛阳市、安阳市、平顶山市、南阳市的专利授权量增长速率较快，且占河南省专利授权总量比重也很大，意味着这些城市都具有一定的创新实力与科技发展的能力。例如在2018年末郑州市的专利授权量占比达到38%、洛阳市占比达到10%等。但是鹤壁市与济源市的专利授权量增长速率缓慢，占比非常少，而且每年的市内专利授权量至2018年末也并未突破千项。因此，那些科技创新能力较弱的地区还需结合各市自身情况大力发展科技，鼓励科技创新，发掘自身创新潜力。

4. 生态效率

生态效率是衡量一个区域经济可持续发展及生态文明建设的测度指标，学术界一般把产品或服务价值与污染物的排放量或能源物资的消耗量的比值作为生态效率的衡量标准。笔者借鉴庞庆华等（2019）[①] 的研究方法，选用熵权法来构建指标体系，权重如表15-5所示。

表 15-5　生态效率各指标权重

年份	工业固体废物产生量	工业废水排放量	烟尘排放量	二氧化硫排放量	综合能源消耗量	取水总量	劳动投入量	GDP
2008	0.120 3	0.118 9	0.122 8	0.125 9	0.126 2	0.123 5	0.128 0	0.112 5
2009	0.120 5	0.119 0	0.123 4	0.125 0	0.126 1	0.123 7	0.127 7	0.112 3
2010	0.120 4	0.119 0	0.123 1	0.125 4	0.126 7	0.124 3	0.127 6	0.113 7

① 庞庆华，李铭珍，李涵．长江经济带金融集聚、区域创新与生态效率的空间耦合协调发展研究[J]．工业技术经济，2019，38（02）：68—76.

续表

年份	工业固体废物产生量	工业废水排放量	烟尘排放量	二氧化硫排放量	综合能源消耗量	取水总量	劳动投入量	GDP
2011	0.121 6	0.119 1	0.123 0	0.124 9	0.127 6	0.124 1	0.127 2	0.114 9
2012	0.122 3	0.119 3	0.122 8	0.124 4	0.127 2	0.124 4	0.127 2	0.115 2
2013	0.122 0	0.122 0	0.122 7	0.123 7	0.127 2	0.124 3	0.126 5	0.116 4
2014	0.122 4	0.119 1	0.125 1	0.123 6	0.127 3	0.124 3	0.126 8	0.116 5
2015	0.122 0	0.119 4	0.124 7	0.124 1	0.127 1	0.124 6	0.126 8	0.116 7
2016	0.123 1	0.120 0	0.122 0	0.120 9	0.127 7	0.126 2	0.128 0	0.115 9
2017	0.124 1	0.120 1	0.120 7	0.120 7	0.127 8	0.127 0	0.128 1	0.116 7
2018	0.125 4	0.120 2	0.120 5	0.120 5	0.127 5	0.126 9	0.128 0	0.130 9
2019	0.125 6	0.120 4	0.120 4	0.120 3	0.127 4	0.126 7	0.128 0	0.131 5

计算出各指标所占权重，环境影响类的四项指标总平均权重在 49%左右，资源消耗类的三项指标在 38%左右，而产出类只占到 12%。由搜集到的河南省有关生态效率的指标数据得出，2008 年至 2019 年，烟尘排放量和 SO_2 的排放量逐年递减，意味着近些年来河南省对各市环境质量的要求在增高；各项工业废物、废水排放量以及资源消耗量出现了反弹甚至是增加的迹象，意味着在河南省 GDP 高速增长的背后存在着以牺牲环境为代价、一味追求经济高速发展的可能性。

15.1.3　数据来源

根据研究需要，笔者选取 2008 至 2019 年河南省及其 18 个市级单位的相关数据，通过构建“金融集聚—科技创新—生态效率”系统指标评价体系、空间耦合协调分析以及探索性空间数据分析方法，对河南省“金融集聚—科技创新—生态效率”的发展阶段、时空演变特征及空间集聚状态加以分析和预测。文中用到的数据来源于《河南统计年鉴》及各市年报和统计公报。

15.2　构建“金融集聚—科技创新—生态效率”耦合协调模型

15.2.1　数据的预处理

为了便于不同单位指标之间进行比较和计算，消除不同指标之间的量纲，笔者选用极值法，即选取每一个变量与变量的最小值之差（或最大值之差）除以该变量取值的全距进行处理，标准化后各变量的取值范围限于［0，1］。模型由3个系统组成，每个系统由若干个指标体系构成，用 x_{ijt} 表示，即

$$x_{ijt}=\begin{cases}\dfrac{x_{ijt}-\min(x_{ijt})}{\max(x_{ijt})-\min(x_{ijt})}\\[2ex]\dfrac{\max(x_{ijt})-x_{ijt}}{\max(x_{ijt})-\min(x_{ijt})}\end{cases}\tag{15-1}$$

式中：x_{ijt} 表示第 t 期 i 地区指标 j 的样本值；max（x_{ijt}）表示 i 地区中指标 j 的最大值；min（x_{ijt}）表示 i 地区中指标 j 的最小值。

15.2.2 熵值法赋权

数据进行标准化处理后，需要对各系统中的各指标进行赋权处理。采用熵值法确定各系统中各指标的权重，若指标占的权重越小，说明该指标所反映的信息量也越少；若指标占的权重越大，则相应地该指标反映的信息量越多。采用该方法处理数据可以避免人为因素带来的偏差。然后计算2008年至2019年河南省18个地级市历年的金融集聚（U_1）、科技创新（U_2）、生态效率（U_3）各系统的综合评价得分，若该系统得分高，则表明系统的发展程度好，即

$$U_i=\sum_{j=1}^{n}\omega_{ijt}x_{ijt}\tag{15-2}$$

式中：U_i 表示系统的综合发展得分；w_{ijt} 表示各系统中指标的权重。

计算后得到的河南省“金融集聚—科技创新—生态效率”系统2008年至2019年权重如表15-6所示。

表15-6　2008—2019年河南省“金融集聚—科技创新—生态效率”系统权重

年份	金融集聚权重	科技创新权重	生态效率权重
2019	0.103 2	0.105 0	0.792 1
2018	0.103 0	0.105 2	0.791 7
2017	0.102 7	0.106 6	0.790 7
2016	0.102 5	0.106 8	0.790 7
2015	0.101 5	0.106 1	0.792 5
2014	0.101 2	0.106 6	0.792 2
2013	0.101 0	0.106 5	0.792 5

续表

年份	金融集聚权重	科技创新权重	生态效率权重
2012	0.101 6	0.107 2	0.791 2
2011	0.101 1	0.107 4	0.791 5
2010	0.101 0	0.107 7	0.791 3
2009	0.100 3	0.108 1	0.791 6
2008	0.100 9	0.108 0	0.791 1

15.2.3　耦合模型

借鉴物理学中容量耦合概念，建立“金融集聚—科技创新—生态效率”的耦合模型，即

$$C=\left(\frac{U_1 * U_2 * U_3}{U_1+U_2+U_3}\right)^{\frac{1}{3}} \tag{15-3}$$

笔者借鉴何宜庆等（2015）[①] 的实证研究结果，得到河南省“金融集聚—科技创新—生态效率”系统耦合发展阶段评判标准，如表 15-7 所示。

表 15-7　“金融集聚—科技创新—生态效率”系统耦合发展阶段评判标准

耦合度	耦合发展阶段
$C=0$	无耦合
$0<C\leqslant 0.3$	低度耦合
$0.3<C\leqslant 0.8$	中度耦合
$0.8<C\leqslant 1$	高度耦合

15.2.4　耦合协调度模型

河南省“金融集聚—科技创新—生态效率”耦合协调度模型构建如下：

$$R=\sqrt{C\times P} \tag{15-4}$$

$$P=\alpha U_1+\beta U_2+\gamma U_3 \tag{15-5}$$

式中：R 表示河南省“金融集聚—科技创新—生态效率”系统的耦合协调度；C

① 何宜庆，陆佳俐．金融集聚、产业结构及生态效率耦合协调实证分析［J］．南通大学学报（社会科学版），2015，31（06）：114—120.

表示耦合度；P 表示综合评价指数；α 表示金融集聚水平的权重；β 表示科技创新水平的权重；γ 表示生态效率水平的权重。

同时，耦合协调度的取值范围为［0，1］，笔者借鉴何宜庆的研究成果，其评价标准如表 15-8 所示。

表 15-8 “金融集聚—科技创新—生态效率”系统的耦合协调类型评价标准

耦合协调度	耦合协调类型	耦合协调度	耦合协调类型
$0<R\leqslant 0.1$	超级严重失调衰退	$0.1<R\leqslant 0.2$	严重失调衰退
$0.2<R\leqslant 0.3$	中度失调衰退	$0.3<R\leqslant 0.4$	轻度失调衰退
$0.4<R\leqslant 0.5$	濒临失调衰退	$0.5<R\leqslant 0.6$	勉强协调发展
$0.6<R\leqslant 0.7$	初级协调发展	$0.7<R\leqslant 0.8$	中度协调发展
$0.8<R\leqslant 0.9$	良好协调发展	$0.9<R\leqslant 1$	优质协调发展

15.2.5 耦合协调度分析

笔者将收集到的数据代入模型中进行计算，得到 2008 年至 2019 年河南省各市“金融集聚—科技创新—生态效率”系统的耦合度（C）、耦合协调度（R）以及综合评价指数（P），摘取 2008 年、2013 年和 2019 年的数据，如表 15-9 所示。

表 15-9 2008 年、2013 年、2019 年河南省“金融集聚—科技创新—生态效率”系统的耦合协调度

地区	2008			2013			2019		
	C	P	R	C	P	R	C	P	R
郑州市	0.290	0.834	0.492	0.324	0.890	0.537	0.329	1.000	0.574
开封市	0.100	0.600	0.245	0.153	0.574	0.296	0.206	0.636	0.363
洛阳市	0.216	0.029	0.079	0.285	0.038	0.104	0.305	0.049	0.122
平顶山市	0.155	0.475	0.271	0.225	0.456	0.320	0.249	0.564	0.375
安阳市	0.146	0.517	0.275	0.215	0.464	0.316	0.233	0.589	0.371
鹤壁市	0.132	0.812	0.327	0.151	0.808	0.350	0.169	0.808	0.369
新乡市	0.181	0.553	0.316	0.232	0.562	0.361	0.290	0.618	0.423
焦作市	0.152	0.460	0.264	0.201	0.503	0.318	0.238	0.554	0.363
濮阳市	0.150	0.587	0.297	0.180	0.592	0.326	0.201	0.620	0.353
许昌市	0.147	0.591	0.295	0.218	0.581	0.356	0.251	0.649	0.404

续表

地区	2008			2013			2019		
	C	P	R	C	P	R	C	P	R
漯河市	0.126	0.574	0.269	0.157	0.600	0.307	0.200	0.626	0.354
三门峡市	0.138	0.455	0.251	0.171	0.461	0.280	0.172	0.544	0.306
南阳市	0.140	0.587	0.287	0.219	0.624	0.370	0.261	0.691	0.425
商丘市	0.146	0.632	0.303	0.171	0.641	0.331	0.229	0.686	0.396
信阳市	0.134	0.632	0.291	0.173	0.623	0.329	0.217	0.661	0.379
周口市	0.056	0.664	0.192	0.154	0.683	0.324	0.200	0.731	0.382
驻马店市	0.115	0.638	0.271	0.171	0.639	0.331	0.226	0.696	0.397
济源市	0.103	0.543	0.237	0.110	0.529	0.242	0.127	0.540	0.261

由表 15-9 统计结果得出：河南省 18 市整体“金融集聚—科技创新—生态效率”系统耦合度偏低，处于低度耦合状态。以郑州市为例，在 2010 年之后的 8 年内，其系统耦合水平一直在稳步上升，但是上升幅度在下降，导致 2019 年系统的耦合度只有 0.329，明显发展不足。

河南省整体耦合协调类型跨越了从超级严重失调衰退至勉强协调发展之间的 6 个类型，特别是郑州市自 2010 年起至 2019 年，“金融集聚—科技创新—生态效率”的耦合依然为勉强协调发展类型，其余 17 市的耦合协调度类型基本处于失调状态。

从耦合度来看，2008 年只有郑州市处于中度耦合状态，到 2018 年，已有 10 个地区达到中度耦合状态，此时郑州市则达到高度耦合状态。从耦合协调度来看，郑州市、鹤壁市以及周口市的协调发展较好，而洛阳市虽达到中度耦合但是协调类型还处于失调状态，说明其金融行业、创新能力以及生态环境的整体协调发展效率和质量并不高。相对而言，郑州市的金融水平、创新能力、生态效率以及发展潜力各方面都比其他各市更具区位优势，因此，其各系统发展也都在河南省前列。在郑州市的带动及影响下，其周边地区的“金融集聚—科技创新—生态效率”系统水平也得到了明显发展，由此可以认为，郑州市的良好发展对整个河南省“金融集聚—科技创新—生态效率”系统的耦合发展具有一定的促进作用。

15.3 “金融集聚—科技创新—生态效率”的空间格局演变

15.3.1 空间格局演变特征分析

根据河南省“金融集聚—科技创新—生态效率”的综合发展得分，借助ArcGIS软件对得分情况进行空间时序对比分析，并对其空间格局演变进行研究。由于得到的数据较多，依据四分位法取得河南省“金融集聚—科技创新—生态效率”系统2008年、2013年、2019年的数据，如表15-10所示。

表15-10 2008、2013、2019年河南省各市金融集聚、科技创新、生态融合综合发展得分

地区	2008			2013			2019		
	U_1	U_2	U_3	U_1	U_2	U_3	U_1	U_2	U_3
郑州市	0.284	0.130	0.490	0.605	0.340	0.433	1.000	1.000	0.711
开封市	0.052	0.014	0.750	0.119	0.026	0.705	0.183	0.066	0.771
洛阳市	0.270	0.037	0.467	0.308	0.139	0.569	0.314	0.285	0.709
平顶山市	0.317	0.015	0.557	0.310	0.049	0.529	0.336	0.089	0.657
安阳市	0.147	0.017	0.632	0.249	0.043	0.548	0.583	0.076	0.658
鹤壁市	0.190	0.012	0.673	0.128	0.023	0.687	0.121	0.038	0.725
新乡市	0.283	0.029	0.659	0.266	0.071	0.666	0.256	0.233	0.716
焦作市	0.118	0.018	0.564	0.124	0.053	0.612	0.119	0.131	0.667
濮阳市	0.237	0.018	0.710	0.211	0.034	0.716	0.219	0.052	0.748
许昌市	0.120	0.024	0.728	0.155	0.078	0.703	0.138	0.209	0.774
漯河市	0.140	0.013	0.706	0.182	0.024	0.731	0.194	0.055	0.758
三门峡市	0.104	0.014	0.560	0.172	0.022	0.556	0.144	0.032	0.664
南阳市	0.094	0.024	0.726	0.273	0.066	0.744	0.271	0.154	0.817
商丘市	0.378	0.016	0.748	0.283	0.029	0.769	0.329	0.082	0.813
信阳市	0.303	0.013	0.758	0.351	0.028	0.738	0.349	0.064	0.781
周口市	0.010	0.013	0.836	0.242	0.024	0.828	0.264	0.060	0.881
驻马店市	0.102	0.014	0.791	0.328	0.028	0.761	0.337	0.079	0.825
济源市	0.071	0.080	0.190	0.068	0.012	0.658	0.107	0.014	0.666

由表15-10可以看出，河南省各市金融集聚、科技创新与生态效率的综合发展情况存在较为明显的差异，各地区不同系统的发展程度并不均衡。

金融集聚方面，河南省金融指标综合得分情况大部分低于全国平均水平，金融行业发展质量不高，部分地区增速缓慢，明显发展动力不足。2008年到2019年，河南省18市的金融集聚发展综合得分总体呈上升趋势，但是内部之间发展差距较大。至2019年末，除郑州市之外的其他17市的金融集聚发展综合得分均小于1，主要原因是河南省的金融行业资源大部分集中在郑州市，因此，郑州市对周边其他地区产生了虹吸效应，削弱了相关地区的促进作用，也使得各市之间的金融行业发展水平差距加大。同时也说明虽然河南省整体上金融行业开展迅速，但是还没有达到充分实现金融集聚的状态，由此导致河南省及河南省各市的金融集聚水平增长缓慢，金融集聚效果不理想。

科技创新方面，河南省各市科技创新水平呈两极化发展，2008年只有郑州市处于高速发展阶段，洛阳市处于快速发展阶段，新乡市、商丘市、漯河市处于初步发展阶段，其他各市均处于缓慢发展阶段。2008年至2013年各市科技创新水平总体高速发展，全省除济源市外科技创新方面均得到一定的发展。2013年至2019年各市科技创新相比前几年而言总体发展水平较好，但个别城市的发展水平依然很低。

生态效率方面，与各地的发展模式相匹配，河南省各市生态效率水平呈快速发展状态，总体而言生态环境建设成果显著。早期，河南省各市的生态效率发展水平差距较大，即大部分地区的发展还是以牺牲环境为代价的高投入、粗放式发展模式。随后周口市、驻马店市、焦作市等生态效率初始发展得分高的地区呈现缓慢发展模式。郑州市、平顶山市、三门峡市等工业、矿产业较为发达的人口密集型城市在2013年至2019年生态效率出现高速增长，其中增长变化最明显的是济源市。总体来看，河南省各市之间生态效率差距逐渐缩小，截止到2018年末，河南省18市的大部分地区已经达到全国平均水平，但总体得分情况并不乐观，基本处于平均线附近，说明河南省各地区已经初步形成了环境投入与污染较少的投入产出发展模式，但产业结构模式还不够成熟，还需进一步改进。

15.3.2　空间集聚分析

1. 探索性空间数据分析

探索性空间数据分析可建立模型对不同区域的空间分布特征、空间关联测度、空间聚集性等进行描述。全局空间自相关用全局莫兰指数（Global

Moran's I）来计算，其计算公式为

$$I=\frac{n\sum_{i=1}^{n}\sum_{j=1}^{n}w_{ij}(x_i-\bar{x})(x_j-\bar{x})}{\sum_{i=1}^{n}\sum_{j=1}^{n}w_{ij}\sum_{i=1}^{n}(x_i-\bar{x})^2} \tag{15-6}$$

式中：w_{ij}表示空间权重矩阵；x_i表示空间单元观测值；x_j表示空间单元观测值。其中，莫兰指数的取值范围为［−1，1］。当$I>0$时，表示主体存在空间正相关；当$I<0$时，表示主体存在空间负相关；当$I=0$时，表示主体不存在空间相关关系，为随机分布。

局部空间自相关能描述具体区域的差异情况。笔者采用安瑟伦局部莫兰指数（Anselin Local Moran's I）来衡量，其计算公式为

$$I_i=Z_i\sum W_{ij}Z_j \tag{15-7}$$

式中：$Z_i=\frac{(X_i-\overline{X})}{\sqrt{(X_i-X)^2}}$，$Z_j=\frac{(X_j-\overline{X})}{\sqrt{(X_j-X)^2}}$。

2. 全局空间自相关

利用Stata软件分别计算出河南省2008—2019年“金融集聚—科技创新—生态效率”的全局莫兰指数Moran's I和全局自相关Z值，如表15-11所示。

表15-11　河南省“金融集聚—科技创新—生态效率”全局空间自相关Z值

年份	金融集聚Z值	科技创新Z值	生态效率Z值
2008	−0.533	0.686	3.723
2009	0.076	1.478	3.444
2010	−0.263	1.484	3.808
2011	−0.556	1.63	3.175
2012	−0.323	1.54	2.605
2013	−0.355	0.076	2.545
2014	−0.432	1.595	0.015
2015	−0.544	1.655	0.01
2016	−1.03	0.073	0.023
2017	−1.096	1.253	2.431
2018	−1.293	1.279	2.748
2019	−1.298	1.287	2.856

在正态分布中，若计算出的 Moran's I 的 Z 值在 $Z>1.64$ 或 $Z<-1.64$ 的取值范围中，则结果表示在显著性水平 $\alpha=0.1$ 的情况下存在空间自相关。根据实证分析结果显示，金融集聚方面，在 2008 年至 2019 年期间空间自相关不显著；科技创新方面，在 2009 年至 2012 年、2014 年、2015 年表现为空间自相关显著；生态效率方面，在 2008 年至 2013 年以及 2017—2019 年存在显著的空间自相关。

3. 局部空间自相关

利用 Stata 软件做出河南省 2008—2019 年“金融集聚—科技创新—生态效率”局部空间自相关，如表 15-12 所示。

表 15-12 河南省“金融集聚—科技创新—生态效率”的 Moran's I 值数

年份	金融集聚	科技创新	生态效率
2008	−0.135	−0.012	0.469
2009	−0.048	0.08	0.423
2010	−0.96	0.074	0.48
2011	−0.135	0.098	0.396
2012	−0.102	0.096	0.316
2013	−0.104	0.07	0.298
2014	−0.08	0.084	0.25
2015	−0.121	0.101	0.273
2016	−0.166	0.066	0.226
2017	−0.166	0.039	0.287
2018	−0.204	0.044	0.332
2019	−0.213	0.047	0.342

计算出的所有 Moran's I 指数均不等于零，则河南省“金融集聚—科技创新—生态效率”系统存在着空间相关关系。金融集聚方面，Moran's I 指数均为负值，存在着明显的空间负相关关系即“高—低”集聚或“低—高”集聚；科技创新与生态效率方面，除 2008 年科技创新的 Moran's I 指数为负值之外，其余均为正值。可以说明，河南省在科技创新和生态效率方面存在空间正相关，即“高—高”集聚或“低—低”集聚。

本章小结

对河南省18市的研究结果表明：近年来河南省各市经济、金融、科技、生态社会发展虽然取得了重大成就，综合实力不断提升，但就整体而言河南省的经济发展基础依然较弱，下属各市发展差距依然存在。从整体上来看，虽然全省达到了全国平均水平，但下属各市的综合评价指数、耦合度、耦合协调度以及莫兰指数、Z值等指标的水平并不高，各市之间发展差距较大，甚至部分地区金融集聚还存在滞后性，相应的创新能力以及对当地生态效率的带动作用也较低。由此可以看出，河南省各市之间的发展具有深层次的产业结构矛盾，还需进一步升级改进。为促进河南省“金融集聚—科技创新—生态效率”协调发展，提出如下建议：

首先，各市要主动出击，跟上时代发展的节奏，抓住发展机遇。

河南省各市在金融集聚方面应根据自身实际情况采用内设、外引相结合的方法来提升各地区的金融环境，尤其是省内那些处于金融产业发展初期的地区，由于金融机构较少，且分布不够集中，在当地政府出台或制定有利于金融机构集聚形成与发展的政策措施后，应主动出击跟上时代的节奏变化，以便当地的金融业能够快速发展。对于河南省科技创新能力较弱的情况，应建立完善的创新奖励机制，保护创新项目的收益权与知识产权，提升创新能力，激发各市潜在实力。在生态效率的发展上，可以根据各县市的具体情况制定不同的方案，如信阳市等自然环境基础好的地区，在保护好当地生态环境的同时，主打生态环境和谐的旅游业，以旅游业的创收来保护当地资源与生态环境；郑州市等高新科技聚集的县市，在发展经济的同时，制定严格的生态监督体制，要做到污有治理、污不乱排，使河南省生态效应指标稳定提升。在经济全球化的背景下，河南省也应抓住契机，优化自己的产业发展模式，使其在健康有序发展的同时，主动展现出河南优势，以增强对外吸引力。

其次，各市根据自身实际情况进行发展与改进的同时也要加强不同地区之间的合作与交流。

河南省“金融集聚—科技创新—生态效率”的耦合度低，以及大部分地区存在耦合协调度失调的情况，主要是因为河南省各市的耦合度较低，并且各市之间发展差距一直较大。在此情况下，可根据各地市不同的资源优势及发展特点，因地制宜改善各自落后的发展模式，找出符合各市发展的特色与亮点，加强邻近地市间经济、金融、科技、生态的相互协助。金融集聚水平和科技发展较好的城市，要充分利用自身优势，促进周边欠发达地区的发展。建立金融辐射带、科技创新成果协同转化、生态发展共同发展等区域性合作项目，促进各地市信息的交流以及技术创新成果的转化，使河南省各地区的金融资源、创新成果、生态效率之间获得最优化配置，从而使金融集聚、科技创新、生态效率的协作发挥出最大效应。

最后，各市要抓紧自身产业结构的优化以及专业化人才的培养。

改革开放以来，我国经济实力、科技实力大大增强，就河南省而言，现阶段要以高质量发展为核心，就迫切需要优化自身产业结构来促进其经济、创新、生态的联合发展，以此增强自身的竞争力，提高自身的发展水平。河南省虽然是人口大省，但是其人才资源匮乏，金融、科技以及生态发展相关方面的人才缺少，针对河南省高等教育学校数量不多，重点院校稀缺、相关教育资源落后的现状，建议加强高层次人才的培养及引进。一方面，以河南省本省高校培养出的人才作为后备储存力量，通过高校针对性培养发展所需的专业性人才；另一方面，也可以从外省市以较好薪资待遇等条件直接引进相关专业性人才，通过他们为河南省的建设添砖加瓦。

参考文献

[1] Ragimun, YosephaSri Yanthy. The Role of Fintech Encourages the Export of Smal-Medium Enterprises in Indonesia [J]. Journal of Social and Development Sciences, 2018, 9 (3): 66—77.

[2] LinLin, HansTjio. Alternative Investments Sustainability in the Digital Age [J]. European Business Organization Law Review, 2020, 21 (1): 1—5.

[3] SongHua, YangYudong, Tao Zheng. How different types of financial service providers support small and medium enterprises under the impact of COVID19 pandemic : from the perspective of expectancy theory [J]. Frontiers of Business Research in China, 2020, 14 (1): 448—474.

[4] Broby, D., Hoepner, A., Klausmann, J., Adamsson H. The output and productivity benefits of fintech collaboration : Scotland and Ireland [J]. Research output: Contribution to conference, 2018, (1): 1—13.

[5] BlasiE, PasseriN, FRANCOS, et al. An ecological foot print approach to en-vironmental economice valuation of farm results [J]. Agricultural Systems, 2016, (145): 76—82.

[6] MaierS, SzerencitsM, NarodoslawskyM et al. Current potential of more sustainable biomass production using eco-efficient farming practice sin Austria [J]. Journal of Cleaner Production, 2017, (155): 23—27.

[7] Romer, Paulm. Increasing returns and long run growth [J]. Journal of Political Economy, 1986, (94): 2—37.

[8] Lapple D, Renwicka, Cullinan J, et al. What drives innovation in the agri-

cultural sector？A spatial analysis of knowledge spillovers [J]. Land Use Policy，2016，(56)：238—250.

[9] HSIEH C T，KLENOW P J. Misallocation and manufacturing TFP in China and India [J]. Quarterly Journal of Economics，2009，124 (4)：1403—1448.

[10] BANERJEE A V，MOLL B. Why does misal location persist? [J]. American Economic Journal；Macroeconomics，2010，2 (1)：189—206.

[11] Manski Charles F. Dynamic choice in social settings：Learning from the experiences of others [J]. North-Holland，1993，(58)：1—2.

[12] Wan N F，Ji X Y，Jiang J X，Qiao H X，et al. A methodological approach to assess the combined reduction of chemical pesticides and chemical fertilizers for low-carbon agriculture [J]. Ecological Indicators，2013，(24).

[13] Joseph Schumpeter. 经济发展理论 [M]. 北京，商务印书馆，1912.

[14] 牛文元. 可持续发展导论 [M]. 北京：科学出版社，1994.

[15] 蓝盛芳，钦佩，陆宏芳. 生态经济系统能值分析 [M]. 北京：化学工业出版社，2002.

[16] 谢鸿宇，王羚郦，陈贤生. 生态足迹评价模型的改进与应用 [M]. 北京：化学工业出版社，2008.

[17] 王万茂. 土地利用规划学 [M]. 北京：科学出版社，2010.

[18] 联合国粮农组织. 可持续发展的农业和农村丹波宣言和行动纲领 [C]. 1991：4.

[19] 刘余莲. 农业科技进步对农业结构调整影响的研究——以湖南省辰溪县为例 [D]. 长沙：湖南农业大学，2008.

[20] 王建花. 农业循环经济发展模式研究 [D]. 福州：福建农林大学，2013.

[21] 田云. 中国低碳农业发展：生产效率、空间差异与影响因素研究 [D]. 武汉：华中农业大学，2015.

[22] 庞家幸. 中国农业生态效率研究 [D]. 兰州：兰州大学，2016.

[23] 陈丽如. 基于低碳农业视角的西部地区农业生产效率测度研究 [D]. 昆明：云南财经大学，2017.

[24] 李晓东. 河南省生态文明建设时空分异研究 [D]. 郑州：河南农业大学，2018.

[25] 姜峥. 农村一二三产业融合发展水平评价和经济效应与对策研究 [D]. 哈

尔滨：东北农业大学，2018.
[26] 陈芳．山东省科技金融投入产出效率研究 [D]．沈阳：辽宁大学，2019.
[27] 张芷若．科技金融与区域经济发展的耦合关系研究 [D]．长春：东北师范大学，2019.
[28] 李美兰．上海金融集聚和长三角经济增长耦合研究 [D]．北京：首都经济贸易大学，2019.
[29] 王文馨．乡村振兴背景下农业政策性金融对农村产业结构升级的影响研究 [D]．济南：山东大学，2020.
[30] 孙伟．山东省科技金融发展水平测度研究 [D]．济南：齐鲁工业大学，2020.
[31] 刘轩志．黄河流域金融集聚对生态效率的面板门槛效应研究 [D]．兰州：兰州大学，2020.
[32] 徐晓庆．长江经济带农村三产融合对农村经济发展的影响研究 [D]．重庆：重庆工商大学，2020.
[33] 迟也行．吉林省数字农业建设背景下农村三产融合发展研究 [D]．长春：吉林大学，2020.
[34] 赖斯芸，杜鹏飞，陈吉宁．基于单元分析的非点源污染调查评估方法 [J]．清华大学学报（自然科学版），2004，(09)：1184－1187.
[35] 马其芳，黄贤金，彭补拙，翟文侠，刘林旺．区域农业循环经济发展评价及其实证研究 [J]．自然资源学报，2005，(06)：97－105.
[36] 马其芳，黄贤金，张丽君，陈逸．区域农业循环经济发展评价及其障碍度诊断——以江苏省 13 个市为例 [J]．南京农业大学学报，2006，(2)：108－114.
[37] 干春晖，郑若谷，余典范．中国产业结构变迁对经济增长和波动的影响 [J]．经济研究，2011，46 (05)：10－16＋31.
[38] 范纯增，许源，顾海英．崇明东滩低碳农业园区建设绩效评估 [J]．长江流域资源与环境，2011，20 (12)：1454－1461.
[39] 陈兴鹏，庞家幸，王惠榆．基于生态县评价指标的生态环境可持续发展研究——以甘肃省泾川县为例 [J]．西北师范大学学报（自然科学版），2013，49 (04)：110－114.
[40] 史欣向，梁彤缨．社会资本影响了研发效率——基于中国省际面板数据的经验研究 [J]．科研管理，2013，(34)：73－79.

[41] 张子龙，鹿晨昱，陈兴鹏，薛冰. 陇东黄土高原农业生态效率的时空演变分析——以庆阳市为例 [J]. 地理科学，2014，34（04）：472—478.
[42] 郭铁成. 经济创新度与经济体创新评级 [J]. 中国科技论坛，2014，（12）：5—13.
[43] 杜江. 中国农业全要素生产率增长及其时空分异 [J]. 科研管理，2015，36（05）：87—98.
[44] 白贺兰，张正英. 我国农业科技进步贡献率测算方法综述 [J]. 甘肃农业技术，2015，（8）：72—77.
[45] 何宜庆，陆佳俐. 金融集聚、产业结构及生态效率耦合协调实证分析 [J]. 南通大学学报（社会科学版），2015，31（06）：114—120.
[46] 张煜，孙慧. 新疆农业科技进步贡献率的测算与分析 [J]. 新疆农业科学，2015，52（3）：580—588.
[47] 匡远配，周凌. 农业流转的产业结构效应研究 [J]. 经济学家，2016，（11）：90—96.
[48] 苏毅清，游玉婷，王志刚. 农村一二三产业融合发展：理论探讨现状分析与对策建议 [J]. 中国软科学，2016，（8）：17—28.
[49] 聂弯，于法稳. 农业生态效率研究进展分析 [J]. 中国生态农业学报，2017，25（09）：1371—1380.
[50] 兰芳，邓黎桥，董亮. 金融人才聚集的空间溢出效应研究——基于空间Durbin面板模型的实证分析 [J]. 现代财经（天津财经大学学报），2017，37（05）：16—25.
[51] 韩海彬，李谷成，何岸. 中国农业经济增长质量的时空特征和动态演进 [J]. 广西财经大学学报，2017，（6）：95—105.
[52] 易信. 新一轮科技革命和产业变革对经济增长的影响研究——基于多部门熊彼特内生增长理论的定量分析 [J]. 宏观经济研究，2018，（11）：79—93.
[53] 李雯，王纯峰. 中国金融发展对产业结构的影响——基于271个城市面板数据的实证分析 [J]. 工业技术经济，2018，37（07）：93—99.
[54] 郑德凤，郝帅，孙才志. 基于DEA-ESDA的农业生态效率评价及时空分异研究 [J]. 地理科学，2018，38（03）：419—427.
[55] 毛树春，李亚兵，王占彪，雷亚平，黄群，王文魁，杨北方，冯璐，李鹏程. 农业高质量发展背景下中国棉花产业的转型升级 [J]. 农业展望，

2018，14（05）：39－45.
[56] 钟钰．向高质量发展阶段迈进的农业发展导向［J］．中州学刊，2018，（05）：40－44.
[57] 宋洪远．推进农业高质量发展［J］．中国发展观察，2018，（23）：49－53.
[58] 黄建英．转变广西农业发展方式加快迈入乡村振兴新时代［J］．市场论坛，2018，（09）：6－12.
[59] 李春生，王亚星．城镇化对农业产业结构升级的影响研究［J］．广东农业科学，2018，45（5）：159－165.
[60] 陈振，郑锐，李佩华，黄松．河南省农业科技创新效率评价与分析［J］．河南农业大学学报，2018，52（03）：464－469＋484.
[61] 姜晶，崔雁冰．推进农村一二三产业融合发展的思考［J］．宏观经济管理，2018，（07）：39－45.
[62] 高昕．中国农业发展方式转变指数构建与初步测度［J］．河南农业大学学报，2018，52（06）：1003－1009.
[63] 金碚．关于“高质量发展”的经济学研究［J］．中国工业经济，2018，（04）：5－18.
[64] 王成，唐宁．重庆市乡村三生空间功能耦合协调的时空特征与格局演化［J］地理研究，2018，37（06）：1100－1114.
[65] 庞庆华，李铭珍，李涵．长江经济带金融集聚、区域创新与生态效率的空间耦合协调发展研究［J］．工业技术经济，2019，38（02）：68－76.
[66] 田聪华，韩笑，苗红萍等．新疆农村一二三产业融合发展综合评价指标体系构建及应用［J］．新疆农业科学，2019，56（03）：580－588.
[67] 车明好，邓晓兰，陈宝东．产业结构合理化、高级化与经济增长：基于门限效应的视角［J］．管理学刊，2019，32（04）：12－20.
[68] 朴哲范，缪彬彬，张伟恩．区域经济创新发展能力评价研究——以浙江省为例［J］．河北经贸大学学报，2019，40（03）：87－93.
[69] 谭明交，冯伟林．中国生态农业发展的理论探析与启示［J］．区域经济评论，2019，（01）：137－142.
[70] 王晓毅．生态文明话语下的乡村振兴［J］．南京工业大学学报（社会科学版），2019，18（05）：42－48＋111.
[71] 郭永田．大力建设高标准农田推动农业高质量发展［J］．农村工作通讯，

2019，(01)：35－38.
[72] 熊爱华，张涵．农村一二三产业融合：发展模式、条件分析及政策建议［J］．理论学刊，2019，(01)：72－79.
[73] 刘鹏凌，万莹莹，吴文俊等．农村一二三产业融合发展评价体系及其应用［J］．山西农业大学学报（社会科学版），2019，18（04）：7－13.
[74] 肖卫东，杜志雄．农村一二三产业融合：内涵要解、发展现状与未来思路［J］．西北农林科技大学学报（社会科学版），2019，19（6）：120－129.
[75] 周晓晶，张雅楠，吴金龙等．黑龙江省农村一二三产业融合发展的实证分析［J］．黑龙江八一农垦大学学报，2020，32（04）：107－113.
[76] 郭翔宇，杜旭，王丹．我国省域农业科技创新效率评价与比较分析［J］．学习与探索，2020，(05)：141－147.
[77] 吴伟伟，包铠璇，张燕华．江西省农业生产要素错配测度与影响因素的实证研究［J］．长江流域资源与环境，2020，29（04）：1005－1015.
[78] 史常亮，占鹏，朱俊峰．土地流转、要素配置与农业生产效率改进［J］．中国土地科学，2020，34（03）：49－57.
[79] 刘朋虎，陈华，刘韬．生态循环农业与山区乡村扶贫联动发展探索——以开发扶贫的宁德模式为例［J］．鄱阳湖学刊，2020，(05)：33－43＋126.
[80] 侯层，李北伟．金融科技是否提高了全要素生产率——来自北京大学数字普惠金融指数的经验证据［J］．财经科学，2020，(12)：1－12.
[81] 薛莹，胡坚．金融科技助推经济高质量发展：理论逻辑、实践基础与路径选择［J］．改革，2020，(03)：53－62.
[82] 周光友，罗素梅，连舒婷．金融科技创新、网贷利率决定与小微企业融资——兼论“麦克米伦缺口”的治理［J］．国际金融研究，2020，(03)：76－86.
[83] 汪洋，何红渠，常春华．金融科技、银行竞争与企业成长［J］．财经理论与实践，2020，41（05）：20－27.
[84] 朱家明，潘紫媗．安徽金融集聚与生态效率评价及耦合关系的研究［J］．南京师范大学学报（工程技术版），2020，20（03）：87－92.
[85] 上官周平，王飞，昝林森，赵国平，吴普侠，苏卓侠．生态农业在黄土高原生态保护和农业高质量协同发展中的作用及其发展途径［J］．水土保持通报，2020，40（4）：335－339.
[86] 陈华，刘朋虎，王义祥，翁伯琦．乡村绿色振兴与生态文明建设融合发展

的对策研究［J］. 农业科技管理，2020，39（01）：1－4.

［87］陈盛伟，冯叶. 基于熵值法和 TOPSIS 法的农村三产融合发展综合评价研究——以山东省为例［J］. 东岳论丛，2020，41（05）：78－86.

［88］胡双红. 中国文化产业全要素生产率行业异质性研究——基于 DEA-Malmquist 指数法的分析［J］. 特区经济，2020，（02）：111－114.

［89］黄茂兴，张建威. 生态文明建设与新型城镇化协调发展的时空格局及影响因素——以福建省为例［J］. 福建师范大学学报（哲学社会科学版），2021，（01）：40－54＋169.

［90］王倩，王艳，朱莹等. 中国农业保险、农业贷款与农民收入耦合协调发展研究［J］. 世界农业，2021，（01）：109－119＋131.

［91］程凌燕. 新型农业经营主体推动农村三产融合发展路径研究［J］. 农业经济，2021，（08）：50－52.

［92］李睿. 金融科技是否推动了我国产业结构优化——基于空间效应和门槛效应的分析［J］. 经济与管理，2021，35（05）：53－62.

［93］李娟，杨朔. 乡村振兴与生态文明融合：逻辑、价值和路径［J］. 治理现代化研究，2021，37（01）：90－96.

［94］罗慧，赵芝俊，钱加荣. 要素错配对中国粮食全要素生产率的影响［J］. 中国农业大学学报（社会科学版），2021，38（01）：97－110.

［95］王丹，赵新力，杜旭，郭翔宇. 国家农业科技创新系统生态演化研究［J］. 中国软科学，2021，（12）：41－49＋83.

［96］庞金波，杨梦. 农村金融发展与农业经济增长——基于农业科技创新的中介效应［J］. 科技管理研究，2021，41（17）：85－90.

［97］黄龙俊江，刘玲玉，肖慧，刘小进. 农业科技创新、农业技术效率与农业经济发展——基于向量自回归（VAR）模型的实证分析［J］. 科技管理研究，2021，（12）：107－113.

［98］曹菲，聂颖. 产业融合、农业产业结构升级与农民收入增长——基于海南省县域面板数据的经验分析［J］. 农业经济问题，2021，（08）：28－41.

［99］隋福民. 中国农业产业升级的模式和路径思考［J］. 中共杭州市委党校学报，2021，（03）：59－68.

［100］刘晗晓，邓洪英，关正军，麦翀，朱艳英，葛钊宇，冉霞. 高原地区循环农业发展模式构建与分析［J］. 西南大学学报（自然科学版），2021，43（06）：18－29.

[101] 付滨，冯玉富，窦学诚，余青．基于SEM模型的农户循环农业参与意愿影响因素分析——以河西地区为例［J］．山东农业大学学报（社会科学版），2021，23（04）：54—60.

[102] 孙晓，罗敬蔚．金融科技赋能乡村产业振兴的核心优势与基本模式研究［J］．学习与探索，2022，（02）：136—143.

[103] 谭中明，刘倩，李洁，卜亚．金融科技对实体经济高质量发展影响的实证［J］．统计与决策，2022，38（06）：139—143.

[104] 陈奕延，李晔，李存金，李群．可持续性与数字化：区块链驱动的循环农业研究［J］．生态经济，2022，38（03）：123—133.

[105] 杨秀玉，乔翠霞．农业产业结构优化升级的空间差异性和收敛性［J］．华南农业大学学报（社会科学版），2022，21（01）：67—80.

[106] 韩长赋．大力推进质量兴农绿色兴农，加快实现农业高质量发展［N］．农民日报，2018-02-27（5）.

[107] 张伟．增优势创品牌推进农业高质量发展［N］．河南日报，2018-03-30（12）.

[108] 潘建成．产业融合是实现农业高质量发展关键［N］．经济日报，2018-08-16（8）.

[109] 杨辉．以绿色农业为抓手推进农业高质量发展［N］．黑龙江日报，2018-07-13（5）.

[110] 张桃林．做强农业高质量发展“芯片”［N］．人民政协报，2019-04-10（1）.

[111] 梁謇．提升质量效益推动农业高质量发展［N］．黑龙江日报，2019-01-29（7）.

[112] 唐浩．实施“五大创新”，推动农业高质量发展［N］．湖南日报，2019-01-04（5）.

[113] 杨亦民，罗文婷，曾雄旺．金融科技赋能农村金融机构信贷资源高效配置的机理研究［J］．湖南社会科学，2022，（02）：60—65.

[114] 刘玉洁，张安录，刘蒙罢．长江中下游粮食主产区城镇化与耕地利用生态效率耦合协调度时空格局分析［J］．中国农业资源与区划：2022，（4）：1—15.

[115] 牛文涛，郑景露，唐轲．农村三产融合赋能农民就业增收再审视——基于河南省孟庄镇、龙湖镇、薛店镇的案例分析［J］．农业经济问题：2022，（4）：1—13.

[116] 杨亦民，罗文婷，曾雄旺．金融科技赋能农村金融机构信贷资源高效配置的机理研究［J］．湖南社会科学，2022，（02）：60—65.